齐梁文化研究丛书

萧绎评传

陈志平　熊清元　著

上海古籍出版社

图书在版编目(CIP)数据

萧绎评传 / 陈志平,熊清元著. —上海:上海古
籍出版社,2018.10
　(齐梁文化研究丛书)
　ISBN 978-7-5325-8963-0

　Ⅰ.①萧…　Ⅱ.①陈…　②熊…　Ⅲ.①梁元帝(508-
554)-评传　Ⅳ.①K827=391

中国版本图书馆 CIP 数据核字(2018)第 186686 号

齐梁文化研究丛书

萧绎评传

陈志平　熊清元　著

上海古籍出版社出版发行

(上海瑞金二路 272 号　邮政编码 200020)

　(1) 网址: www.guji.com.cn
　(2) E-mail: guji1@guji.com.cn
　(3) 易文网网址: www.ewen.co

常熟市文化印刷有限公司印刷

开本 635×965　1/16　印张 19.25　插页 4　字数 251,000
2018 年 10 月第 1 版　2018 年 10 月第 1 次印刷
ISBN 978-7-5325-8963-0
I·3313　定价:68.00 元

如有质量问题,请与承印公司联系

根槃棨深

枝葉唆我

劉彦和語

毘陵袁行霈南題

总　序

一

齐、梁,是金粉东南的符号;诗性文化的象征。

在中国思想史上,六朝与春秋战国、晚明、近代五四时期都是思想大爆发的时代,中国的哲学与宗教、历史与文学,中国人的文化精神,都在这些时代得到涅槃。文学的火凤凰,也在六朝的齐梁翩翩起舞,美轮美奂。

齐梁文化是以江南为核心的文化,因为历史、河山、家族、王朝和文学都孕育于锦绣成堆的江南。

——那是从旧石器时代就开始孕育的力量;是延陵季子季札播种文明,并派生出毗陵、毗坛、晋陵、南兰陵开发进取的力量;是从西晋末年"八王之乱"后,山东兰陵人萧整率族迁居晋陵武进县东城,即今江苏常州市孟河镇以后,在这片以古吴文化为中心的锦绣土地上萌发出来的力量;是春风化雨、催生万物的力量;是物华天宝、人杰地灵、南北文化融合的力量。这使东晋、宋、齐、梁、陈王朝在江南相继建立,并形成齐梁文化的中心。

位居长江之南、太湖之滨的常州,是一座具有三千二百多年历史的文化古城,而一千五百年前繁衍生活在这片土地上的萧氏家族,创立了齐、梁王朝,书写了崭新的历史,创造了灿烂的文化。

二

中国文学的河流,在经历建安的险滩和激流以后,在齐梁萧氏家族那里出现了平静开阔的景象。从齐高帝萧道成开始,萧家出现了不少天才诗人、理论家、编纂家、书画家、文学领袖等仰之弥高的世界文化名人。

曹操和他的儿子曹丕、曹植以及"建安七子",在鞍马间为文、横槊赋诗,反映社会动乱和人民痛苦的同时,抒发自己统一天下、建功立业的理想,形成建安文学"彬彬之盛"的局面。

曹氏家族创造了灿烂的文化,历史到了齐梁,任务落到萧氏家族肩上。比起建安曹氏,齐梁萧氏无论在诗歌创作,还是诗歌理论方面,同样锦绣成堆,各有千秋,毫不逊色。可以说,在中国诗歌史上,萧家和曹家是旌旗相望、前后相续的两个伟大家族。

在萧家的文化根据地——常州,重视历史,弘扬传统是一种使命和伟大的目标。在常州市领导的支持、组织下,应运而生的《齐梁文化研究丛书》编委会开始着手进行齐梁文化的研究。

他们召开会议,组织全国专家,编写丛书,交付出版,像打一场场战役一样,井井有条,成绩斐然,令人钦佩。这种形式和做法,让我想到一千五百多年前,昭明太子萧统成立"《文选》编委会"召集一批才学之士编纂《文选》,简文帝萧纲命徐陵编《玉台新咏》,那种相似的使命感。人类学和基因学告诉我们,今天生活在常州齐梁故地的人,很多是当年以萧氏为中心的齐梁子孙,身上流淌着他们的血液,有着他们的基因链——那是性格的基因,勤劳勇敢的基因,真、善、美的基因;那是齐梁文化的基因,一种对文化事业的渴望,希冀以文化承载自己生命的自觉,是历史的责任感在他们身上的复制。

三

丛书第一辑已出版的有八部：

一是庄辉明先生著《南朝齐梁史》；二是龚斌先生著《南兰陵萧氏家族文化史稿》；三是陈蒲清、曹旭、王晓卫、丁福林、李华年、杨旭辉等先生合著《南兰陵萧氏人物评传》；四是刘志伟先生等著《齐梁萧氏文化概论》；五是曹旭先生等的《齐梁萧氏诗文选注》；六是张敏编审编著《南兰陵萧氏著作综录》；七是常州齐梁文化研究课题组薛锋、储佩成先生主编《齐梁故里与文化论集》；八是薛锋、储佩成先生主编《常州齐梁文化遗存》（修订本）。

第一辑八部著作，天经地纬，分别从历史学、目录学、文献学、文化学、诗学，以及实地文化遗迹等方面，全面考察了齐、梁两朝近八十年的政治生态、文化发展、思想状况和社会生活的各个侧面。以《南朝齐梁史》为指南，《南兰陵萧氏家族文化史稿》《齐梁萧氏文化概论》为要领，《齐梁故里与文化论集》《常州齐梁文化遗存》为展示，《南兰陵萧氏著作综录》为地图，《齐梁萧氏诗文选注》见诗心：每一种著作对齐梁历史、文化、文学都作了全方位的挖掘和研究。作为地方历史文化研究，其地方性和专门性，都以当代学者最新成果的方式，构建出高品位的文化丛书系列，具有越来越大的影响力。

据笔者所知，欧美、日本，特别是中国台湾研究机关及高校图书馆，很多都收藏了这些著作。尤其在台湾高校，成为他们开设本科生课程，指导研究生的重要参考教材。其中常州市齐梁文化研究课题组薛锋、储佩成主编的《常州齐梁文化遗存》，载建康京畿物质遗存照片，以及台湾省的齐梁文化遗存照片，引起了他们很大的兴趣。

比较而言，第一辑《南兰陵萧氏人物评传》每人不到四万字的评传还是粗陈梗概，如龙屈鱼池，松盘瓦盆，比较拘谨，不能施展，应该放大；每一个人物，尤其是齐、梁两代重要的标志性人物，均有独立撰写一本专著的必要。

同时,齐、梁的文化元勋自己做了什么巨大的贡献?当我们需要零距离地阅读齐、梁文学本身的时候,和前面的动因合在一起,《齐梁文化研究丛书》第二辑八部著作就应运而生了。

四

第二辑八部著作包括五部评传、三部译注。

五部评传是:庄辉明先生撰写的《萧衍评传》;陈延嘉等先生撰写的《萧统评传》;曹旭、田鸿毛先生撰写的《萧纲评传》;林晓光先生撰写的《萧赜评传》;陈志平、熊清元先生撰写的《萧绎评传》。

第一辑《南兰陵萧氏人物评传》中的《萧赜评传》由王晓卫先生撰写,本辑由林晓光先生撰写。两者颇有不同,各有千秋;但在文献资料和观点的提升上,譬如积薪,后来居上。

齐武帝萧赜(440—493),字宣远,是齐高帝萧道成的长子,南朝齐第二任皇帝。评传分别以"盛世风云:元嘉时代诞育的寒门将种""宋末乱局:同筑开国基业的父子""建元宫斗:权力与亲情旋涡中的皇太子""永明天下:齐武帝和他缔造的时代(上、下)""亲友群从:围绕在武帝身边的镜子""永明之夜:武帝病榻旁的骨肉相残"展开。章节生动,思想活泼,语言跳跃,很好地刻画和评述了齐武帝作为英明君主矛盾的一生。萧赜和他父亲齐高帝萧道成一样感情丰富细腻,精明强干,具有领袖风范;他崇尚节俭,主张休养生息,富国强兵,并逐步改变了中国长期以来南弱北强的经济格局,外交上与北魏通好,使政治、经济、社会有一个比较安定的环境。

历史书上的齐代帝王,因为在位时间短,通常被匆匆略过,即使被提及,也多讲开国的萧道成。现在有一本专门研究齐武帝萧赜的书,这无论如何都是一个创举。和第一辑的评传一起,填补了齐梁历史文化的空白。

　　庄辉明先生在《南朝齐梁史》的基础上，再接再厉，撰写《萧衍评传》。梁武帝萧衍(464—549)，字叔达，是兰陵萧氏的世家子弟，父亲萧顺之是齐高帝的族弟。代齐建梁，在位四十八年。在政治、经济、军事、管理、文学方面都卓有成就，他喜欢文学，大量拟作民歌，通过学习民歌推动文学新潮；他融合儒、释、道三教，开创了后世文化发展的新方向。

　　庄著《萧衍评传》，导论后分八章展开，即"名门之后""覆齐建梁""治国方略""南北和战""博学多才""皇帝菩萨""暮年悲剧""余祉绵延"。辨析了萧氏谱系，揭示先人萧整率族南迁的历史；以及萧衍在对魏作战中崭露头角，并在宫廷变局中做出抉择，英明果断，多才多艺，代齐建梁；令人信服地展现了萧衍重视教育、发展生产、繁荣经济的治国方略和弘扬文化的丰功伟绩。后论梁朝由盛而衰的过程及原因，昭明太子的早逝，叔侄之间的相争；末尾追述萧衍绵延的余祉，后梁政权的存废，后裔纷散的结局，不免令人感叹唏嘘。

　　对于萧衍，本评传可谓写尽他一生的变故和重要的节点。因为作者是研究六朝的历史学家，故本评传不仅文献丰富翔实，所有的评判、议论都具有历史的高度，大而能化，具体精微，在研究萧衍的生平、思想的著作中，我以为是最好的一部。

　　第一辑中的《萧统评传》，由李华年、严进军先生撰写；此辑改成陈延嘉、王大恒、孙浩宇三位先生撰写。展开的六章是："时代与萧统""萧统生平与文学活动"《昭明文选》"萧统与陶渊明"《文选》学简介""萧统后裔及其成就"。从萧统家世所处的历史背景、萧统的时代写起，重视吴地历史文化底蕴对萧统的影响。然后深入描述萧统的泛文学创作和泛文学活动；对萧统主编的《昭明文选》进行了细致地分析；尤其对《文选》编撰动因与目的、"事出于沉思，义归乎翰藻"的选录标准，都有实事求是的评析；在对萧统与陶渊明的问题上，也寻根究底，作了中肯评价。应该说，在这五部评传中，萧统资料最少，最难写，但作者对《文选》学了如指掌的介绍，对读者理解萧统其人,多有裨益。

关于萧统的后裔,《萧统评传》写了后梁三帝及萧欢、萧誉。后梁三帝是中宗宣帝萧詧、世宗明帝萧岿、惠宗靖帝萧琮。公元587年,隋文帝废除西梁国号,征召萧琮入朝,存在三十三年的西梁,因此灭亡。和整个齐梁一样,其人、其史、其事有足悲者。如萧统的儿子萧詧,亦善属文,长于佛理,其《愍时赋》述及作者在梁末诸王混战、异族攻陷江陵背景下的人生经历,杂陈古今,场面宏大,类似史诗,远超乃父。就中国传统学问而言,集部诗文对某事件的记述,比历史的记载更具当时性,史料价值甚至胜过史部著作。但在第一辑中,萧詧、萧岿、萧琮三人的评传已由奚彤云先生写过,而且写得很精彩;故此评传于此三人忽略带过。

《萧纲评传》原由曹旭撰写,这次组合他的学生林宗毛博士以及在复旦大学戴燕教授指导下专门研究萧衍、萧绎的田丹丹、孙鸿博二位博士合力著述。包含"生在偏安江南的帝王之家""在父亲的羽翼下成长""萧纲和他的兄弟们""文学友于胜过曹丕、曹植兄弟""儒佛道糅杂的信徒""通向东宫艰难的道路""帝王之家的幸福与不幸""宫体诗的旗手""文学放荡论的理论家""诗人皇帝悲惨的结局""千年的拒斥与接收"。

本传不只是萧纲一个人的评传。因为萧纲不仅代表他自己,还代表了萧家在中国诗学史上的贡献,代表六朝帝王在文学史上的引领、组织作用。作者研究"宫体诗"有年,在《文学评论》《文学遗产》发表多篇论文,心得体会,熔铸于内。在中国诗歌史上,萧纲已是"宫体诗"的代言,本评传主要从诗人和皇帝两方面交叉撰写:萧纲七岁成为诗人;诗人皇帝终成傀儡;兰陵正士的结局:诗人皇帝之殇。今天我们要搬掉压死萧纲、也压在宫体诗上的"土囊",对宫体诗作新的评价。即从建安"风骨美"—陶渊明"田园美"—谢灵运"山水美"—齐永明"咏物美"—梁宫体诗写女性"人体美"的中国诗学链条,证明宫体诗是中国诗歌审美意识重要的一环。萧纲除了自己的诗歌实践,还提出了一系列的诗歌理论,这两者,都使他成了诗歌史上一个绕不过去的人物。他的创造,具有重大意义。

第一辑中,《萧绎评传》由陈蒲清、钟锡南、陈祥华先生撰写,此辑则由陈志平、熊清元先生完成。萧绎(508—555),即梁元帝,字世诚,自号金楼子。萧绎早年封湘东王,是梁武帝萧衍第七子。后即帝位。谥元皇帝。《梁书·元帝本纪》称赞他:"既长好学,博总群书,下笔成章,出言为论,才辩敏速,冠绝一时。"评传分九章展开,分别是"联华日月,天下不贱""湘东郡王""承制勤王""梁元帝""性格与行事""吟咏风谣,流连哀思""获麟于《金楼》之制""亡国之君,多有才艺""短命帝王,千古文士",把萧绎一生的行事,他的家庭,他的才华,他的读书与著述等一网打尽。本评传对萧绎一生经学、史学、佛学、玄学、方术、兵法、绘画与书法方面的成就和巨大贡献,都作了精到的评论。像李后主和宋徽宗一样,当学者、诗人、画家是专业的萧绎,当政治家是业余的。江陵陷落,萧绎焚古今图书十四万卷,有人问他为什么要烧?他回答说,读书万卷,犹有今日,故焚之。真是书呆子。本评传语言简洁生动,很有表现力地再现了这一段江山历史。

这五本评传之所以有意思,因为对象是四个皇帝一个太子;写的人必须根据史料揣摩皇帝、太子的心思,披露他们的内心世界和感情独白。皇帝是怎样炼成的?太子有什么样的思想感情?我们很感兴趣。因为六朝中的多位帝王,经常自己就是一个优秀的诗人,而且是一个诗歌群体、一种诗歌流派的开创者和领导人。

五部评传丰富翔实,角度新颖,既传且评;考据鞭辟入里,论证深刻精到,文字大多清畅、简洁、生动而富有表现力。高屋建瓴地展现了萧氏家族兴起、发展、隆盛、衰败的过程,揭示其意义和对后世的影响,填补了研究上的空白。

根据常州方面的撰写要求,五部评传各附传主年谱;这些年谱,大都是新写或经修订的,年谱的缜密和实事求是,保证了评传的精彩可靠;这是非常正确的要求和举措。

五

三部译注,分别是《文选译注》《玉台新咏译注》和《金楼子译注》。

萧统《文选》是现今我们能见到的中国古代第一部文学总集,是塑造后世文化人格的重要教科书。萧统不仅在齐梁著名,在唐宋更是无人不知,无人不晓。唐宋的读书人,可以不知道前朝某个皇帝叫什么名字,但不能不知道昭明太子萧统。因为他们的科举考试,就从萧统的《文选》里出题目。

《文选译注》我见过几种版本,1994年贵州人民出版社的《文选全译》,由张启成、徐达等先生译注,就译注而言是最早的一部,有开创之功;2000年华夏出版社的《昭明文选》,由于平等人注释;2007年吉林文史出版社的《昭明文选译注》,由陈宏天、赵福海、陈夏兴等先生译注:都各有特色,各有胜义。

本丛书的《文选译注》由张葆全、胡大雷先生共同完成。张葆全先生是广西师范大学文学院教授、广西师范大学前校长,长期从事中国古代文学教学研究工作。胡大雷先生是著名的六朝文学研究专家,尤其在《文选》研究上成绩斐然,出版过多部优秀的学术专著和高质量的论文。由他们合作是本译注质量的保证。

本译注原文据胡克家刻《文选》,因为译注,一般不作考辨与探本溯源;成语典故指明出处;今译与原文对应,文字以直译为主,兼顾韵脚。注、译简明扼要,条分缕析,释义精当,文字清丽优美,在许多方面均有出蓝之胜。

第二部《玉台新咏译注》由张葆全先生译注。2007年广西师范大学出版社曾出版有一个译注本,译注者正是张葆全。今大幅修订后列入《齐梁文化研究丛书》,注释、译文均有新的体会感想,达到新的学术高度。

《玉台新咏》是继《文选》后,于公元六世纪编成的一部诗歌选集,上继《诗经》《楚辞》,收录汉代至梁代诗歌八百余首。按编者徐陵自序说,所选为"艳歌",绝大部分作品描写女性与爱情,是一部关于女性的诗集、爱情的宝典、唯美的乐章,就认识当时的文化和文学来说,是《文选》重要的补充,现同列一部丛书,可谓合璧。

葆全先生在《文选》《玉台新咏》译注上不辞辛劳,精益求精。他充分认识到这些诗篇在文学史和审美史上的价值,故每每有新的视角和新的发现。译注分导读、正文、注释、译解展开;注释精审详明,译文准确流畅,保持了诗作原有的韵律和韵味,当可满足社会上一般读者的需要,也为学界研究提供了可以参考的文本,深可信赖。

第三部《金楼子译注》由熊清元、陈志平先生译注。萧绎生平著述甚多,最重要的有《金楼子》。他从小聪悟俊朗,五岁即能诵《曲礼》上篇。既长,工书善画,雅好文学,下笔成章,才辩敏速,冠绝一时。博综群书,又通佛典,世人称奇。承圣末,魏师袭荆州,城破之际,乃聚古画、法书、典籍十四万卷,欲与己俱焚,宫嫔牵衣得免。他的样子,完全不像皇帝,像有书生意气的诗人。

萧绎在《金楼子序》和《立言篇》里,提出了比萧纲更先进、更前卫的诗歌理论,提出了"文"(诗)应该是"绮縠纷披,宫徵靡曼,唇吻遒会,情灵摇荡",即文学作品需具备文采、音律、感情等因素,突破了前人"文笔说"囿于有韵无韵的局限,在文学理论史上具有重要意义。

《金楼子》最早由台湾学者许德平做过《金楼子校注》,作为台湾嘉新水泥公司文化基金研究论文第一〇三种,1969 年出版。虽是硕士论文,粗陈梗概,但受到学界关注,填补《金楼子》校注的空白。沉寂四十多年后的 2011 年,中华书局许逸民先生出版《金楼子校笺》,以清鲍廷博刻《知不足斋丛书》本为底本,校以《文渊阁四库全书》本等众多版本,运用他校和理校,对书中文字逐条考索史料来源,校定是非,大大有功于《金楼子》的研究。2014 年 11 月,陈志平、熊清元《金楼子疏证校注》由上海古籍出版社出版,更钩稽群籍,探究原书,疏通文字,彰显意义,附录《永乐大典》存《金楼子》

文、《金楼子》佚文、《南史·梁本纪·元帝》及历代《金楼子》著录、评论辑要,后出转精。此次出版的《金楼子译注》,把以前古籍整理型的专著,改成普及型的读物,注释方式也有变化,按原文、注释、今译顺序,加了全译,学术质量绝对高端,也更简明扼要,便于阅览。

《齐梁文化研究丛书》第一、二两辑,共十六册,从文献史料出发,全面展开,前后相继;筚路蓝缕,以启山林。在断代史学、断代文学、断代思想史,家族文化和目录学诸方面,都为地方性、家族性、集成性的研究,展示了一个高标,具有保存精神文献和还原历史的意义。

六

我是常州人,有家谱证明是曹彬的后代。曹彬是宋太祖赵匡胤手下带兵灭了南唐的大将军。曹彬死后二十年出生的司马光在他的《涑水记闻》卷三中,记载曹彬破金陵城时,对金陵百姓和李煜仁至义尽的史实,并深情地说,因为曹彬的德行,所以南京、常州等地,"(曹)彬之子孙贵盛"。我不"贵盛",但作为曹彬的后人,参与家乡《齐梁文化研究丛书》两辑的撰写工作,在编委会的建议下,为丛书第二辑作序,幸甚至哉。

曹　旭

于上海伊莎士花园

2018 年 7 月 30 日

目　录

引　言

一、魂兮有奉，归骨有地

南京市西南约二十公里的江宁区，有座 2004 年修建的方旗庙石刻公园。公园中现存两件石辟邪。石辟邪各长约三米，高两米有余，东西对立，均昂首张口，长舌垂胸，腹侧有双翼，翼端各有五根翎羽。两辟邪都是右腿前伸，作迈步前行状。整个石刻体态庞硕，充满了雄壮的力量感。西边的辟邪保存相对完整，但石表风化严重；东边的辟邪毁坏得更加厉害，躯体后半部已经不复存在。[①]这对辟邪，本是陵墓神道前的守护兽，曾经淹没于荒草乱石之中，满身石皮的风化皲裂剥落和肢体的残缺破损在默默诉说着岁月的风云变迁，而昂首的怒吼嘶鸣却似乎在抗争历史的残酷无情。因石体上没有文字，史书中也没有记载，拥有这两座辟邪的墓主的身份一度成谜，更增添了其神秘感。

---

① 据《南京日报》2007 年 8 月 18 日李冀《方旗庙南朝辟邪"另一半"深藏地下暂时不会发掘》报道："从今年 5 月开始，为了配合当地基建，市博考古队对两只辟邪周边地区进行了有史以来最大规模的一次考古勘探。其目的之一就是要揭开东辟邪遗失躯干之谜。市博考古部负责人华国荣介绍，勘探中，考古队员手持洛阳铲站成一排一点点进行钻探。功夫不负有心人，终于在附近地下数米深的地方，探到了坚硬的石头，经取样，它和石辟邪是同一种石质，而且大小和遗失的后半部分相当。"

1

最近有学者研究认为,墓主很可能就是梁元帝萧绎![1]

承圣三年(554)十一月,梁元帝萧绎兵败江陵,被西魏俘虏,次月即遭杀害,时年四十七岁。其侄萧詧将其草草葬于江陵(今湖北省荆州市)的津阳门外(《南史》卷八《梁本纪》)。[2] 梁敬帝太平二年(557),北周将梁元帝的棺柩归还给梁旧将王琳。[3] 王琳反对陈霸先称帝失败后,棺柩又为陈人所得。[4] 天嘉元年(560)六月,陈文帝陈蒨感念旧恩,下诏葬梁元帝于江宁"旧茔"。

梁文帝建陵、梁武帝修陵、简文帝庄陵均在今江苏省镇江市丹阳三城巷一带,显然江宁并非梁代帝陵区。何以梁元帝未归葬丹阳先祖的陵墓区,而是葬在江宁了呢?

专家考证指出,所谓的江宁"旧茔","应当就是指江陵县通望山的其母阮太后陵"。[5] 萧绎生前撰《金楼子·终制篇》,对丧葬礼制有所交代。萧绎遗令:"山地东北隅,始生山陵,小墓之前,可以为冢,已具别图。庶魂兮有奉,归骨有地。"此小墓"即指江陵县通望山东北隅的阮修容(萧绎登基后,尊之为太后)之墓。如此看来,陈文帝天嘉元年(560)归葬梁元帝于'江宁旧茔'只是帮助其实现遗愿而已"。[6]

一代帝王,棺柩历经波折,几无葬地,怎不让人唏嘘!而梁元帝一生孝顺,对母亲充满了深深的依恋。今魂归"旧茔",与阮修容相伴,这也许是最好的安葬之所了。

---

① 参王志高《六朝建康城发掘与研究·南京方旗庙南朝陵墓石刻墓主略考》,江苏人民出版社2015年版。

② 《资治通鉴》卷一六五《梁纪二十一》"承圣三年":"十一月,帝大阅于津阳门外。"胡三省注:"江左都建康,外城十二门,门名皆用洛城门名。帝都江陵,外城门亦依建康城门名。津阳门,城南面东来第二门。"

③ 西魏恭帝四年(557年)初,实际掌握西魏政权的宇文觉废西魏恭帝自立,国号周,建都于长安(今陕西西安市),史称北周。

④ 《资治通鉴》卷一六五《梁纪二十一》"天嘉元年":"六月壬辰,诏葬梁元帝于江宁。"胡三省注:"梁敬帝太平二年,周人归元帝之枢于王琳,琳败,陈人乃得而葬之。"

⑤ 王志高《六朝建康城发掘与研究·南京方旗庙南朝陵墓石刻墓主略考》,江苏人民出版社2015年版,第327页。

⑥ 同上。

墓主的身份还有待学者的进一步研究确认,而衰烟蔓草之中,唯有辟邪昂首长啸,仿佛在问:"谁是梁元帝萧绎?"

二、梁元帝萧绎是谁

曾几何时,笔者在课堂上讲起梁元帝萧绎。他勤奋好学,著述丰富,是位优秀的诗人和颇有成就的学者。在关涉王朝存亡的侯景叛乱中,他力挽狂澜,延续了大梁运祚,却又残酷无情,逼兄杀弟,最终登基不到三年即死于北魏之手,是位不算太成功的帝王。在他的身上,文士和皇帝双重身份矛盾的纠缠,使其行为显得奇异怪诞。在笔者看来,萧绎的一生跌宕起伏,精彩有趣。然而听众却是一脸的茫然——梁元帝萧绎是谁? 我换个策略,告诉他们,萧绎就是"半老徐娘"的老公,听众发出了"哦哦"、"呵呵"的笑声。没有与徐娘的这点桃色花边新闻,梁元帝几乎就要湮没在历史的长河中了。

其实,在先唐人物中,梁元帝萧绎是留存研究资料最丰富完备的一位,甚至不用加上"之一"。作为梁朝的第三位帝王,《梁书》《南史》均有萧绎的本纪,而其他历史人物传记中涉及他的记载更是数不胜数,同时代人的著作如颜之推《颜氏家训》和《观我生赋》、庾信《哀江南赋》、何之元《梁典》也有不少关于他的记叙和评论。作为文学家,萧绎是当时"宫体诗"创作的领袖之一,今存有诗歌 110 余首,文章 120 余篇。作为学术名家,萧绎撰写有著述 50 余部,其中子书《金楼子》大部分得以保存,《同姓同名录》《纂要》等也有部分文字留存。这些资料,足以让我们和一千五百年前的这位帝王进行一场跨时空的对话和交流,来"复活"他的形象。

然而,面对纷繁复杂的材料,我们的愿望很可能要落空! 这些材料可分为两类,一类是他者的描述,如《梁书》《南史》《资治通鉴》《颜氏家训》《哀江南赋》;一类是作者的自著,如萧绎的诗文、《金楼子》等。他者的描述之间存在着种种裂痕,和作者的自著之间更存在着巨大的矛盾,这考验着每一位读者的阅读智力。

在正统历史学家眼中,萧绎在梁末的那场叛乱中,"坐观时变,以为身幸"(《梁书》卷六《敬帝纪》),不积极前往勤王平叛,反而趁乱大杀兄弟子侄,逐一有计划地消灭了自己登基路上的竞争对手,行为让人不齿。陈代史学家何之元《梁典》却记载当时萧绎颇得民心,士人纷纷投奔,并称赞他"拨乱反正"、"治定功成",于梁王朝有大功勋,登基乃民心所向(《陈书》卷三四《文学·何之元》录《梁典·序》)。

从各种记载中,我们可以发现唐以后的历史学家对萧绎似乎都不太友好,甚至怀有浓浓的恶意。这和《梁书》《南史》"塑造"的萧绎形象不无关系。孔子的高足子贡曾说:"纣之不善,不如是之甚也。是以君子恶居下流,天下之恶皆归焉。"[①](《论语·子张》)萧绎会不会也是历史学家笔下一个万恶皆归焉的"箭垛式"人物,谁让他是亡国之君呢?

另一方面,正史所载萧绎的种种"恶行"均发生在平定侯景叛乱之中及其后,其人生似乎可以分为"白黑"分明的两截:前期作为诸侯王的萧绎知书达礼,恪守本分,后期一旦承制平叛,即大开杀戒,残害宗亲。这样对比鲜明的人生着实让人疑惑。西汉末年的王莽为篡位处心积虑,此前之种种善行被视为只是虚假的姿态。故唐代白居易曾疑问道:"向使当初身便死,一生真伪复谁知?"(《放言五首》其三)我们也可以设想:如果萧绎死在侯景之乱前,历史对他的评价会是怎样的呢?是不是会友好得多呢?可惜,历史不能假设!事实上,萧绎和王莽又是很不同的。王莽前期谦虚勤政,营造美誉,是为后期登基作准备,他是可以"预见"自己的未来的;而侯景之乱前的萧绎,是无论如何也不会预测到侯景叛乱,更不会料想到自己有登基的机会,故将萧绎的整个人生描述成一部"坏人"的成长史,似乎不太合乎情理。

---

① 朱熹集注:"下流,地形卑下之处,众流之所归。喻人身有污贱之实,亦恶名之所聚也。子贡言此,欲人常自警省,不可一置其身于不善之地。非谓纣本无罪,而虚被恶名也。"

反之,如果将研究转向作者的作品本身,从中去探究作家的内心世界,是否比"他者"的叙述更可靠呢? 萧绎生前有诗文集及著述 50 余部,今天还有《梁元帝集》和《金楼子》《同姓同名录》等流传,研究这些作品肯定能更好地了解萧绎的生平和思想。但这些作品,也让人时时感到困惑。

萧绎是"宫体诗"的代表作家,写有不少缠绵婉转的诗歌。"宫体诗"的代表性选集《玉台新咏》选有他的诗歌九首,其中有诗题云"戏作艳诗",直接点明是以男女情爱为题材。而所选湘东王绎《登颜园故阁》云:

> 高楼三五夜,流影入丹墀。
> 先时留上客,夫婿美容姿。
> 妆成理蝉鬓,笑罢敛蛾眉。
> 衣香知步近,钏动觉行迟。
> 如何舞馆乐,翻见歌梁悲。
> 犹悬北窗幌,未卷南轩帷。
> 寂寂空郊暮,非复少年时。

诗代闺妇立言,揣摩女子心态贴切传神,观察动作细致入微。《采菽堂古诗选·补遗》卷三评云:"'衣香'二句生动。"很难想象这样深情多致、缠绵悱恻的诗歌出自一位猜忌多疑、一目失明的男子之手。而萧绎部分诗歌中还透漏出情色诱惑的意味,如:"借问倡楼妾,何如荡子妻?"(《咏晚栖乌》)"门前杨柳乱如丝,直置佳人不自持。"(《春别应令》)而史书却载萧绎"性不好声色"(《梁书》卷五《元帝纪》),萧绎也称自己非酒色之徒。然如此婉丽多情的诗歌,却"非好色者不能言"(《汉魏六朝百三家集·梁元帝集题辞》)。

梁末动乱中,萧绎一方面写信给八弟萧纪,极言兄弟情深,另一方面加紧对其进攻,最终使萧纪死于绎部将之手。故明代张溥说萧绎是"狡人",其言"难以尝测":

间读梁元帝与武陵王书,言"兄肥弟瘦"、"让枣推梨"、"上林闻鸟"、"宣室披图",友于之情,三复流涕,汉明、东海,词无以加。乃纵兵六门,参夷流血,同室之斗,甚于寇仇。外为可怜之言,内无急难之痛,狡人好语,固难以尝测也。(《汉魏六朝百三家集·梁元帝集题辞》)

萧绎的名著《金楼子》中呈现出的复杂状态更使人感到疑惑。《金楼子》的撰写时间长达三十余年,作者想以此书为绝笔之作。《金楼子》创作的目的就是要通过该书使自己声名垂于后世,因为萧绎坚信"立德著书,可以不朽"(《金楼子·序》)。这种创作意图,无疑使作者更注意书中的"自我形象",因为萧绎已经意识到后人是通过作品来认识自己。他曾引曾生的话说:[1]

诵《诗》读《书》,与古人居;读《书》诵《诗》,与古人期。(《金楼子·自序篇》)

古人已逝,唯有通过《诗》《书》,后人才能了解古人,与之在精神上相通。当作者也明白这个道理时,大约就很少有人会在著作中自我批评。甚至一旦作者意识到后人认识自己的唯一途径只有著述,尤其是只有自己的著作时,为了塑造"不朽"的形象,改造包装自己就不可避免了。[2] 孔子说:"有德者必有言,有言者不必有德。"(《论语·宪问》)后世读者专以著者文章论证作者之人品思想,不受作者蒙蔽者又有几人?在作者以作品布下的"迷魂阵"中,

---

① 曾生,即曾参,字子舆,孔子弟子。相传著《大学》,并传其学于子思。后世尊为"宗圣"。《史记》卷六七《仲尼弟子列传》有传。
② 清代昭梿《啸亭续录》卷三"王西庄之贪"条载清代著名学者王鸣盛多贪鄙,人问之曰:"先生学问富有,而乃贪吝不已,不畏后世之名节乎!"王鸣盛回答说:"贪鄙不过一时之嘲,学问乃千古之业。余自信文名可以传世,至百年后,口碑已没而著作常存,吾之道德文章犹自在也。"故王氏所著书多慷慨激昂语,盖自掩其贪陋。作者生前之贪鄙庸俗,却可以慷慨激昂之文章掩盖于后世。此种思想,又有几人能避免呢?

读者需要突围。

即使读者明了作品的不可信,然作者仍有足够的理由自信。因为除了通过文本,后世的读者又能从哪里了解作者呢? 只要著述长存,作者就会不朽。当代史学家张舜徽说:"自东汉以来,士子竞以著书为弋名之具。"①一旦文士悟透著书立说是留名不朽的主要方式,高明而狡猾的作者就会有意在作品中美化、拔高自己,以留美名于后世,这又何尝不是一种"弋名"? 萧绎曾感叹学生中有谁能传授他的著述,并设想如果自己的著述能在像黄巾军、绿林军那样的战乱和大火洪水这样的自然灾害中保存下来,那么后世就会像东汉儒生以"关西夫子"称赞杨震一样尊崇他,②他甚至会托梦来报答读者。在《金楼子》中,读者读到的是一位风度翩翩、勤奋好学、孝顺谦卑的诸侯王形象,他熟悉历史,明白事理,恪守诸侯王本分,受到了父皇、兄弟的喜欢和下属的爱戴,与《梁书》《南史》中的那个猜忌狠毒的萧绎判若两人,其实是不足为怪的。

在丰富多彩的他者描述和自以为是的作者自述中,梁元帝的形象反而显得模糊不清。萧绎有小诗《咏池中烛影》,云:

映水疑三烛,翻池类九微。

历史的记载和作者的文本也许就是那在波光中熠熠生辉的烛影,虽然美丽动人,却都是蜡烛的倒影镜像。唯有破除迷障,方能得见真相。我们并不是在提倡一种历史虚无主义,以为一切的文字记载,无论是他人叙述还是作者的自叙,都是虚假不可信的,而是更愿意将文本解读和研究看作读者和作者间的智力角逐,读者需要逐一去破解作者设下的迷局,还原事实的真相,阅读和研究才更有趣味和意义。

---

① 张舜徽《校雠广义》,华中师范大学出版社 2004 年版,第 12 页。
② 东汉杨震字伯起。《后汉书》卷五四本传载:"少好学,受《欧阳尚书》于太常桓郁,明经博览,无不穷究。诸儒为之语曰:'关西孔子杨伯起。'"

梁元帝萧绎是谁? 需要我们读者一起来寻找。

在正式开始寻找梁元帝之前,我们还需要一份梁元帝萧绎的个人档案,才能快速地找到他。

梁元帝萧绎档案

姓名:萧绎

字:世诚

小字:七符

号:金楼子

性别:男

民族:汉

受教育程度:很高

职业:皇帝/文士

生卒年:508—555 年

体貌:一眼盲,声若响钟

爱好:读书、写诗、编书、绘画、书法、占卜等等

主要经历:514.7—552.11 湘东王,主要事务读书、著述

552.12—555.1 皇帝,主要事务读书、著述

社会关系: 父亲:萧衍　　　　皇帝

母亲:石令嬴　　　　后妃

长兄:萧统　　　　太子

二兄:萧综　　　　诸侯王

三兄:萧纲　　　　太子

四兄:萧绩　　　　诸侯王

五兄:萧续　　　　诸侯王

六兄:萧纶　　　　诸侯王

八弟:萧纪　　　　诸侯王

自我评价:韬于文士,愧于武夫

人生理想:立德著书,可以不朽

第一章　联华日月,天下不贱

　　帝王的降生都是一样的,爬上权力巅峰的方式却各有各的不同。

——戏拟

　　天监七年(508)秋八月丁巳(初六),已经四十五岁的梁武帝萧衍沉浸在得子的喜悦之中。这样的喜悦他已经享受了不止六回,将来还可以继续享受,这让萧衍充分体会到了福运连绵的含义。萧衍早年无子,情急之下,曾将弟弟萧宏的第三子萧正德过继到自己名下。南齐中兴元年(501),三十八岁的雍州刺史萧衍正率军争夺天下,胜利在望之际,长子萧统出生。当时南方人早衰,有"北方高凉,四十强仕,南方卑湿,三十已衰"之语,①此时萧衍可算是老来得子,自然对孩子非常珍视。502年,萧衍登基称帝,萧统被立为太子。而此后几年中,萧衍居然又接连得子。至508年,做了六年皇帝的梁武帝萧衍已经是七个男孩的父亲了,萧氏家族人丁兴旺,怎能不让他心生欢喜! 而梁朝虽然偏安一隅,但也天下太平,祥瑞

---

　　① 如顾协三十五岁,"便为已老"。见《南史》卷六二《顾协传》。

频现,海清河晏,政通人和,颇有礼仪之邦的气象。

天监七年的梁朝历史除了这个孩子的出生,似乎也没有什么事情特别值得大书特书的了。国内改革官制,定百官九品为十八班。武将萧景(477—523)、柳庆远(458—514)等各有升迁;韦睿(442—520)在边境上又一次击退了北魏的小规模进攻,此等摩擦对梁和北魏来说已经司空见惯,双方还算相安无事。文士沈约六十八岁,仍为太子少傅;刘峻四十七岁,还在编纂《类苑》;撰写了《文心雕龙》的刘勰也已经四十二岁,正参与《众经要抄》的编纂。任昉(460—508)和丘迟(464—508)卒于是年。任昉善属文,和沈约齐名,世称"沈诗任笔"。丘迟,善诗,"秀于任昉"(锺嵘《诗品》)。而名将曹景宗(457—508)也在此年去世。若干年后,人们会发现,随着曹景宗的去世,梁朝的武将们正在快速凋零,朝中渐无可用之将;而任昉、丘迟的离世,却为文学新生代的成长腾出了空间。

天监七年出生的这个孩子将在以后的岁月中感受到凋零和新生两股力量带给自己的强烈冲击。

这个孩子是梁武帝的第七子,名绎,字世诚,自号金楼子。此时,没有人会预测到这个哭声洪亮的孩子将来要拯救大梁王朝,最终登基做皇帝。历史往往出人意表,萧绎后来居然做了两年多的皇帝。死后,其子萧方智追尊其为孝元皇帝,庙号世祖。

如同所有的帝王出生必定要有异象一样,萧绎出生前后也颇有灵异。据传,萧绎母亲曾梦月堕入怀中,遂有孕(《南史》卷八《梁本纪》)。有学者认为:"'梦月'传说,颇可推敲,萧绎称'帝',当为'日'而非'月'。《左传·成公十六年》:'姬姓,日也;异姓,月也。'《文选》谢庄《月赋》记载梦月生子,一为孙策,一为汉元帝王皇后,皆非正统帝王。尤其六朝人皆熟悉《左传》,以萧绎为'月'(异姓),究属何意?颇可研究。……阮修容之生萧绎,有一个曲折的经历。"[①]而萧绎出生前,梁武帝萧衍还曾经"梦眇目僧执香炉,称托生

---

① 曹道衡《兰陵萧氏与南朝文学》,中华书局 2004 年版,第 206 页。

王宫"。出生时，"举室中非常香，有紫胞之异"(《南史》卷八《梁本纪上》)。这些都让笃信佛教的梁武帝对此子充满了怜爱，随即下令赦免天下死刑以下尚未定案判决的罪人。

长大后的萧绎颇以生于帝王之家而自豪，多次在文章中称自己"联尊于天衢"(《玄览赋》)，"联华日月，天下不贱"(《伐侯景檄文》)。确实，无论是父皇萧衍的文治武功，还是梁萧氏宗族的文化成就，在中国历史上都能占有一席之地。

一、萧氏先祖

梁之前的王朝为齐，皇帝亦姓萧。齐、梁萧氏本同源。据《南齐书》卷一《高帝本纪》、《梁书》卷一《高祖本纪》所载，齐、梁萧氏均为汉相国萧何之后。西晋末年，天下大乱，北方次等以上家族纷纷南迁，萧氏家族萧整一支亦过江居晋陵武进之东城里(今江苏省常州市西北)。过江前萧氏谱系为：何—延—彪—章—皓—仰—望之—育—绍—闵—阐—冰—苞—周—矫—逵—休—豹—裔—整。[①]据汉王符《潜夫论·志氏姓》，萧何为长陵萧氏之祖，萧望之为东海、杜陵萧氏之祖，二者没有关系。故后世学者多认为西汉萧何为沛丰人，萧望之为东海兰陵人，徙杜陵，二人既无血缘关系，也非源出一支，[②]萧何不太可能是萧望之的先祖。故齐、梁萧氏谱系中萧何至萧望之之间的谱系关系并不可信。可能是南齐时，萧氏做了皇帝后，通过重修谱牒，完善美化了家族谱系，以提高家族的门阀地位。

萧整有三子：隽、辖、烈。隽生乐子，乐子生承之，承之生道成。萧道成即南齐开国皇帝齐高帝。整第二子辖，生副子。副子生道赐。道赐生三子：尚之、顺之、崇之。顺之生十子：懿、敷、衍、

---

① 此谱系与《新唐书》卷七一《宰相世系》、南宋邓名世撰《古今姓氏书辩证》所载略有区别。如"延"，《宰相世系》等作"则"；皓、仰辈分颠倒；"矫"，作"蟜"。

② 参唐颜师古注《汉书》、《南史》卷四《齐本纪上》论赞、清代王鸣盛《十七史商榷》卷五五"萧氏世系"条。

畅、宪、宏、伟、秀、憺、恢。衍，即梁开国皇帝梁武帝。[①] 齐、梁萧氏均为萧整后嗣，故《梁书》卷一《梁武帝纪》云："道赐生皇考讳顺之，齐高帝族弟也。"

值得注意的是，萧氏渡江后居住之晋陵武进县之东城里：

> 晋元康元年，分东海为兰陵郡。中朝乱，淮阴令整字公齐，过江居晋陵武进县之东城里。寓居江左者，皆侨置本土，加以南名，于是为南兰陵兰陵人也。(《南齐书》卷一《齐高帝纪》)

历史学家陈寅恪曾指出，东西晋之间江淮以北次等士族避乱南来，此种士族在当时非占有政治文化的高等地位，故不能居住于新建首都建康及其近旁，只能择离新都不甚远且安全的京口晋陵一带定居。[②] "齐、梁二萧原居东海兰陵，过江居于晋陵武进，被《魏书》称之为'晋陵武进楚'。二萧也是寒微士族中的豪家将种，非微贱之族。"[③]从其聚居之地看，萧氏实乃是次等士族。梁刘璠(510—568)年少未仕时，范阳张绾酒后骂京兆杜骞曰："寒士不逊。"刘璠厉色曰："此坐谁非寒士？"璠的本意是指张绾，时上黄侯萧晔也在座，却以为刘璠指向自己，辞色甚为不平(《周书》卷四二《刘璠传》)。萧晔为梁宗室，此时还在意"寒士"之言，即因萧氏原本为次等士族，故于此等言论尚觉刺耳也。

萧氏政治、文化不及王、谢等高门大族，其重修谱牒远绍萧何以光耀门庭，也就不难理解了。然此等家族却是当时极具战斗力的集团，史家谓为"江左北人之武力集团"，亦称"楚子集团"，宋高

---

① 参南宋邓名世撰，王力平点校《古今姓氏书辩证》，江西人民出版社 2006 年版，第 143—144 页。

② 参陈寅恪《金明馆丛稿初编·述东晋王导之功业》，三联书店 2001 年版，第 66—69 页。

③ 万绳楠整理《陈寅恪魏晋南北朝史讲演录》，贵州人民出版社 2007 年版，第 158 页。

祖刘裕、齐高帝萧道成均为楚子军人，而梁武帝萧衍也是善战楚子代表，他能用兵，善骑射。[1] 可以说，宋、齐、梁三朝都是"江左北人之武力集团"的子孙建立的。"南朝前期宋、齐、梁的政治史，概括言之，是以北人中武装善战的豪族为君主，而北人中不善战的文化高门为公卿，相互利用，以为统治之局的历史。"[2]

　　然兰陵萧氏之发迹，除英勇善战外，尚别有原因。原来，过江之兰陵萧氏除萧整一支外，尚有萧卓一支。卓有女名文寿，嫁给刘翘为继室。刘翘即宋高祖刘裕的父亲。《宋书》载刘裕"事继母以孝谨称"（卷一《武帝本纪上》）。刘裕为宋王，加萧文寿太妃之号；称帝后，群臣上表请上尊号为皇太后。少帝即位，加崇曰太皇太后。景平元年（423），萧文寿崩于显阳殿，时年八十一。倚靠萧文寿与刘氏家族的联姻，萧氏一支迅速崛起，其中的佼佼者为萧卓之孙萧思话。[3] 而萧氏此系史称"皇舅房"。相对而言，建立齐、梁王朝的萧氏称作"齐梁房"。萧卓、萧整均是萧苞后嗣，故"皇舅房"、"齐梁房"亦为同宗。凭借外戚身份，刘宋时萧氏"皇舅房"十分显赫，萧思话"外戚令望，早见任待，历十二州，杖节监督者九焉"（《南史》卷一八《萧思话传》）。萧思话女嫁给了宋文帝子桂阳王刘休范，其子惠开女嫁给了宋孝武帝子。"皇舅房"一支，"最早实现了向'士大夫化'的转变，进而推动其种族其他房支进入南朝统治集团的上层"。[4]建立南齐的萧道成之父萧承之，"正是因为追随萧思话东西征战而获得地位，从而为萧道成后来执掌刘宋军政大权奠定了基础"。"而此后梁武帝父亲萧顺之则又追随萧道成而兴起，

---

　　[1]　万绳楠整理《陈寅恪魏晋南北朝史讲演录》，贵州人民出版社 2007 年版，第159—160 页。

　　[2]　同上书，第163 页。

　　[3]　萧思话，《宋书》卷七八有传。

　　[4]　王永平《兰陵萧氏"皇舅房"之兴起及门风与家学述论》，《文史哲》2007 年第5 期。

奠定了梁武帝建国的基础。"①梁武帝的外母萧氏,乃宋文帝的从姑,此萧氏极有可能也来自"皇舅房"。总之,"皇舅房"一支对萧氏发展影响很大。

"齐梁房"之梁萧氏的发迹,则可追溯至萧绎的爷爷萧顺之。当年萧顺之以族弟的身份追随齐高帝萧道成,参预佐命,封临湘县侯。历官侍中,卫尉,太子詹事,领军将军,丹阳尹。后却因卷入齐宗室内斗,忧惧而死。此事之原委史书记载略有差异,今梳理如下。

齐武帝萧赜第四子萧子响为荆州刺史时,令内人私自作锦袍绛袄,欲与蛮夷交易器仗,结果被长史刘寅等联名告发。齐武帝派人调查,子响闻使者至,先于后堂杀刘寅。齐武帝大怒,遣卫尉胡谐之、游击将军尹略、中书舍人茹法亮领羽林三千人捉拿子响左右,并敕:"子响若来首自归,可全其性命"(《南齐书》卷四〇《武十七王》)。子响继续和胡谐之等对抗。齐武帝又遣时任丹阳尹的萧顺之领兵捉拿子响。此事之结局,《南齐书》载为:"子响乃白服降,赐死。时年二十二。"(卷四〇《武十七王》)《南史》则云:"初,顺之将发,文惠太子素忌子响,密遣不许还,令便为之所。子响及见顺之,欲自申明,顺之不许,于射堂缢之。"(卷四四《齐武帝诸子》)

清代赵翼《廿二史札记》卷一〇"《南史》与《齐书》互异处"条云:

> 《齐书·鱼复侯子响传》,子响杀台使尹略等,武帝遣萧顺之帅兵至,子响部下逃散,子响乃白服降,赐死。《南史》则云,顺之将发舟时,文惠太子素忌子响,嘱顺之早为之所,勿令生还,顺之乃缢杀之。是子响之死出文惠之意,自是实事,《齐

---

① 王永平《兰陵萧氏"皇舅房"之兴起及门风与家学述论》,《文史哲》2007 年第 5 期。

书》盖为文惠讳，且顺之即梁武之父，兼为顺之讳也。

其实齐武帝本想保全四子萧子响性命，而萧顺之却秉其长子文惠太子之命，私自将之缢死。后齐武帝思念萧子响，"游华林园，见猿对跳子鸣啸，上留目久之，因呜咽流涕"（《南齐书》卷四〇《武十七王》）。而萧顺之则担心齐武帝怪罪，忧心恐惧，感病而卒。后萧顺之子梁武帝萧衍帮助齐明帝萧鸾大杀齐武帝子嗣，[①]和此事不无关系。

萧绎出生的时候，萧氏家族已经崛起为皇族，并完成了家族谱系的重建。当时文宗沈约为齐宗室安陆昭王萧缅作《齐故安陆昭王碑文》，有云："公讳缅，字景业，南兰陵人也。稷、契身佐唐、虞，有大功于天地，商武、姬文，所以膺图受录。萧曹扶翼汉祖，灭秦、项以宁乱。魏氏乘时于前，皇齐握符于后。"而萧绎为堂叔萧昺所作的《郢州都督萧子昭碑铭并序》也云："公讳某，字子昭，南兰陵兰陵人。自玄鸟作猗那之颂，白马致妻苴之歌，克黜祸难，然后保姓守氏，缔构汉主，然后涉魏而东，胤圣挺贤，英豪继踵。祖左光禄府君体王季之德，考东阳太守躬虢叔之仁，国有惇史，详诸谱系。"二文中"萧曹扶翼汉祖"、"缔构汉主"，均是写汉萧何事，可证以萧何为齐、梁萧氏之始祖的谱系已经建立，萧氏完成了门阀的升格。

而此时梁武帝萧衍建梁时间尚不长，正积极吸取南齐灭亡的教训，以宽大为怀，极力扭转南齐以来宗室间腥风血雨的斗争所形成的恐怖紧张局面，同时废除了典签制度，为萧绎等诸侯宗亲的成长营造了宽松儒雅的文化氛围，萧氏"齐梁房"也正在经历由武力强宗向文化家族的转变，萧绎等人既是这一转变的见证者，更是主要参与者。

---

① 《廿二史札记》卷一二"梁武存齐室子孙"条云："梁武父顺之，在齐时以缢杀鱼复侯子响事，为孝武所恶，不得志而死。故梁武赞齐明帝除孝武子孙，以复私仇，然亦本明帝意，非梁武能主之也。后其兄懿又为明帝子东昏侯所杀，故革易时，亦尽诛明帝子以复之，所谓自雪门耻也。"

二、父皇梁武帝

萧绎的父亲梁武帝萧衍,是南北朝时期统治时间最长的帝王,"比较有所作为而且具有特点"。① 甚至可以说,梁朝的历史就是梁武帝一朝一人的历史,故侯景之乱中,台城陷落时,萧衍有"自我得之,自我失之,亦复何恨"之叹(《梁书》卷二九《高祖三王传》)。

萧衍(464—549),字叔达,小字练儿。据传,萧衍小时候很聪明,而且读书刻苦。年稍长,已经博学多通,喜好谋划,有文武才干,得到了当时前辈名流的推许。二十岁时就已出仕,为卫将军王俭的东阁祭酒。王俭对萧衍很器重,曾对人说:"此萧郎三十内当作侍中,出此则贵不可言。"(《梁书》卷一《武帝纪》)齐竟陵王萧子良在鸡笼山(今江苏省南京市鸡鸣山)开西邸官舍,招纳文士,讲经说法,文酒赏会,萧衍与沈约、谢朓、王融、萧琛、范云、任昉、陆倕等人经常参与其中,号为"竟陵八友"。当时王融善于识鉴人才,尤其敬异萧衍,经常对亲近的人说:"宰制天下,必在此人。"(《梁书》卷一《武帝纪》)

永明十一年(493),齐武帝萧赜病重,子侄之间展开了激烈的皇位争夺战。萧衍此时虽在建康丁父忧,却参与了这场宫廷政治斗争,积极为后来的齐明帝萧鸾献计,倾覆齐武帝的子嗣。他准确分析当时的政治形势:

> 随王虽有美名,其实庸劣,既无智谋之士,爪牙惟仗司马垣历生、武陵太守卞白龙耳。此并惟利是与,若啖以显职,无不载驰,随王止须折简耳。敬则志安江东,穷其富贵,宜选美女以娱其心。(《南史》卷六《梁本纪》)

---

① 周一良《论梁武帝及其时代》,收《魏晋南北朝史论集》,北京大学出版社1997年版,第338页。

萧衍曾为随王萧子隆镇西咨议参军，却看透了他实为庸劣之辈，而权臣王敬则贪图富贵，喜好美色，并无远大志向。萧衍建议除掉萧子隆，安抚王敬则。萧鸾依萧衍所言行事，解除了篡位时的重要威胁。后萧鸾杀齐武帝之孙郁林王萧昭业，萧衍被视为"佐命"功臣，封建阳县男，邑三百户，拜中书侍郎，迁黄门侍郎。襄助萧鸾，展现了萧衍过人的政治眼光和深谋远略，其本人的政治地位也开始显赫重要起来，为他在齐代政坛崛起奠定了基础。

齐明帝萧鸾建武二年(495)冬，北魏遣将刘昶、王肃帅众寇司州，萧鸾以萧衍为冠军将军、军主，隶属江州刺史王广为偏帅，抗击北魏。此次战争，萧衍请为先锋，与义阳(今河南省信阳市)守军内外夹攻，大败魏军。萧衍因战功而升为太子中庶子，不久出镇石头城。石头城在京师建康之西，乃京师门户。出镇石头城，表明萧鸾对萧衍的信任。而萧衍则韬光养晦，以避祸患：

> 齐明性猜忌，帝避时嫌，解遣部曲，常乘折角小牛车。齐明每称帝清俭，勖励朝臣。(《南史》卷六《梁本纪》)

建武四年(497)秋，北魏孝文帝亲率大军进攻雍州(治所在今湖北省襄樊市)，萧鸾派萧衍、张稷、崔慧景领兵增援。建武五年(498)三月，齐军大败，唯独萧衍全师而退。于是萧鸾让他主持雍州的防务，任雍州刺史。雍州自刘宋元嘉，"遂为大镇"，"为鄢郢北门"(《南齐书》卷一五《州郡志》)。"获得雍州刺史一职是萧衍一生政治生涯的关键。雍州成了他成就帝业的后方基地，为他日后代齐建梁提供了军事和物质上的保障。"[1]

齐明帝萧鸾在位五年即病死，太子萧宝卷(即东昏侯)即位。时萧遥光、萧坦之、徐孝嗣、刘暄、江祏、江祀"六贵"辅政。六人各自为政，萧衍以为"政出多门，乱其阶矣"(《梁书》卷一《武帝纪》)。

---

[1] 钱汝平《萧衍研究》，中国社会科学出版社 2011 年版，第 42 页。

其唯有镇守雍州,方可避祸。萧宝卷在位行事昏悖,委任群小,诛杀宰臣,萧衍的兄长萧懿也惨遭毒手。永元二年(500)十一月,萧衍举兵反齐。永元三年(501)三月,萧衍拥南康王萧宝融为帝。十二月,萧宝卷被杀,萧衍军入建康,自为大司马、录事尚书。中兴二年(502)二月,萧宝融禅位萧衍。四月,萧衍称帝,国号梁。一个新的王朝诞生了。

梁武帝即位之后,以齐灭亡为殷鉴,除旧布新,奋发图强。甫登基,即下诏放出后宫的美女歌姬和织女,禁绝淫侈,提倡节俭。萧衍自己以身作则,率先垂范。每天只吃一餐,食物只是些豆羹蔬菜而已,并无鱼肉等新鲜肥美之物。以至"体过黄羸"(《净业赋序》),瘦削得腰才二尺余。他穿布衣,用木绵皂帐,一顶帽子戴了三载,一床被子盖了二年。"至于居处不过一床之地,雕饰之物不入于宫。"(《梁书》卷三八《贺琛传》)而后宫自贵妃以下,除祭祀的礼服外,皆不穿衣摆拖在地上的长裙,也不用丝绸锦绮。平时不饮酒,也不听音乐。

梁武帝勤于政务,兢兢业业,孜孜不倦。每天五更,即起床处理公务,点着蜡烛批阅文书。每到冬月,拿笔的手都冻裂了。为了广泛地纳谏,梁武帝派人"周省四方,观政听谣"(《梁书》卷二《武帝纪》),又下诏在公车府谤木、肺石傍又各置一函。[①] 若老百姓对朝政有所议论,可投书于谤木函。若有功而遭到压抑者,或怀才不遇、受到排挤者,想要自我申辩,可投书于肺石函。

在选拔人才上,梁武帝时期也颇有特点。梁武帝尊重高门士族,维护门阀士族的尊严。高门士族不少人在梁朝位至高官,但这些人所担任的官职多为虚名,算不上政治上的实权派。梁武帝实际重视的是门阀士族的中下层中有能力者,如范云、沈约、徐勉、朱异、何敬容等人,因为他们干练,能够从政。历来为高门把持的中

---

① 谤木,立于宫外的木柱,让人在上面写谏言。肺石,设于朝廷门外形如肺的赤石。民有不平,则击石鸣冤。

书通事舍人，至梁时，"简以才能，不限资地，多以他官兼领"（《隋书》卷二六《百官上》）。而东宫官属旧时为"清选"之官，多取甲族有才望者。"时於陵与周舍并擢充职，高祖曰：'官以人而清，岂限以甲族。'时论以为美。"（《梁书》卷四九《庾於陵传》）在梁武帝看来，门阀和清官，远不及人才重要。① 同时，梁武帝要求地方长官清廉公平。每次地方官上任前，一定要亲自召见，勉励他们勤于为政。在梁武帝的感召下，到溉为建安内史，刘霁为晋安太守，居官并以廉洁著称。梁武帝还下诏：小县令有能，升迁为大县令；大县令有能，升迁为二千石。通过梁武帝的号召鼓励，一批官吏表现优异，得到了提拔，梁代吏治秩序良好。

梁武帝还从培养人才的制度上采取措施，给予下层士族特别的关注。天监四年（505），梁置五经博士。"旧国子学生，限以贵贱，帝欲招来后进，五馆生皆引寒门俊才，不限人数。"（《隋书》卷二六《百官志》）天监八年，又下诏："其有能通一经，始末无倦者，策实之后，选可量加叙录。虽复牛监羊肆，寒品后门，并随才试吏，勿有遗隔。"（《梁书》卷二《武帝纪》）"牛监羊肆"盖指掌管牛羊牺牲祭祀品的小官吏，当时多用寒人。寒品后门，指寒微门第。至梁武帝时，此等寒人子弟也可入学了。②

在梁武帝的统治下，齐代以来混乱的政局得到了稳定，梁的国力蒸蒸日上。"征赋所及之乡，文轨傍通之地，南超万里，西拓五千。其中瑰财重宝，千夫百族，莫不充牣王府，蹶角阙庭。三四十年，斯为盛矣。自魏、晋以降，未或有焉。"（《梁书》卷三《武帝纪》）梁武帝的统治甚至赢得敌国的尊重，北魏就有人以为："萧衍虽复崎岖江左，窃号一隅，至于处物，未甚悖礼。"（《魏书》卷四一《贺子恭传》）东魏高欢也指出："江东复有一吴儿老翁萧衍者，专事衣冠

---

① 参周一良《论梁武帝及其时代》，收《魏晋南北朝史论集》，北京大学出版社1997年版。

② 参白寿彝主编《中国通史》第五卷《中古时代·魏晋南北朝时期》第四节"门阀制度的衰落"。

礼乐,中原士大夫望之以为正朔所在。"(《北齐书》卷二四《杜弼传》)后世学者对萧衍前期的统治也多有赞美。清人王夫之称赞:"武帝之始,崇学校,定雅乐,斥封禅,修五礼,六经之教,蔚然兴焉,虽疵而未醇,华而未实,固东汉以下未有之盛也。"(王夫之《读通鉴论》卷一七《梁武帝》)刘体仁则以为"梁武帝有儒者气象"(《通鉴札记》卷一〇)。

梁武帝的统治以宽大为怀,扭转了宋、齐以来宗室之间、君臣之间紧张猜忌的气氛,营造了安定和谐的社会氛围。齐高宗萧鸾临死时,告诫儿子东昏侯萧宝卷:"作事不可在人后。"意思是要提防大臣,能杀就杀。于是萧宝卷"数与近习谋诛大臣,皆发于仓猝,决意无疑。于是大臣人人莫能自保"(《资治通鉴》卷一四二《齐纪八》"永元元年")。而梁武帝萧衍登基时只有三十四岁,身强力壮,对自己新王朝的统治充满了自信,一反宋、齐以来对待前朝宗室和开国功臣特别是武将大肆杀戮的做法,反而对他们极其优待。

对待齐宗室,萧衍以"情同一家"极力拉拢。代齐之初,萧衍就对齐豫章文献王嶷第二子萧子恪表白心迹,说齐、梁萧氏本是兄弟,亲情犹在。"齐、梁虽曰革代,义异往时。我与卿兄弟虽复绝服二世,宗属未远……便是情同一家",明确表示自己不会诛灭齐宗室。自己取代齐,只是天命转移。"卿是宗室,情义异佗,方坦然相期,卿无复怀自外之意。小待,自当知我寸心。"又让人捎话给其他齐宗室成员:"我今日虽是革代,情同一家。"待天下安定后,一定会给他们官职。"但闭门高枕,后自当见我心。"(《梁书》卷三五《萧子恪传》)后萧子恪兄弟十六人,并仕梁。①

对待开国功臣范云、沈约、曹景宗等,萧衍也都加官进爵,使其尽忠皇室。终梁之朝,没有发生杀戮功臣之事,也没出现朝廷重臣擅自废立、武将拥兵作乱的情况。

---

① 亦参清赵翼《廿二史札记》卷一二"梁武存齐室子孙"条。

对待梁的宗室，萧衍更是宽容。宋齐以来，皇帝利用典签制度，制约方镇大员。"宋氏晚运，多以幼少皇子为方镇，时主皆以亲近左右领典签，典签之权稍重。大明、泰始，长王临蕃，素族出镇，莫不皆出内教命，刺史不得专其任也。"(《南史》卷七七《恩幸·吕文显传》)而至南齐时，典签帅威权更重，"先是高帝、武帝为诸王置典签帅，一方之事，悉以委之。每至觐接，辄留心顾问，刺史行事之美恶，系于典签之口，莫不折节推奉，恒虑弗及，于是威行州部，权重藩君"。南海王子罕欲暂游东堂，典签姜秀不许，子罕还泣谓母曰："儿欲移五步不得，与囚何异？"邵陵王子贞求熊白(熊背上的脂肪，为珍贵美味)，厨人答以无典签命，不敢与(《南史》卷四四《齐武帝诸子》)。郁林王萧昭业为南郡王时，其父文惠太子萧长懋命典签帅禁其起居，节其用度，昭业谓豫章王妃庾氏曰："阿婆，佛法言，有福德生帝王家。今日见作天王，便是大罪，左右主帅，动见拘执，不如作市边屠酤富儿百倍矣。"(《南史》卷四《郁林王传》)"诸王出藩，则饮食游止，动须咨请，至于块肉杯羹，不得自专，实与囚徒不异，至齐明帝之害诸侯王，皆假其手以行。"①故诸侯王在州，"端拱守禄，遵承法度，张弛之要，莫敢厝言"，"处地虽重，行己莫由，威不在身，恩未接下"(《南齐书》卷四〇《武十七王》史臣评)。在典签的监视下，诸侯王行动不得自专，往往如囚徒一般。②而至梁时，典签制度虽存，典签之权势则渐渐衰微，诸侯王往往得以自专其权。故梁时诸侯王的地位、生存环境与南齐时已经不可同日而语了。萧绎等诸侯王不仅不以生于帝王之家为"大罪"，反而以为是"联华日月"，颇感幸运和自豪。

宋、齐宗室争斗残酷，诸侯王们日日惴惴不安，担心随时被杀戮。宋前废帝刘子业杀太宰刘义恭，"刳剔支体，抽裂心藏，挑其眼睛，投之蜜中，谓之鬼目粽"。又遣使杀新安王子鸾，子鸾临死叹

---

① 严耕望《中国地方行政制度史》，上海古籍出版社 2007 年版，第 223—224 页。
② 清赵翼《廿二史札记》卷一二"齐制典签之权太重"条。

曰:"愿后身不复生王家!"宋明帝刘彧杀宋孝武帝刘骏子安陆王子绥及子房、临海王子顼、永嘉王子仁、始安王子真、邵陵王子元、淮南王子孟、南平王子产、庐陵王子舆及子起、子期、子悦、子顿。"初,骏二十八男,其余先早夭,及子业杀子鸾等,至是尽殪之矣,其骨肉相残若此之甚。"(《魏书》卷九七《岛夷刘裕传》)齐明帝亦好杀宗室,"延兴、建武中,凡三诛诸王,每一行事,高宗辄先烧香火,呜咽涕泣,众以此辄知其夜当相杀戮也"(《南齐书》卷四〇《武十七王》)。

　　而梁武帝对待兄弟子侄不仅仅是宽容,有时甚至可以说是纵容。萧衍六弟萧宏与帝女永兴公主私通,欲行弑逆。谋泄,梁武帝亦不深究。后有刺客行刺,"事发,称为宏所使。帝泣谓宏曰:'我人才胜汝百倍,当此犹恐颠坠,汝何为者? 我非不能为周公、汉文,念汝愚故。'"(《南史》卷五一《梁宗室·临川静惠王宏》)仅仅免去萧宏官职,不久复为司徒。萧宏之子萧正德曾叛逃至北魏,后又逃回,"见于文德殿,至庭叩头。武帝泣而诲之,特复本封"(《南史》卷五一《梁宗室·临川静惠王宏》)。萧衍第二子萧综、六子萧纶屡忤逆不臣,萧衍都能宽容对待。相对宋齐来说,梁武帝的统治是非常宽和的,在其领导维护下,宗室表面上关系亲密和谐,气氛轻松融洽。这与宋、齐动辄杀戮宗室诸王的紧张氛围大不相同,为梁代宗室提供了安定闲适的环境,使得诸侯王纷纷安心从容的从事文学文化活动。

　　另一方面,梁武帝雅好文学,不仅倡导宗室、群臣学文,弘扬文学创作,并且自己带头学文著述,为宗室和群臣树立了榜样。

　　萧衍本是楚子,《魏书》称其为"晋陵武进楚也"(《魏书》卷九八《岛夷萧衍传》)。楚子素以善战著称。萧绎小时喜比试技艺,"常与儿童斗技,手无所持,蹑空而立,观者击节,咸共称神"(《金楼子·兴王篇》)。尤善骑射,故任昉曾戏言萧衍:"我若登三事,当以卿为骑兵。"(《梁书》卷一四《任昉传》)萧衍身上尚有崇武精神,确为楚子的代表。然他其实已经由善武力向崇文学转变了,故陈寅恪称其为"楚子的最后一个代表"。①

梁武帝少时即勤奋好学,卷不辍手,登基后虽日理万机,也常常读书至五更,因而有很高的文学和学术成就。其又多才多艺,书法、音乐、绘画、棋艺皆有造诣,阴阳纬候,卜筮占决也能深究。在经学方面,萧衍著有《周易大义》廿一卷、《尚书大义》二十卷、《毛诗发题序义》一卷、《毛诗大义》十一卷、《礼记大义》十卷、《中庸讲疏》一卷、《制旨革牲大义》三卷、《乐社大义》十卷、《乐论》三卷、《黄钟律》一卷、《钟律纬》六卷、《孝经义疏》十八卷、《孔子正言》二十卷。还曾组织学士撰吉凶军宾嘉五礼,凡一千余卷,萧衍皆为断疑解惑。史学方面,有《通史》六百卷。萧衍曾对萧子显说:"我造《通史》,此书若成,众史可废。"(《梁书》卷三五《萧子显传》)此书虽已亡佚,但"通史"之名却使用至今。子学方面,有《老子讲疏》六卷、《金策》三十卷、《梁主兵法》一卷、《梁武帝兵书钞》一卷、《梁武帝兵书要钞》一卷。史载萧衍诏铭赞诔,箴颂笺奏,凡诸文集有百二十卷,辑录为《梁武帝集》二十六卷、《梁武帝诗赋集》二十卷、《梁武帝杂文集》九卷、《梁武帝别集目录》二卷、《净业赋》三卷、《围棋赋》一卷,另有沈约注《梁武连珠》一卷,邵陵王纶注及陆缅注《梁武帝制旨连珠》各十卷。另,梁武帝笃信佛法,尤长释典,曾制《涅盘》《大品》《净名》《三慧》等诸经义记。

萧衍的学术著作虽没有流传下来,但其诗文作品却有不少留存。清人严可均《全上古三代秦汉三国六朝文》辑文七卷,涉及赋、诏、诰、制、敕、章、表、启、论、书、序、记、讼、连珠等文体。今人逯钦立《先秦汉魏晋南北朝诗》录乐府 50 首,诗 41 首。《梁书》卷三《高祖纪》赞颂道:"天情睿敏,下笔成章,千赋百诗,直疏便就,皆文质彬彬,超迈今古。"沈约《武帝集序》以为其诗文"上与日月争光,下与钟石比韵,事同观海,义等窥天,睹之而不测,游之而不知者矣"

(《艺文类聚》卷一四)。明张溥《汉魏六朝百三家集·梁武帝集题辞》以为:"今得其诏、令、书、救诸篇,置帝王集中,则魏晋风烈间有存者。"萧衍的七言乐府诗数量很多,也颇具创造性,"到了梁代,七言诗才进一步得到发展,这首先要归功于梁武帝萧衍"。[①] 而其辞赋《净业赋》《孝思赋》等也颇为人所称道。

在萧衍的表率引领下,萧氏家族逐渐完成了由武力强宗向文化世家的转变。家族中习武之人渐少,梁武帝八子,只有二子萧综喜武,五子萧续"膂力绝人,驰射游猎",有勇猛气(《梁书》卷二九《高祖三王·庐陵威王续》)。其他诸子如萧统、萧纲、萧绎等均爱好文学;而萧绎"素不便驰马",与其父善弓马形成了鲜明对比。

梁武帝萧衍晚年,日益刚愎自用,社会弊端丛生,宗室内部也矛盾重重。太清元年(547),北魏侯景投奔梁朝,朝臣多认为侯景包藏祸心,不宜接纳,然梁武帝一意孤行,收留了侯景。太清二年八月(548),侯景叛梁。太清三年(549)三月,侯景攻陷台城,梁武帝被软禁于宫中。五月丙辰(初二),萧衍老病饿死,时年八十六。太子萧纲继位。冬十一月,追尊为武皇帝,庙曰高祖,葬于修陵。

在儿子萧绎眼中,梁武帝萧衍是一位值得骄傲的父亲,尤其在人品道德和文学学术方面,更是自己学习的榜样。萧衍去世后不久,萧绎就写有一篇梁武帝的传记,今此传记还保留在萧绎所撰的《金楼子·兴王篇》中。传记表达了他对父亲崇敬怀念之情,特别值得注意的是萧绎对父亲生平事迹的选材。这些选材,既可看到梁武帝对萧绎的影响,亦可以略窥萧绎的癖好。

在萧绎的笔下,父亲的一生充满了传奇性。父亲萧衍一出生就与众不同,颇有灵异。他的颈上有龙涎一样的液体,还闪耀着光芒。舌面上有八字形纹理,头顶隆起如重丘,额骨中央如日形,手掌有文,成"武帝"和"衍"三字。小时候,萧衍手中什么也不拿,能脚不沾地而站立,观看的人均击节激赏,都说神奇。平时居住的地

---

① 参胡国瑞《魏晋南北朝文学史》,武汉大学出版社 2013 年版,第 108 页。

方，"常有烟雾"。

萧绎着重记载了父亲一生中七件神异之事。

一是萧衍在齐萧了良门下时，清晨拜访范云，范云听到了天子出巡的鼓乐声，出门察看，结果却是萧衍来访。

二是永明九年（491），萧衍出任镇西将军随郡王萧子隆咨议参军，西上荆州就职。船过牛渚圻，遇暴风而上岸。"见一长老，披儒服至，揖上曰：'君龙颜虎步，相不可言。天下方乱，四海未一，安苍生者其在君乎？'上笑之曰：'观公长者，不容见戏。'俄而风静。"

三是永明十年（492），萧衍奔父丧，遇狂风卷地，大浪涛天，"船行平正，常若安流，舟中之人皆称神异"。

四是释僧辉善相面之术，曾言萧衍："顶有伏龙，此非人臣之相，贫道所未见也，若封泰山，愿能见觅。"

五是萧衍任雍州领兵将领，去救援新野时，驻军浦口，正遇风生浪起，船只不敢航行。属下请求祈祷周公瑾、何无忌二神以消灾。萧衍拒绝，令击鼓催促前进。船行进未远，则波静风息。

六是萧衍出朝演习武事时，中途突然刮起暴风，烟尘合拢，唯独萧衍所居之地，"白日清照，有紫云特起"。

七是两个奇怪的梦：一是齐高帝未登基时，梦见自己登太极殿，有三人随从：其中一人是梁武帝，一人是齐明帝，另一位展开天地之图的人不知是谁，猜想是梁太祖的子弟。到齐高帝登上帝位，就曾对梁太祖说帝位传不到孙辈，而会交给你的子孙。另一个是萧衍的哥哥齐太傅萧懿曾梦见一位大官，穿着红色衣服，牵三匹马来，自己和四弟衡阳王萧畅骑之都未能升空，只有梁武帝骑马"因化成龙，遂飞上天"。[①]

在萧绎看来，父亲做皇帝，是天权神授，神圣威严的，而种种灵

---

① 《南史》卷七《梁本纪中》亦载此二梦，又载："时台内有宿卫士为觇，常见太极殿有六龙各守一柱，未忽失其二，后见在宣武王宅。时宣武为益州，觇乃往蜀伺事。及宣武在郢，觇还都，乃见六龙俱在帝所寝斋，遂去郢之雍。中途遇疾且死，谓同侣曰：'萧雍州必作天子。'具以前事语之。"并云："推此而言，盖天命也。"

异不过是"幽赞神明,吉之先见",即神明在暗中相助,吉祥先显示出来罢了。显然,生在这样的帝王之家,萧绎是自豪的,此种心境和宋、齐诸侯王之日日提心吊胆的惶恐已大不一样了。另一方面,此篇传记中,灵异故事占据了绝大部分的篇章,而于父皇萧衍的文治武功却绝少提及,也显示出萧绎"爱奇重异"的特点,故于此方面特别留心。

如果说这些传奇故事充满了灵异性,极力将梁武帝萧衍推上了神坛,而萧绎又恰如其分地穿插了萧衍的孝道,表现了父皇的人性光辉。梁武帝萧衍母亲去世时,他顿足痛哭,守丧期间的哀伤连孝子高柴也不能超过他。① "每读《孝子传》,未曾终轴辄辍书悲恸。"父亲萧顺之去世,萧衍不顾危险,星夜冒着风浪在江中行船,回京师奔丧。"寝食俱废,焦忧易形,视人不识。"下葬时,吐血数升,连续四天水浆不入口。服丧期间,住在墓旁小屋中,经常恸哭,从来没有过笑容,吃很少的粗糙食物。每次拜祭陵墓,"杖而后起,涕泪所洒,松为变色"。登基后,梁武帝对父母的孝思始终不变。在台城内修建了至敬殿,陈列各种珍贵祭品。每月初、月末悲痛号哭,并亲到寝门祭拜,② 就像周文王为世子时向其父王季问安一样。萧衍又为父亲修建了大爱敬寺,为母亲修建了大智度寺。

梁武帝撰有《孝思赋》,叙自己对去世双亲的思念之情。"思因情生,情因思起。"全文情深意切,真挚感人。萧绎《金楼子·兴王篇》中的梁武帝传明显参考模仿了《孝思赋》,文中有不少语句和典故即直接来自该文。

可以说,无论在政治、文学还是生活、道德上,父皇萧衍都是萧绎学习和模仿的榜样。

---

① 高柴,字子羔。孔子弟子,以孝著称。《礼记·檀弓上》:"高子皋之执亲丧也,泣血三年,未尝见齿,君子以为难。"
② 寝门,古礼天子寝庙五门,诸侯三门,大夫二门。最内之门曰寝门,即路门。

三、母亲阮修容

萧绎母亲是阮修容。阮修容本姓石，名令嬴，扬州会稽上虞人。① 生于南齐升明元年（477）丁巳六月十一日，卒于大同九年（543），享年六十七岁。萧绎在《金楼子·后妃篇》中有专节叙述自己的母亲。"由皇帝亲自执笔撰写母亲生涯的传记，绝无前例。"②

萧绎《金楼子·后妃篇》从母亲的家族开始叙述：

> 梁宣修容本姓石，扬州会稽上虞人。粤自周仕卫，入赵徙温。有石化字士风者，与渤海诸石同出而异源，仕吴为中书令。生鉴，字子奇，晓仰观，见知于王隐，③游寓卒于历阳，葬于会稽。王父元恭，宋升明中仕至武骑常侍。考灵宝，齐永明中为奉朝请。

石氏本出自周代姬姓。西周初，武王姬发封弟卫康叔于卫。至卫庄公时，卫有贤臣公孙碏，字石，人称石碏，是卫康叔八世孙。石碏后人遂以石为氏，石氏自此起源。故萧绎称其"自周仕卫"。后卫国因战乱多次迁都，石姓亦因此播迁。汉代石姓著名者有石奋，号"万石君"。"万石君石奋，其父赵人也。赵亡，徙温。"（《汉书》卷四六《万石传》）可知石姓一支曾入赵，后迁徙至温县。④ 三国时吴国有石化，官至三品中书令。萧绎称石化"与渤海诸石同出而异源"，⑤则石化一支是从北方南迁而来吴的。渤海石姓，东晋以来

---

① 《梁书》及《南史》俱作"余姚人"。李慈铭《越缦堂读书简端记·王鸣盛〈十七史商榷〉卷五十九》云："当以《金楼子》为是。"上虞，会稽郡上虞县，治所在今浙江上虞市百官镇。

② ［日］兴膳宏《由儿子写的一篇母亲传——关于〈金楼子·后妃传〉》，收葛晓音主编《汉魏六朝文学与宗教》，上海古籍出版社 2005 年版，第 10 页。

③ 王隐，字处叔，东晋陈郡陈人。博学多闻，曾为著作郎，爵平陵乡侯。撰有《晋书》九十三卷。今仅存佚文。《晋书》卷八二有传。

④ 温县，西汉属河内郡。治所在今河南温县西南三十里。

⑤ 渤海，郡名，辖今山东滨州、河北南皮一带。

著名人物有石苞、石崇等,史书中均有传记可寻。^① 而吴之石姓如石化、石鉴、石元恭、石灵宝等,在史传中却只字不载,颇让人怀疑萧绎是故意攀上渤海石姓以为母族争光,石化一族本身门阀地位也许不高,并非出自名门望族。其实,即使是石苞、石崇,在当时亦非高门士族。《晋书》卷三三《石苞传》载:"石苞,字仲容,渤海南皮人也。雅旷有智局,容仪伟丽,不修小节。故时人为之语曰:'石仲容,姣无双。'县召为吏,给农司马。"石苞起家为吏,可知其出身寒族,后才跻身西晋最高统治阶层。至石苞之子石崇,奢靡淫僻,已经属于豪族了。^② 故即使萧绎母族确与渤海石姓同出,在三国时,也只是寒族而已,家世算不上显赫。

《金楼子·后妃篇》又称齐永明年间,外祖石灵宝为奉朝请,参与了当时朝廷的机密之事,与茹法亮、纪僧真在禁省值班,很少回家。《金楼子》的这些说法疑点重重,颇让人不解。

茹法亮是南朝齐吴兴武康人。齐武帝时深得宠信,转给事中。东昏侯即位,出为大司农。《南齐书》卷五六、《南史》卷七七有传。纪僧真是南朝齐丹阳建康人。历事齐高帝、武帝、明帝三朝,皆得重用,自寒官历建威将军。亦有传在《南齐书》卷五六、《南史》卷七七。在萧绎的叙述中,石灵宝与茹法亮、纪僧真曾共同在朝中当班,三人似乎是平级关系。但史书中茹法亮、纪僧真均有传记,而对石灵宝却一字不提!故日本学者兴膳宏认为"灵宝可能当时任他们的下属"。^③《太平寰宇记》卷九四"阮公溪"引《梁陈故事》曰:"石英宝者,^④会稽上虞人,常寓于武康。其女有殊色,天监元年选为采女。及生元帝,为修容,赐姓阮氏,拜其父为奉朝请。时人名所居之溪为阮公溪。英宝以承圣二年追封武康侯。"据此,石灵宝

---

① 石苞、石崇传见《晋书》卷三三。
② 参万绳楠整理《陈寅恪魏晋南北朝史讲演录》,贵州人民出版社 2007 年版,第 18 页。
③ [日]兴膳宏《由儿子写的一篇母亲传——关于〈金楼子〉后妃传》,收葛晓英主编《汉魏六朝文学与宗教》,第 11 页。
④ 据下文,"英"当是"灵"之讹。

是因为女儿在梁时为修容才拜"奉朝请",而非如萧绎所载在齐即为奉朝请。① 且奉朝请为朝廷散员,乃荣誉性官职。则至南齐时,石灵宝一族依然不显赫,或只属于"下级士族"。②

但萧绎的母亲阮修容确实是一位有较高文化修养的女性。"年数岁能诵《三都赋》;《五经》指归,过目便解。"(《金楼子·后妃篇》)《三都赋》是西晋左思的作品,乃构思十年而成,当时豪贵之家竞相传写,洛阳为之纸贵。该文长近万字,阮修容孩童时即能流畅诵读,显示了超群的记忆力。"《五经》指归"是指《易》《尚书》《诗》《礼》《春秋》五种儒家经典的旨意,阮修容一读便能明了,实具有很高的学习领悟能力。总之,阮修容的智力有过人之处。

阮修容除受过儒家教育外,对于道教、佛教都有一定的研究。阮修容父亲名"灵宝","灵宝"是南北朝时信天师道者的常用名,则石氏家族是世代信奉天师道者。阮修容在家时,据称就有"女师之德"(《金楼子·后妃篇》)。"女师"也是天师道对女性修炼者的常见称谓。《梁书》卷七《太宗王皇后传》:"后幼而柔明淑德,叔父睬见之曰:'吾家女师也。'""琅琊王氏为天师道世家,皇后又名灵宾,与信仰有关,所谓'女师',当亦女中炼师之意。"③其实梁武帝一家也是世代信奉天师道的,后萧衍在天监三年(504)舍道崇佛。而齐梁以降许多人实际上是崇儒、奉道、信佛,阮修容就是其中的一位。

　　　　初习《净名经》义,备该玄理,权实之道,妙极沙门。末持

---

① 古代诸侯春季朝见天子叫朝,秋季朝见为请。因称定期参加朝会为奉朝请。汉代退职大臣、将军和皇室、外戚多以奉朝请名义参加朝会。晋代以奉车、驸马、骑三都尉为奉朝请,南北朝设以安置闲散官员。《宋书·百官志》载:"武骑常侍,无员。汉西京官。车驾游猎,常从射猛兽。后汉、魏、晋不置。宋世祖大明中,复置。比奉朝请。""奉朝请,无员,亦不为官。汉东京罢省三公、外戚、宗室、诸侯,多奉朝请。奉朝请者,奉朝会请召而已。"梁官品以奉朝请为十八班中之二品。

② [日]兴膳宏《由儿子写的一篇母亲传——关于〈金楼子·后妃传〉》,收《汉魏六朝文学与宗教》,葛晓音主编,上海古籍出版社2005年版,第10页。

③ 周一良《论梁武帝及其时代》,收《魏晋南北朝史论集》,北京大学出版社1997年版,第360页。又,《唐六典·礼部尚书·祠部郎中》:"道士修行有三号:其一曰法师,其二曰威仪师,其三曰律师。其德高思精谓之炼师。"

《杂阿毗昙心论》，精研无比，一时称首。三十年中，恒自讲说，
自为《杂心讲疏》，广有宏益。(《金楼子·后妃篇》)

阮修容能把握《净名经》深刻的义理，而对小乘和大乘佛教教
义的理解，比佛教徒还要精妙；对《杂阿毗昙心论》的研究更是无与
伦比，当时被称为第一；其对《杂心论》也有论述，自撰《杂心讲疏》。
阮修容对佛教的因果报应之说也颇为相信。曾有人偷了她的金
银，她却不予追究，因为相信偷窃者来生一定会报答她的。

阮修容也喜欢方术，擅长相面，在正月初一朝会时登楼遇见太
尉靖惠王萧宏，回来后她对人说："太尉今年必定会去世。"当时太
尉身体很康健。然其年末，萧宏果卒。阮修容曾见到入朝的太子
萧统，就认为："必无嗣立之相。"不久萧统薨。阮修容还善观云气，
跟随萧绎到江州时，以为"天文不利，南方更将有妖气"。过了不
久，有刘敬宫者挟妖术反。

萧绎终生对方术之学感兴趣，好《易》卜，喜厌胜，长于相术，善
观星象，当是受到母亲阮修容的影响。在思想上，萧绎也是儒、释、
道三者兼修的，与母亲也并无差别。

阮修容更是一位富有宫廷生存经验的女性。未进宫前，阮修
容在家中就表现出过人的管理决断能力，为家人所仰仗，甚至被称
作"女王"："处分家计，专以仰委，号为女王。拊循弟妹，闺门辑
睦。"(《金楼子·后妃篇》)而入梁武帝宫之前，阮修容实际上已经
侍奉过齐郁林王萧昭业、齐始安王萧遥光、东昏侯萧宝卷。萧昭
业、萧遥光、萧宝卷都是历史上有名的暴戾之主。《金楼子·箴戒
篇》对三人的荒唐暴虐之行也均有记载。萧昭业字符尚，是齐武帝
之孙，文惠皇太子之子。在位沉湎酒色，信用佞邪，好为虐戏。"文
惠皇太子薨，昭业每临哭，辄号咷不自胜，俄尔还内，欢笑极乐。在
世祖丧，哭泣竟，入后宫，尝列胡妓二部夹阁迎奏。""居尝裸袒，着
红縠裤杂采袒服。好斗鸡，密买鸡至数千价。"(《南齐书》卷四《郁
林王纪》)《金楼子·箴戒篇》载郁林王昭业尝取武帝衣箱开之，将

金射雉、玻璪、贯纳等珍宝悉赐左右；与宦者宫人游戏，以玉为靶子，用金块来投掷。这些事皆不为它史所载，萧绎或是听母亲阮修容所讲述得来的。萧昭业年少轻狂，举止有如孩童，阮修容却能敛容正色，"少主非直深加严惮，乃反赐金钱，前后无算"。萧昭业被杀，阮修容又侍奉萧遥光。萧遥光多忌讳，暴虐嗜杀，且有心疾，喜怒无常，甚至有时"匍匐下地作羊行"。《金楼子·说蕃篇》载每当齐明帝诛杀人，必定先从萧遥光那里拿名单。而阮修容在萧遥光府中，"专掌内政，承上接下，莫不得中"。萧遥光破败后，"其子诩等并多踬弊"，阮修容"悉皆赡恤，饥寒俱解"。后阮修容又在宫中侍奉无德嗜杀、残暴奢靡的东昏侯萧宝卷。《金楼子·箴戒篇》有八节载东昏侯的形容举止，谓其"黑色，身才长五尺，猛眉，出口"，曾于芳乐苑诸楼观壁上画男女淫亵之状，又于苑中立市，使宫人屠沽。为宠妃潘氏服御，极选珍宝，琥珀钏一只值七千万。在齐末血腥残酷的宫廷斗争中，阮修容能侍奉如此不堪的三主，且顺利生存下来，实属不易，其处事必有过人之处。而她目睹了宗室内政治斗争的残酷，自然也熟悉宫廷游戏规则，积累了一定的宫廷生存经验。

同时，颇让人感兴趣的是阮修容在南齐宫中的具体身份。《金楼子·后妃篇》明载："天监元年，选入为露采女。"所谓"露采女"，疑为"露门采女"，即皇宫内室宫女。[①] 阮修容在天监元年（502）入梁宫时年已经 24 岁，身份却仅仅是普通宫女。而齐郁林王隆昌元年（494），年仅 16 岁的阮修容因为荀昭华的推荐，齐武帝萧赜才将其诏入宫中，得以侍奉少主萧昭业。荀昭华是齐武帝宠姬，[②] 当不至于向齐武帝推荐一名普通宫女吧！在少主宫中，阮修容"敛容正色"，让残忍好弄的萧昭业敬畏，且赐金钱无数，此也绝非普通宫女

---

① 露门，即路门。宫室最内之正门。采女，原为汉代六宫的一种称号，因其选自民家，故曰"采女"。后用作宫女的通称。

② 《南齐书》卷二〇《皇后传》："永明中无太后、皇后，羊贵嫔居昭阳殿西，范贵妃居昭阳殿东，宠姬荀昭华居凤华柏殿。"

的待遇。后"始安王遥光聘焉",阮修容"专掌内政",又能从容进谏,在遥光府中也应该是具有一定身份地位的。"遥光妃王氏不被礼遇,每因晒戏之际,同类多侮慢王氏,修容每尽礼谨肃。王氏恒酾酒酹地,曰:'将使自天佑之,吉无不利。'"所谓"同类",盖指遥光其他嫔妃,将阮修容与她们并提,则此时阮修容极有可能也是萧遥光的妃子。萧遥光被杀,阮修容"入东昏宫"(《梁书》卷七《高祖阮修容传》),具体身份不明。南齐灭亡,阮修容应该是继续留在了宫中,身份却还只是露采女,让人颇感奇怪。

天监七年(508),30岁的阮修容得到了梁武帝宠幸。《南史》卷五三《萧续传》:"始元帝母阮修容得幸,由丁贵嫔之力。"又《南史》卷八《元帝纪》载:"帝母在采女次侍,始褰户幔,有风回裾,武帝意感幸之。"阮修容能得到梁武帝的宠幸,是因丁贵嫔的帮助,外加自己的心机和对机会的把握。丁贵嫔是太子萧统的母亲,此时已经生下萧统、萧纲、萧续。萧衍原配郗氏去世于齐代,萧衍称帝后,追崇郗氏为皇后,此后梁武帝一直就没有立皇后。丁贵嫔统领后宫,儿子萧统立为太子,她的地位实际相当于皇后。而阮修容是萧绎出生后,才赐姓阮氏,升为修容,其身份地位自然不能和丁贵嫔相提并论。① 阮修容能让丁贵嫔帮助自己,且能抓住机会,足证其智慧的不寻常。前在南齐宫中,能得到齐武帝宠姬荀昭华推荐和萧遥光妃王氏尊重,阮修容处理人际关系的手段,也应该是非常厉害的。

然梁武帝对阮修容并不宠爱,所以在萧绎封为湘东郡王后的岁月里,阮修容一直伴随独子萧绎居住于藩镇,尽心尽力照顾和教育他。可以想见,儿子应该就是这位母亲的全部,而幼年即出藩在

---

① 修容,古代宫内女官名,为九嫔之一。《南齐书》卷二〇《皇后传》:"六宫位号,汉、魏以来,因袭增置,世不同矣。建元元年,有司奏置贵嫔、夫人、贵人为三夫人,修华、修仪、修容、淑妃、淑媛、淑仪、婕妤、容华、充华为九嫔,美人、中才人、才人为散职。永明元年,有司奏贵人、淑妃并加金章紫绶,佩同蕝玉。淑妃旧拟九棘,以淑为温恭之称,妃为亚后之名,进同贵妃,以比三司。"

外的萧绎，最可依靠的也只有母亲，母子二人可谓相依为命！

阮修容完全是按标准的儒家教育程序训导儿子。在萧绎六岁时就教他四方之名，告诉他不能说谎。待到萧绎十岁，又亲自教他学习《孝经》《论语》《毛诗》等儒家经典。

在生活上，阮修容对萧绎的照顾堪称模范，尽到了一位母亲应尽的责任。萧绎因为眼疾，冬天不能接近热火，夏天不敢吹风乘凉，母亲也这样陪伴着他三十多年。对于子孙辈，阮修容的慈爱尤其深厚，萧绎的子女方诸、方等、方规、方智、含贞、含介、含芷等，从出生三个月开始，阮修容就亲自抚育。方诸、含贞等的婚嫁，都是她亲自操办的，十天半月之间，一切都办得井井有条。萧绎的妻子徐妃不守妇道，阮修容待她反而更加真诚慈爱。阮修容告诫儿子："德不孤，必有邻。且妒妇不惮破家，况复甚于此者也！"（《金楼子·后妃篇》）要萧绎善待徐妃，不许离婚。

在个人行为上，阮修容也是儿子的好榜样。日常生活中，她庄重严肃，从未显露出喜怒的面色。她恭敬俭朴，仁德宽容，对下人也不曾大吼大叫，指手画脚。同时性好赈施，很多人都受到了她的救济。做这些好事时，阮修容总是蒙着面纱，不想别人知道她是谁。阮修容友爱弟妹，对于侄儿、外甥，都十分照顾。尤其孝敬父母，父母过世，"乃刻木为二亲之像，朝夕虔事。每岁时伏腊，言必随泪下"。后父皇萧衍和母亲阮修容去世，萧绎亦仿母亲生前所为，于道场内刻二亲尊像，设花幡灯烛，让僧尼顶礼（《金楼子·立言篇上》）。

在为政上，阮修容也对萧绎进行了规谏指导。毕竟她经历过南齐宫中的腥风血雨，见惯了政治的反复无情，是见过大世面的人。萧绎自称母亲对他"指以吏道"，"政无繁寡，皆荷慈训"（《金楼子·后妃篇》）。萧绎一直喜好诗赋及著书，甚至因此影响对政事的处理，母亲告诫他，"夫政也者，生民之本也"，要努力从政。萧绎遂留心政事，"恒举烛理事，夜分而寝"（《金楼子·自序篇》）。

大同九年（543）四月，阮修容病重，立下遗嘱："金银珠玉不许自随。凡厥凶事,每存俭约。"六月二日庚申,她在江州去世,享年六十七岁。梁武帝下诏:"能施盛德曰宣,可谥宣。"

对于母亲的去世,时任江州刺史的萧绎痛苦万分,写下了这段今天读来依然感人肺腑的文字:

> 绎闻玄獭有祭,丹乌哺粮,翘乃禽鱼,犹能感动,况禀含灵之气者也。东入禹川,西浮云梦,冬温夏清,二纪及兹。昏定晨省,一朝永夺,几筵寂寞,日深月远,触目屠殒,自咎自悼。昔沂淮涘,侍奉舟舻;今还宫寺,仰瞻帷幎。顾复之恩,终天莫报;陟岵之心,鲠慕何已。树叶将夏,弥切风树之哀;戒露已濡,倍萦霜露之戚。过隙难留,川流不舍。往而不还者,年也;逝而不见者,亲也。献年回斡,恒有再见之期;就养闱闱,无复尽欢之日。拊膺屠裂,贯裁心髓。日往月来,暑流寒袭,仰惟平昔,弥远弥深。烦冤拔愊,肝心屠裂,攀号胴臆,贯截骨髓,窈深游张之感,弥切苍舒之报。每读孟轲、皇甫谧之传,未尝不拊膺哽恸也;读诗人"劳悴"之章,未尝不废书而泣血也。乙丑岁之六月,气候如平生焉。冥然永绝,入无瞻奉,慈颜缅邈,肝胆糜溃,贯切痛绝,奈何奈何!(《金楼子·后妃篇》)

萧绎登基后,有司奏追崇阮修容为文宣太后。

四、七兄弟

梁武帝共有八个儿子,萧绎排行第七。萧绎的兄弟们秉性各不相同,与之关系亦有亲疏远近之别。

长兄萧统(501—531),字德施。母丁贵嫔。天监元年(502)四月,梁武帝登基,十一月即立萧统为皇太子。萧衍至三十八岁才有此子,自然是宠爱有加。至六岁时,才还东宫,但仍多居于宫中永福省。

萧统聪睿过人。读书数行并下,过目皆忆。九岁就在寿安殿讲《孝经》。且美姿貌，举止得体，爱好文学，擅长作诗。"每游宴祖道，赋诗至十数韵。或命作剧韵赋之，皆属思便成，无所点易。"（《梁书》卷八《昭明太子传》）梁武帝大弘佛教，萧统也崇信三宝，遍读佛经。并于东宫内建慧义殿，以为讲解佛法的集会场所，并招引名僧，日夜谈论佛法。萧统自立三谛、法身义，[①]皆有新意。同时，萧统对于儒家礼仪也有一定的研究，曾与臣僚一起讨论过"东宫礼绝傍亲"之仪。

萧统为人宽和仁慈，喜怒不形于色。又孝顺恭谨，"每入朝，未五鼓便守城门开。东宫虽燕居内殿，一坐一起，恒向西南面台。宿被召当入，危坐达旦"（《梁书》卷八《昭明太子传》）。母亲丁贵嫔生病，萧统朝夕侍疾，衣不解带。丁贵嫔去世，他水浆不入口，每哭辄恸绝，至腰围减半。

萧统性爱山水和文学，在玄圃中别立亭馆，与朝士名流游览其中。又广招才学之士，讨论篇籍，商榷古今。当时东宫藏书近三万卷，名才并集，一时称盛。

中大通三年（531）三月，萧统游后宫池苑，荡舟采莲，落水染疾。四月乙巳（初六）去世，时年三十一岁。谥曰昭明。史载，萧统著有文集二十卷；又撰古今典诰文言，为《正序》十卷；录五言诗之善者，为《文章英华》二十卷；《文选》三十卷。今存《昭明太子集》和《文选》。《文选》收先秦至梁代作家一百二十九家（无名氏除外），赋、诗、表等三十九类体裁的作品七百余篇，是唐以来历代士人学习文学的范本，宋代有"文选烂，秀才半"之语，而研治《文选》成为一种专门的学问，被称为"选学"。

萧统和萧绎兄弟关系不错。二人曾有过诗文唱和，萧统有《咏弹筝人诗》，今人俞绍初考证认为："按《初学记》卷十六又引有梁元帝《和弹筝人诗》二首，味其意，当为和昭明而作者。又昭明此诗有

---

① 三谛，佛教语。指空谛、假谛、中谛。法身，佛教语。谓证得清净自性，成就一切功德之身。

'还作《三洲曲》'之句,三洲在荆州,疑萧绎赴荆州任时昭明赠之以筝,咏其事而有此诗。"①萧绎有《和林下作妓应令》诗,诗题下有小注云:"和昭明。"②萧绎又有《皇太子讲学碑》,文中云:"东极长男之宫。"则此碑文亦当是为长兄萧统而作。又,萧统的文集编成,萧绎曾去信求取。③ 萧统有《答湘东王求〈文集〉及〈诗苑英华〉书》,④信中称赞萧绎的文章"丽而不浮,典而不野,文质彬彬,有君子之致",又赞美此篇书信"清新卓尔,殊为佳作",并答应奉送自己的文集和《诗苑英华》。

二兄豫章王萧综(502 年左右—528),字世谦,母吴淑媛。天监三年(504),封豫章郡王,邑二千户。萧综有才学,善属文,又喜武力,能手制奔马。其母曾入齐东昏侯宫,后才得幸于梁武帝萧衍,七个月就生下萧综。因此有人怀疑他其实是东昏侯的遗腹子。吴淑媛宠衰,而萧衍也没有时常接见萧综。于是萧综恒怀怨愤,经常私下祭祀齐先祖,甚至微服去拜祭齐明帝的陵寝。萧综还用滴血认亲的办法,⑤验证自己就是齐东昏侯子嗣,于是心怀异志。"诸侯王妃主及外人并知此怀,唯武帝不疑。"(《南史》卷五三《梁武帝诸子·萧综传》)

普通六年(525),趁督军彭城之际,萧综逃至北魏。改名缵,字德文,并为齐东昏服斩衰之丧(旧时丧服中最重的一种,服制三年,

---

① 俞绍初《昭明太子集校注》,中州古籍出版社 2001 年版,第 40 页。

② 明张溥辑《汉魏六朝百三名家集·梁元帝集》。

③ 《金楼子·聚书篇》:"为丹阳时,启请先宫书。"或即指此事。

④ 俞绍初《昭明太子集校注》之《答湘东王求〈文集〉及〈诗苑英华〉书》注[一]有云:《文集》,当指刘孝绰所编之《昭明太子集》,成书于普通三年,为十卷。《诗苑英华》,当即《南史》本传所言之《英华集》二十卷,《梁书》作《文章英华》。按昭明此书,于《诗苑英华》仅寥寥数语,一笔带过,而自言为文之宗旨与缘由则不嫌其详,且与刘孝绰所撰文集之序文又多有相合处,似当作于文集撰成之初。盖湘东王闻昭明文集初成,欲兼《诗苑英华》求而观之,昭明即作此书以答之。"中州古籍出版社 2001 年版,第 156 页。

⑤ 《南史》卷五三《梁武帝诸子·萧综传》:"闻俗说以生者血沥死者骨渗,即为父子。综乃私发齐东昏墓,出其骨,沥血试之。既有征矣。在西州生次男月余日,潜杀之。既瘗,夜遣人发取其骨又试之。"

为子及未嫁女为父母所服)。萧综叛逃，萧衍"恸哭气绝，甚为惭愧，犹云其子，言其病风所致"(《魏书》卷九八《岛夷萧衍传》)，仍封综子萧直为永新侯。吴淑媛死，"谥曰敬，使直主其丧"。后萧综上启求还，"敕使以综小时衣寄之"，意思是还愿意接纳。萧综死后，"梁人盗其柩来奔，武帝犹以子礼祔葬陵次"(《南史》卷五三《梁武帝诸子·萧综传》)。梁武帝对萧综的忍让宽容毫无原则，故后世胡三省感叹道："赞不以帝为父，而帝犹以赞为子，可谓爱其所不当爱矣。"(《资治通鉴》卷一五四)

萧综大约在531年去世。[①] 今留存有诗歌《听钟鸣》《悲落叶》二题八首，"词甚凄惋"，"有忧生漂泊之嗟"(宋琬《安雅堂全集》卷三《听钟鸣小序》)。

今没有见到萧综、萧绎交往的材料，可能是史料残缺，更可能是萧综自认是东昏侯后嗣，"每对东宫及诸王辞色不恭逊"(《南史》卷五三《梁武帝诸子·萧综传》)，刻意与梁武帝子嗣少来往，故萧综与萧绎等人关系疏远。

三兄萧纲(503—551)，字世缵，小字六通。母丁贵嫔。萧纲颇得父梁武帝喜爱，三岁即封为晋安王，食邑八千户，为诸子之最。其幼年聪睿，天才纵逸，六岁就会写诗文，萧衍称赞他为"吾家之东阿(即曹植)"(《梁书》卷四《简文帝纪》)。十一岁即能处理政务。中大通三年(531)，萧统死后，萧纲立为太子。侯景之乱起，萧纲被困于京师。太清三年(549)，梁武帝死后，萧纲登基为帝。大宝二年(551)，为侯景所害。谥简文皇帝，庙太宗。萧纲喜好文史，颇有著述。《梁书》卷四《简文帝纪》载："所著《昭明太子传》五卷，《诸王传》三十卷，《礼大义》二十卷，《老子义》二十卷，《庄子义》二十卷，《长春义记》一百卷，《法宝连璧》三百卷，并行于世焉。"

萧纲是兄弟中和萧绎关系最亲密的一位。二人有过多次欢

---

① 关于萧综的生平，《梁书》卷五五、《南史》卷三三、《魏书》卷五九、《北史》卷二九均有其传记，但叙述各有不同，相互矛盾。参邬国平《论梁代诗人萧综》，《文学遗产》2009年第5期。

聚。良辰美景,与三兄萧纲歌酒宴会,吟诗赏月,萧绎视此为人生至乐。兄弟分别之后,书信来往也很多,诗文唱和频繁。如普通六年(526)雍州刺史晋安王纲攻克魏郑城,萧绎为此作《庆州牧书》,萧纲有《答湘东王庆州牧书》。[①] 萧纲初立为太子,萧绎就致金镈一枚于东宫,萧纲为此作《金镈赋》。

在生活上,萧纲对萧绎也十分照顾。为晋安王时,曾送马匹给萧绎,萧绎写《谢晋安王赐马启》。为太子后,又给萧绎及其姬妾送弹棋局、美锦、辟邪子锦白褊、锦绣、貂蝉、花钗、合心花钗、麈尾、锦帔、团扇等生活用品,甚至还送过瓜果,萧绎为此写有大量的谢启,并曾送王羲之等人的法书墨迹给萧纲,有《上东宫古迹启》,萧纲作《答湘东王上王羲之书》(《艺文类聚》卷七四)。

在文学上,萧纲、萧绎二人彼此欣赏支持,相互酬唱。在萧纲眼中,萧绎之文才堪比三国时的曹植,可为当时文坛领袖。而在萧绎看来,萧纲"业迈宣尼(孔子)","声超姬发(周武王)"(萧绎《法宝联璧》序)。今二人有多篇同题诗文留存。如萧绎有《鸳鸯赋》,萧纲、庾信、徐陵皆有同题之作,俱见《艺文类聚》卷九二。侍中萧子显作《春别诗》四首,萧纲作《和萧侍中子显春别诗》,萧绎更和萧纲,作《春别应令诗》四首。萧纲自制新曲《乌栖曲》,萧绎亦作《乌栖曲》四首。萧纲受戒,作《受试诗》以寄萧绎,萧绎回信,附《和受试》。[②] 萧绎作《春宵》《冬晓》,萧纲有《和湘东王三韵诗二首》,即和此二诗。萧纲又有《和湘东王首夏诗》《和湘东王名士悦倾城》,均是与萧绎的唱和。中大通六年(534),萧纲组织陆罩等人编纂的

---

① 吴光兴《萧纲萧绎年谱》卷一"普通四年":"晋安王为雍州,湘东王有庆州牧书,晋安王纲作答书。"今按:若身为皇子,而为一州刺史,寻常事尔,似无称庆之理。吴说未确。观简文帝文意,必在其为雍州刺史有胜敌之事后。

② 吴光兴《萧纲萧绎年谱》卷二"中大通三年(531)":"冬十月、十一月间,湘东王绎致书太子纲,附《和受戒诗》一件,太子纲又有《答湘东王书》之作。……该书以收录于《梁书·文学·庾肩吾传》者为全,节略之文亦见《类聚》卷七七。《类聚》所收该书题目作《答湘东王和受试书》,日本学者清水凯夫指出,题目中的'受试'可能是'受诚'或'受戒'之误,最为有见。如此,该书全名似当作'答湘东王《和受戒诗》书'为宜。"清水凯夫所论见《六朝文学论文集·简文帝萧纲〈答湘东王书〉考》。

《法宝联璧》书成，亦命萧绎为序。

　　萧纲萧绎兄弟情深，原因之一是萧纲母丁贵嫔曾帮助过萧绎母阮修容。"始元帝母阮修容得幸，由丁贵嫔之力，故元帝与简文相得。"(《南史》卷五三《梁武帝诸子·庐陵威王续》)除此外，萧绎和萧纲文学主张与诗歌风格相近，更是他们交往频繁的重要原因。中大通三年(531)，昭明太子萧统突然去世，梁武帝"废嫡立长"，以第三子萧纲为太子，朝野哗然。萧纲来到京师后，也倍感压力，闷闷不乐。此间萧纲、萧绎书信往来尤多，双方敞开心扉，坦诚交流。此年九月戊辰(初一)，湘东王绎致书太子纲。乙酉(十八)，太子纲于华林园收悉湘东王绎来书。丁亥(二十)，太子纲作《答湘东王书》，并示所作《蒙华林戒诗》。在回信中，萧纲向萧绎坦露心迹，称"但吾自至都已来，意志忽恍。虽开口而笑，不得真乐。不复饮酒，垂二十句"，"每有西邮，事同抚胜，相见之期，未知何日"，抒发了内心的苦闷，表达对萧绎的思念和盼望早日相见之情。在萧纲心中，萧绎是可信任和倾诉衷肠的。冬十月、十一月间，萧绎致书萧纲，附《和受戒诗》一件，萧纲又有《答湘东王书》之作。[1] 该书对当时京师"儒钝""浮疏""阐缓"的文体深致不满，企图依据自己的审美标准，为文坛尤其是诗歌创作树立新标的。萧纲要求诗文要有自然感人的情感力量，语言要有文采，而萧绎《金楼子·立言篇》亦曾提出"吟咏风谣，流连哀思者，谓之文"，诗文"须绮縠纷披，宫徵靡曼，唇吻遒会，情灵摇荡"，二人主张并无二致。[2] 萧纲此信"可称得上是引领梁代中后期文学走向的纲领性文件"，"加速了宫体诗歌思潮的形成"。[3] 而就是在这封书信中，萧纲提出了和萧绎共同领导改革当时文坛的想法：

---

　　① 参吴光兴《萧纲萧绎年谱》卷二"中大通三年(531)"。

　　② 参王运熙、顾易生主编《中国文学批评史》二《魏晋南北朝卷》，上海古籍出版社1996年版，第291—294页。

　　③ 林大志《四萧研究——以文学为中心》，中华书局2007年版，第100页。

文章未坠,必有英绝,领袖之者,非弟而谁? 每欲论之,无可与语,思吾子建,一共商榷。辨兹清浊,使如泾渭;论兹月旦,类彼汝南。朱丹既定,雌黄有别,使夫怀鼠知惭,滥竽自耻。譬斯袁绍,畏见子将;同彼盗牛,遥羞王烈。相思不见,我劳如何。(《梁书》卷四九《文学·庾肩吾传》)

其后,正是在萧纲的号召和萧绎的拥护支持下,"宫体诗"蓬勃发展,梁代文坛面貌为之一变。

四兄南康简王萧绩(505—529),字世谨。母董淑仪。萧绩少聪警。长则寡玩好,少嗜欲,居无仆妾,躬事约俭。大通三年(529),感病而卒,时年二十五。谥曰简。时为晋安王的萧纲有《叙南康简王薨上东宫启》,同时也给萧绎写信告知此事,萧绎有《答晋安王叙南康简王薨书》。[①] 萧绎信中赞美"南康兄器宇冲贵,风神英挺",其品行远超以谨慎谦退著称的曹操之子曹衮和"清贞守道,宗室之中最为俊望"(《晋书》卷三八《宣五王·扶风武王骏》)的晋扶风武王司马骏,且云"志冀双鸾之集,遽切四鸟之悲",[②]表达了兄弟永别的痛苦。

五兄庐陵威王萧续(504—547),字世䜣。母丁贵嫔。史载:"续少英果,膂力绝人,驰射游猎,应发命中。高祖常叹曰:'此我之任城也。'"(《梁书》卷二九《高祖三王·庐陵威王续传》)梁武帝将萧续比为少善射御、能手格猛兽的曹操次子任城王曹彰,对他颇为喜爱。然萧续耽色爱财,极意收敛,仓库藏堆满了财宝。中大同二年(547)病卒。临终前,萧续让人送给朝廷金银器千余件,梁武帝萧衍才知道此子很富有。

---

① 《梁文纪》卷二于萧绎文前选录萧纲文,而于萧绎文题下小字注:"前启乃简文为晋安王时,当亦与湘东,故有此答。"

② 双鸾之集,喻兄弟之聚集。三国魏嵇康《兄秀才公穆入军赠诗》曰:"双鸾匿景曜,戢翼太山崖。……单雄翻孤逝,哀吟伤生离。"四鸟之悲,指丧亲之悲。《说苑》卷八《辨物》载颜回语:"完山之鸟生四子,羽翼已成,乃离四海,哀鸣送之,为是往而不复返也。"

因丁贵嫔和阮修容的关系，故萧续、萧绎"少相狎"。长大之后，二人因"西归内人"事件关系破裂（事情经过见第二章"西归内人"节）。此事后，"二王书问不通。及续薨，元帝时为江州，闻问，入阁而跃，屣为之破"（《南史》卷五三《梁武帝诸子·庐陵威王续》）。萧绎还在《金楼子·杂记篇》中记载萧续好色贪财，宫闱不肃，结果在侯景之乱中，资财散尽，姬妾奔散。对五哥萧续极尽污蔑丑化和挖苦之能事。

六兄邵陵携王萧纶（约507—551），字世调，母丁充华。萧纶聪颖博学，善属文，尤工尺笺。但轻险躁虐，喜怒不恒，悖慢无礼。两次因骄纵不法而失爵，后皆由梁武帝宽容而复爵。萧纶有政治野心。昭明太子死后，萧纲为太子，萧纶颇为不服，常对人说："时无豫章（梁武帝第二子豫章王萧综），故以次立。"萧纶认为太子只是按照年龄顺序来继立的。故在二兄萧综、四兄萧绩早死，而五兄庐陵王萧续又病卒后，萧纶野心进一步膨胀，甚至想行刺和毒害父皇梁武帝。侯景之乱起，梁武帝萧衍以萧纶为征讨大都督，率众讨景，结果大败。纶在郢州，梁武帝又以纶为假黄铖、都督中外诸军事。"纶于是置百官，改听事为正阳殿，内外斋省悉题署焉"（《南史·梁武帝诸子·邵陵携王纶》），有称帝之意。其后多次为萧绎所败，最终被西魏擒杀。

萧绎还有八弟武陵王萧纪（508年—553），字世询，母葛修容。萧纪为人宽和，喜怒不形于色，勤学有文才，特为梁武帝萧衍宠爱，屡有赞许。侯景之乱中，萧纪却坐拥益州，不往京师救援。甚至于承圣元年（552）在成都即帝位，后为萧绎将士所杀。

萧纶、萧绎、萧纪三人年岁相当，同时于天监十三年（514）七月乙亥（二十九）封王。侯景之乱中，兄弟三人为争夺天下，展开血腥厮杀，上演了一出骨肉相残的悲剧。

五、结语

对于萧绎来说，父亲萧衍是神一样的存在，是可敬而不可亲的。且萧绎自五岁就随母亲去了湘东王藩地。可以说,萧绎是长期和母亲生活在一起,与父亲接触的机会非常少,但父亲给予萧绎的影响却不容忽视。

梁武帝萧衍目睹和经历过南齐宗室内部的血腥残杀。父亲萧顺之就因为卷入齐皇室争斗,在萧子响事件中处置失策,造成齐武帝萧赜忌恨,忧惧而卒。哥哥萧懿则死于齐末宫廷斗争中,自己也亲身参与了齐代高层的权利斗争。故在萧衍登基后,颇注意亲族间关系的处理,宽容对待兄弟子侄,提倡以孝治国,鼓励子孙学习文化,有意淡化楚子的军事武力特点,梁代社会重文风气盛于一时。《梁书》卷四九《文学传》载:"高祖聪明文思,光宅区宇,旁求儒雅,诏采异人,文章之盛,焕乎俱集。每所御幸,辄命群臣赋诗,其文善者,赐以金帛,诣阙庭而献赋颂者,或引见焉。其在位者,则沈约、江淹、任昉,并以文采妙绝当时。至若彭城到沆、吴兴丘迟、东海王僧孺、吴郡张率等,或入直文德,通宴寿光,皆后来之选也。"梁代文学之士众多,人才辈出。这些文士,或与梁武帝诗词唱和,"高祖著《连珠》,诏群臣继作者数十人"(《梁书》卷四九《文学传·丘迟》)。或向朝廷进献诗文,"高祖雅好辞赋,时献文于南阙者相望焉,其藻丽可观,或见赏擢"(《梁书》卷四九《文学传·袁峻》)。甚至连武将曹景宗也以能作诗为荣。[①] 南朝时最流行的文学体裁是诗歌,而在梁代,作诗之风尤其炽烈。"至使膏腴子弟,耻文不逮,终朝点缀,分夜呻吟。"(钟嵘《诗品》序)当时人普遍认为,"在乎文章,弥患凡旧。若无新变,不能代雄"(《南齐书》卷五二《文学传》),要写好诗歌,除了要有真情实感外,还必须善"隶事",即多用典以炫博,才能更显高贵风雅。而多用典,就得多读书,故齐梁以来藏

---

① 《南史》卷五五《曹景宗传》:"景宗振旅凯入,帝于华光殿宴饮连句,令左仆射沈约赋韵。景宗不得韵,意色不平,启求赋诗。帝曰:'卿伎能甚多,人才英拔,何必止在一诗?'景宗已醉,求作不已,诏令约赋韵。时韵已尽,唯余竞病二字。景宗便操笔,斯须而成,其辞曰:'去时儿女悲,归来笳鼓竞。借问行路人,何如霍去病?'帝叹不已。约及朝贤惊嗟竟日,诏令上左史。"

书、读书之风盛行。

梁武帝自己带头著述，萧衍弟南平王伟，萧衍子萧统、萧综、萧纲、萧绎、萧纪均勤学好文，甚至梁武帝诸女临安、安吉、长城三主也并有文才，安吉最得令称。[①] 明王世贞《艺苑卮言》称："自三代而后，人主文章之美，无过于汉武帝、魏文帝者，其次则汉文、宣、光武……梁武、简文、元帝……凡二十九主。而著作之盛，则无如萧梁父子。"清人赵翼《廿二史札记》卷一二"齐梁之君多才学"条云："创业之君兼擅才学，曹魏父子固已旷绝百代。其次则齐、梁二朝，亦不可及也。""至萧梁父子间，尤为独擅千古。"[②]

可以说，在梁武帝萧衍的倡导下，梁朝文化发展达到了东晋以来最繁荣的阶段。史臣评价以为："自江左以来，年逾二百，文物之盛，独美于兹。"（《南史》卷七《梁本纪》）而萧绎出生在如此崇文的家庭和时代氛围中，也必然受其影响。萧绎学习诗文的兴趣就源于六岁时"奉敕"作的一首小诗（《金楼子·自序篇》）。其小时即自撰《仙异传》《黄妳自序》，十五岁就有志作子书，开始撰写《金楼子》。萧绎勤奋读书，爱好文学，积极撰述，喜欢收集图书，与父亲萧衍的影响有很大关系。

萧绎更深知"东方鼠虎之谕"（《金楼子·立言篇》），[③]十分清楚父皇对自己前途的影响和意义，故在著作中对父亲极尽夸赞之能事。其《丹阳尹传序》云："皇上受图负扆，宝历惟新，制礼以告成功，作乐以彰治定，岂直四三皇，六五帝，孕夏陶周而已哉？"将父皇和三皇五帝并称。《金楼子·戒子篇》则直接称梁武帝为尧舜："方今尧舜在上，千载一朝。"而父皇权威的存在，始终是萧绎行动的指南。萧绎的很多行为，就有讨好迎合父皇之意。

---

①　《南史》卷五一《梁宗室·临川静惠王宏传》。

②　赵翼《廿二史札记》卷一二"齐梁之君多才学"条，中华书局1984年版，246—248页。

③　《汉书》卷六五《东方朔传》载东方朔云："故绥之则安，动之则苦；尊之则为将，卑之则为虏；抗之则在青云之上，抑之则在深泉之下；用之则为虎，不用则为鼠；虽欲尽节效情，安知前后？"东方朔揭示出最高统治对人才的抑扬碾压。

　　萧衍勤学好文,萧绎亦勤学著述。萧绎曾因读书而"感心气疾"。① 其患有眼疾,读书不便,就请人为自己读书,通过这种方式,读书数万卷。而萧绎写作《金楼子》时,"书案盈前,书幌未辍,俾夜作书,勤亦至矣"。②

　　萧衍淳孝。史载:"高祖生知淳孝。年六岁,献皇太后崩,水浆不入口三日,哭泣哀苦,有过成人,内外亲党,咸加敬异。及丁文皇帝忧,时为齐随王谘议,随府在荆镇,仿佛奉闻,便投劾星驰,不复寝食,倍道就路,愤风惊浪,不暂停止。高祖形容本壮,及还至京都,销毁骨立,亲表士友,不复识焉。望宅奉讳,气绝久之,每哭辄欧血数升。服内不复尝米,惟资大麦,日止二溢。拜扫山陵,涕泪所洒,松草变色。及居帝位,即于钟山造大爱敬寺,青溪边造智度寺,又于台内立至敬等殿。又立七庙堂,月中再过,设净馔。每至展拜,恒涕泗滂沲,哀动左右。"③在《金楼子·兴王篇》中,萧绎对父亲的孝道也有生动描述,并赞美道:"伏寻我皇之为孝也,四运推移,不以荣落迁贸;五德更用,不以贵贱革心。临朝端默,过隙之思弥惭;垂拱岩廊,风树之悲逾切。齐洁宗庙,虔事郊禋,言未发而涕零,容弗改而伤恸,所谓终身之忧者,是之谓也。盖虞舜、夏禹、周文、梁帝,万载之中,四人而已。"④萧绎以为父皇萧衍的孝道可与虞舜、夏禹、周文媲美,最堪为楷模。其曾亲见父亲萧衍在宫内造至敬殿,设立祭台拜祭亡父母:"甘旨百品,月祭日祀,又为寝室,昏定晨省,如平生焉。先帝朔望,尽哀恸哭。"(《金楼子·立言篇》)而萧绎自己的孝道亦颇感人。他在每年自己生日时,"设斋讲",为母亲阮修容祈福(《颜氏家训》卷二《风操》)。在《金楼子·后妃篇》中,萧绎更以一篇长文表达了对母亲去世的哀悼思念之情,文中"拊膺

---

　　① 《金楼子·自序篇》。心气疾,实为精神失常,是大脑功能不正常的结果,今称之精神病。古人以心为思维器官,故称为心气病。

　　② 《金楼子·序》。

　　③ 《梁书》卷三《武帝纪》。

　　④ 《续高僧传》卷一《译经篇·释宝唱传》引梁元帝此文"万载之中"作"万载论孝",主旨似乎更突出。

屠裂"、"肝心屠裂"、"拊膺哽恸"、"肝胆糜溃"之语屡见，将自己的哀伤痛苦之情表达得淋漓尽致。然而这篇令人痛彻肺腑的文章也是在模拟父亲萧衍的《孝思赋》。父母去世后，萧绎还立二亲尊像供养于道场中以寄托哀思(《金楼子·立言篇上》)。

　　梁武帝萧衍倡导节俭。"日止一食，膳无鲜腴，惟豆羹粝食而已。庶事繁拥，日倦移中，便嗽口以过。身衣布衣，木绵皂帐，一冠三载，一被二年。常克俭于身，凡皆此类。五十外便断房室。后宫职司贵妃以下，六宫袆褕三翟之外，皆衣不曳地，傍无锦绮。不饮酒，不听音声，非宗庙祭祀、大会飨宴及诸法事，未尝作乐。"(《梁书》卷三《武帝纪》)萧绎则在《金楼子》多次提到节俭："马文渊曰：闻人之过失，如闻亲之名。亲之名可闻而口不可得言也。好论人长短，忘其善恶者，宁死不愿闻也。龙伯高敦厚周慎，谦约节俭，吾爱之重之，愿汝曹效之。"(《戒子篇》)"俭约之德，其义大哉。齐之迁卫于楚丘也，卫文公大布之服，大帛之冠，务材训农，敬教勤学，元年有车三十乘，季年三百乘也。岂不宏之在人。"(《立言篇上》)"往者崇华殿灾，诏问高堂隆：'此何灾？'隆曰：'殿名崇华，而为天灾所除。是天欲使节俭，勿复兴崇华之饰也。'"(《立言篇上》)"公沙穆曰：'居家之方，唯俭与约；立身之道，唯谦与学。'"(《立言篇下》)《金楼子》中提到节俭最多的是《说蕃篇》，所谓"说蕃"即讨论诸侯藩王之事，此篇中记载了历史上数位"蕃屏之盛德者"俱有勤俭之德："曹衮好学读书……性尚俭约，教敕妃妾纺绩，习为家人之事。""司马泰廉静，不近声色之宴，位至太尉，衣食有如布素。任真简率，每朝会不识者不知其王公也。事亲恭谨，居处谦和，为宗室仪表。当时诸王唯高密王泰、下邳王晃，俱以俭称。""刘休度，少而闲素，笃好文籍。文帝宠爱殊常，为立第于鸡笼山，尽山水之美。……谦俭周慎，礼贤接士，明晓政事。上深信仗之。""司马承身居藩屏，躬处俭约，乘苇笨车，家无别室。"萧绎似是一方面以这些诸侯王为榜样，另一方面也不无自我标榜之意。

梁武帝不好女色,萧绎《金楼子·自序篇》亦载自己将侍姬赏赐于将士。

在文学创作上,梁武帝萧衍对萧绎也很有影响。前述萧衍推动了梁代七言诗的进一步发展,[①]而萧绎有《别诗》二首、《送西归内人》等七言诗的创作,或就与萧衍的倡导有关。就具体篇目文字而言,《金楼子·兴王篇》中关于父亲梁武帝的一节,就模仿了萧衍的《孝思赋》,其中一些文句甚至直接来自该文。如《兴王篇》云:"每读《孝子传》,未曾终轴辄辍书悲恸。"《孝思赋》云:"每读《孝子传》,未尝不终轴辍书悲恨。"大宝三年(552),萧绎所写的《驰檄告四方》,即是梁武帝萧衍永元三年(501)《移檄京邑》的翻版,《驰檄告四方》结尾道:

> 若执迷不反,拒逆王师,大军一临,刑兹罔赦。孟诸焚燎,芝艾俱尽;宣房河决,玉石同沉。信赏之科,有如皎日;黜陟之制,事均白水。

梁武帝萧衍《移檄京邑》云:

> 若执迷不悟,距逆王师,大众一临,刑兹罔赦,所谓火烈高原,芝兰同泯。勉求多福,无贻后悔。赏罚之科,有如白水。

萧绎在文章上模拟甚至抄袭父亲萧衍的作品,可见出萧绎平时对父亲作品的收集和揣摩,足证父皇萧衍对萧绎的巨大影响。

可以说,萧衍以自己的勤奋好学、博学多才、淳孝节俭,为儿子萧绎树立了榜样。更可以说,萧绎也在这些方面尽力迎合着自己的父皇。

如果说萧绎对父亲梁武帝萧衍是敬而远之,崇拜多于亲爱,对

---

① 参胡国瑞《魏晋南北朝文学史》,武汉大学出版社 2013 年版,第 108 页。

母亲阮修容则是深深的依恋，其感情或已经超过了父亲。《金楼子·兴王篇》中萧绎对父亲的哀痛思念在语言上还有些程式化的烂俗，而《金楼子·后妃篇》中对母亲感情则是发自肺腑的。从某种意义上说，母亲阮修容才是对萧绎影响最大的人，是儿子性格的塑造者。毕竟她一直陪伴在儿子身边，从生活到教育、为政，都给予了萧绎无微不至的照顾指导。

可以想见，一位不为皇帝宠爱的妃子，长期和自己的儿子生活在藩镇，远离皇帝和朝廷，只能和儿子相依为命，其最大的心愿当然是希望孩子健康长大成人，作为诸侯王永保富贵，不可能有太多的非分之想。萧绎二兄萧综一直怀疑自己是齐东昏侯之子，曾梦类东昏侯者入梦。告其母吴淑媛，淑媛密报之曰："汝七月日生儿，安得比诸皇子？汝今太子次弟，幸保富贵勿泄。"（《南史》卷五三《梁武帝诸子·豫章王综》）吴淑媛"幸保富贵"的心态，阮修容应该一样是有的。故阮修容很注意萧绎的教育，教导其努力学习儒家经典，勤于政事，做一个好的诸侯王。

阮修容曾侍奉齐郁林王萧昭业、齐始安王萧遥光、东昏侯萧宝卷三位暴虐嗜杀之人，能自我保全，对宫廷斗争的复杂性和残酷性肯定有清醒认识，处事能力也非同一般。其在萧遥光宫中，拉拢其妃王氏，后在梁武帝宫中，又故技重施，成功拉拢丁贵嫔。阮修容对人际关系的处理，对机会的等待和把握，都有过人之处。而萧绎小时候和丁贵嫔的三子关系非常密切，就是受到母亲阮修容的影响。可以肯定，萧绎的政治生涯中，必然存在着阮修容的影响。

萧绎晚年杀戮兄弟，残害侄子，似乎兄弟之间感情淡漠。但在早年，萧绎却是很看重兄弟之情的。他和长兄萧统、三兄萧纲、五兄萧续都有频繁的交往。即使是在侯景之乱中反目成仇的八弟萧纪，二人此前也有过诗文唱和。徐陵编纂的《玉台新咏》中就存有武陵王萧纪的《和湘东王夜梦应令诗》。《金楼子·戒子篇》有专节引用东晋诗人陶渊明训诫儿子的言论：

汝辈既稚小，虽不同生，当思四海皆为兄弟之义。鲍叔、敬仲，分财无猜；归生、伍举，班荆道旧。遂能以败为成，因丧立功。他人尚尔，况共父之人哉？颖川韩元长，汉末名士，身处卿佐，八十而终，兄弟同居，至于没齿。济北汜稚春，晋时积行人也，七世同财，家人无怨色。《诗》云：'高山仰止，景行行止。'汝其慎哉！

萧绎借用前贤的话语告诫儿子们，尽管不是同母所生，也应想想四海之内皆兄弟的含义。共父之人，更应相互信任，同心协力。对于自己的兄弟们，萧绎应该也有这样的渴望和期许吧！

萧绎立遗嘱希望自己"王服周身，示不忘臣礼"，对自己的诸侯王身份是有清醒认识的。《金楼子·说蕃篇》记载了梁以前的五十三位藩王，其中西汉刘长等十一位诸侯王身败而亡，颇有以此自惕的意味的。据统计，前朝南齐宗室四十六人，正常死亡仅十六人，其余三十人皆死于皇室内讧。[1] "面对此一情势，期待兄弟和睦的萧绎自是不希望步上前朝后尘，从另一角度来看，萧绎亦是盼望自己能够安身保命，不死于萧墙之祸。因此，《说蕃》一文除借以明志之外，尚有希图免祸之意。"[2] 而萧氏兄弟在父亲萧衍的影响下，多崇文好学，尤其是长兄太子萧统编纂有《文选》，三兄萧纲使徐陵编有《玉台新咏》，萧绎家族已为浓厚的文学和学术氛围所包裹，在父亲的影响和兄弟的激励甚至竞争中，萧绎以文学、学术为终生志业，以期有誉于当时，不朽于后世。

[1] 朱玉华《南朝宋齐皇室内讧现象解析》，首都师范大学硕士论文，2004 年 4 月。
[2] 参黄鼎叡《梁元帝研究》，台湾淡江大学历史学系硕士班硕士论文，2008 年 6 月，第 45 页。

第二章　湘东郡王

从梁武帝萧衍天监七年(508)到中大同元年(546)。

一、出藩

天监七年(508),八月,丁巳(初六),萧绎生。

这位王子从小就聪悟俊朗,天才英发,据说五岁时就能流畅地诵读《礼记》第一篇《曲礼》,并曾在梁武帝面前朗诵了《曲礼》的上部分。要知道,这部分多达两千多字呢！六岁时,萧绎就能作诗。曾奉父皇之命写了一首小诗:

> 池萍生已合,林花发稍稠。
>
> 风入花枝动,日映水光浮。

全诗虽格局略显纤巧,但池萍、林花一下一上,取景角度精致,二句和三句呼应,首句和末句照应,形成了交叉结构,气韵流动,对仗工整而不呆板,展现了一定的诗歌技巧。在父亲的鼓励下,萧绎渐渐学习写作诗文。

萧家的孩子似乎继承了父亲萧衍"读书不待温故,一阅皆能成诵忆"(《金楼子·兴王篇》)的好基因,都特别早熟聪明。萧绎长兄萧统,生而聪睿,三岁受《孝经》《论语》,五岁遍读《五经》,悉能讽诵。二兄萧综,少有才学,善属文。三兄萧纲,"幼而敏睿,识悟过人,六岁便属文,高祖惊其早就,弗之信也。乃于御前面试,辞采甚美。高祖叹曰:'此子,吾家之东阿。'"(《梁书》卷四《简文帝纪》)四兄萧绩,年七岁时,主者受贿,偷改文书,长史王僧孺没有察觉,绩见而诘问,主者马上坦白服罪,"众咸叹其聪警"(《梁书》卷二九《高祖三王·南康简王绩传》)。六兄萧纶,"少聪颖博学,善属文,尤工尺牍"(《梁书》卷二九《高祖三王·邵陵携王纶传》)。八弟萧纪,"少勤学,有文才,属辞不好轻华,甚有骨气"(《梁书》卷五五《武陵王纪传》)。萧绎虽然早慧,在这些兄弟之中,却并非最突出的一位。

但在萧绎看来,父亲对自己的聪颖和才学还是十分欣赏的,宠爱也有别于其他兄弟。梁武帝萧衍对这位勤奋好学、孝顺明礼的孩子确实也特别关注,但更可能是因为内心的愧疚和怜悯。当萧绎出生不久,就患眼病,萧衍亲自为之治疗,致使一目残疾,无法视物。对于有生理缺陷的孩子,父母投入的精力和疼爱自然会更多一些。

天监十三年(514),七月乙亥(二十九),萧绎被封为湘东郡王,食邑二千户。同时封王的还有六兄萧纶和八弟萧纪。此三人都是七岁。而此前萧统二岁就立为太子,萧综约三岁封豫章郡王,萧纲四岁封晋安郡王,萧续和萧绩均是五岁封南康郡王和庐陵郡王。封王诸子中,唯萧纲食邑八千户,其他均为二千户,亦可见父皇萧衍对萧绎并未表现出过多的偏爱。

湘东郡只是南朝诸多州郡中很普通的一个。《三国志》卷四八《吴书》载:吴太平二年(257),以长沙东部为湘东郡。至晋时,湘东郡统县七,有户口一万九千五百(《晋书》卷一五《地理志》)。刘宋时,湘东郡属湘州,有茶陵、新宁、攸、临蒸、重安、阴山六县(《南齐书》卷一五《州郡志》)。这个治所在湘水东岸的郡邑,经济算不

上富庶,郡中也没有什么令人称道的历史人物。然多年后,萧绎回想起自己始封郡王时的情景,却依然激动不已:

> 筮东门而画野,创南国而分墟。诏伯宗以为侯,谙内史而策书。用分兹于茅社,从侯服而俾予。类金兽以封建,非桐珪以锡处。(《玄览赋》)

古代册封诸侯王是件很重大的事情,"诸子毕王,而天下乃安"(《贾谊书》)。所以要举行隆重的仪式。西周时,册封诸侯,被封者要在赞礼官员的引导下,接受写有封爵名号的册文,有一套完整的仪式。而按照汉代的官仪,册皇子为诸侯王,皆于洛阳上东门中。"汉制,皇子封为王,其实诸侯也,周末诸侯或称王,而汉天子自以皇帝为称,故以王号加之,总名诸侯王。"(蔡邕《独断》)在萧绎眼中,自己的封侯仪式就是周、汉礼仪的再现,隆重而严肃,故其文字间充满了神圣庄严的仪式感。而萧绎笔下的湘东郡则是神奇灵秀之地:

> 魏甘露而分邑,吴太平而定中。镇鳞山之崔嵬,傍龙迹其穹隆;金城高而相属,石燕起而依风。(《玄览赋》)

其实湘东郡的历史并不长,萧绎对此也很清楚。但险峻的地形和神奇的传说依然让年少的诸侯王心生向往。湘东郡境内有高峻的鳞山和巍峨的龙靡山。龙靡山有盘石,"石上有仙人迹及龙迹。传云昔仙人游此二山,常税驾此石"(《太平御览》卷三八八引盛弘之《荆州记》)。又有石燕山,其山有绀色石头,或大或小,状如燕子。风雨雷电交加时,则石燕群飞翻舞如同真燕(《水经注》卷三八《湘水》)。这些都对生性好奇的萧绎充满诱惑。

小小年纪的湘东郡王已经立定了自己的人生政治理想:

岂连镳于分陕,羡追踪于二公。(《玄览赋》)

相传西周初年,成王年幼,周公旦、召公奭分陕而治理天下,"自陕以西,召公主之;自陕以东,周公主之"(《史记》卷三四《燕召公世家》)。年仅七岁的湘东郡王,就想要效法周、召二公了,而他的人生之路才刚刚开始。

二、半面妆

天监十五年(516),萧绎九岁,纳徐昭佩为妃。徐昭佩(? —549)即后世称作徐妃、徐娘者。徐妃不守妇道,萧绎和徐妃的婚姻演变成了一场悲剧,而这场悲剧似乎在结婚伊始就已经注定。在《金楼子·志怪篇》中,萧绎记载了二人结婚时,怪事频发。

结婚的那天,本风和日丽,妻子徐昭佩到达家门时,"疾风大起,折木发屋"。不久,"飞雪乱下,帷幔皆白,翻洒屋内,莫不缟素",甚至房屋上垂覆的栏瓦有的也被吹落下来了。"此亦怪事也。"

到第七天,本阳光和煦,不久却阴云蔽日,下起暴雨,"洪涛波流,井溷俱溢,昏晓不分"。当时萧绎堂叔广州刺史萧昌住在西州南门,[①]新妇将回到西州,乘坐的车辆一到达堂叔门前,萧昌就去世了。"又怪事也。"

长还之日,[②]又大雨如注,所乘车辆的车轴损坏了,不能继续前进。"尔日天雷震,西州厅事两柱俱时粉碎",人人感到害怕。"此又尤为怪也。"

---

① 西州,故址在今江苏省南京市朝天宫西。自东吴以来,"西州"即有诸王之住宅。《六朝事迹编类》卷一"六朝宫殿":"吴孙权迁都建邺,徙武昌宫室材瓦缮治太初宫。《吴实录》有曰台城,盖宫省之所寓也;有曰东府,盖宰相之所居也;有曰西州,盖诸王之所宅也。"亦参周一良《魏晋南北朝史札记·〈晋书〉札记》"西州"条。今按,萧昌、萧绎并为王侯,故居西州。

② 长还,指女子出嫁时,遭夫家之丧,依然按照仪式举办婚礼谓之长还。此萧绎堂叔去世,而萧绎和徐昭佩的婚礼仪式仍继续,故谓长还。

　　《南史》卷一二《后妃下·徐妃传》抄袭《金楼子》的记载，并云"帝以为不祥，后果不终妇道"（《越缦堂读书记·金楼子》）。而事情的因果恰恰相反。萧绎撰写《金楼子·志怪篇》已是婚后多年，此时徐昭佩不守妇道之行尽为人知，而萧绎又笃信方术，本多忌讳，故自然觉得结婚时的自然现象实乃上天的警示。清李慈铭说："按此不过一雪一雨，何足为怪，而备载之，盖著其兆之不祥。"

　　萧绎对自己的这段婚姻很不满意。徐昭佩容貌不佳，举止无礼，萧绎甚不喜欢，三二年才一入其房中。徐昭佩因萧绎眇一目，每知其将至，必为半面妆以待之，以此嘲笑萧绎的生理残疾。萧绎见则大怒而出。徐氏又性嗜酒，多烂醉，常呕吐于萧绎衣中。徐昭佩生性风流妒忌，"与荆州后堂瑶光寺智远道人私通。酷妒忌。见无宠之妾，便交杯接坐。才觉有娠者，即手加刀刃。帝左右暨季江有姿容，又与淫通。季江每叹曰：'柏直狗虽老犹能猎，萧溧阳马虽老犹骏，徐娘虽老犹尚多情。'时有贺徽者美色，妃要之于普贤尼寺，书白角枕为诗相赠答"（《南史》卷一二《后妃下·徐妃传》）。对于徐氏的不守妇道，萧绎的母亲阮修容却劝说萧绎要容忍，要以德行服人。萧绎对母亲十分孝顺，此也可能是萧绎没有和徐昭佩离婚的重要原因。

　　萧绎和徐妃没有离婚的另一个原因可能是因为徐氏家族的声望和地位。徐昭佩出身名门。祖父徐孝嗣，东海郡郯县人。宋孝武帝时尚康乐公主，拜驸马都尉，累拜太尉。入齐官至尚书令。永元初，曾受遗诏辅政。后被齐东昏侯萧宝卷毒杀。父亲徐绲，仕梁，位侍中，太常，信武将军，谥顷子。绲子君蒨，幼聪朗好学，尤长集部书，问无不对。善弦歌，为湘东王镇西谘议参军。"君蒨文冠一府，特有轻艳之才，新声巧变，人多讽习。"（《南史》卷一五《徐羡之传》附）徐君蒨性豪奢，所依仗者当是家族实力。其人又善新声巧变，实则和萧绎等倡导的"宫体诗"同流，是其文学创作的有力支持者。

　　萧绎与徐昭佩生有世子萧方等、益昌公主萧含贞。方等(528—549)字实相。少聪敏,有俊才,善骑射,尤长巧思。性爱山水,性情散逸。萧绎宠爱姬妾王贵嫔,而徐妃因为嫉妒失宠。后王贵嫔死,萧绎怀疑是徐妃所为,并恶方等。方等恐惧不自安,常感叹"人生处世,如白驹过隙",愿与鱼鸟同游,去人间如脱屣(《梁书》卷四四《世祖二子》)。侯景之乱起,萧方等抱必死之心,率步骑一万救援京师。台城陷落,方等返回荆州,修筑城栅,积极备战,萧绎始知其能。谓其母徐妃曰:"若更有一子如此,吾复何忧!"徐妃不忍回答,唯有垂泣而退。世祖大怒,遂将徐妃的秽行张榜公布于众。方等愈发感到自危,遂请求带兵南讨湘州刺史河东王萧誉。军败,溺水而死,时年二十二。萧绎闻之,并无哀伤之心,并对所宠爱的第二子方诸说:"不有所废,其何以兴? 勿以汝兄为念。"(《南史》卷五四《元帝诸子·贞惠世子》)后追思其才,谥为武烈世子,为招魂以哀之。

　　萧方等死于太清三年(549)六月。是年五月,萧绎逼令徐妃自杀。徐妃乃投井而死。萧绎以尸还徐氏,谓之出妻,对徐妃和徐氏家族进行羞辱。后又以庶人之礼葬之江陵瓦官寺,且不让诸子为之服丧。萧绎还在《金楼子》中记录徐昭佩的淫行。今本《金楼子》中已经见不到这些记载,或是已亡佚。

　　萧绎自称性不好声色,实则并非如此。除徐妃外,萧绎还有姬妾多人。今所知者,有王贵嫔、袁贵人、夏贵嫔及宫人王氏、苟氏。王贵嫔美姿容,深得萧绎宠爱,生有第二子方诸、第十子方略。袁贵人生有第四子方矩。夏贵嫔生有第九子方智。方诸承圣元年(552)为侯景所害。方矩、方略均死于梁末江陵败亡中。方智于绍泰元年(555)即帝位,太平二年(557)禅位于陈。次年遇害,追谥为敬皇帝。萧绎还有幼子犀首。女儿可考者有含贞、含介、含芷。萧绎其他诸子或病卒,或失名,故《金楼子·自序篇》中有"频丧五男"之语,《南史》卷五四《世祖二子》有"贵嫔、良人并更诞子,未出阁,无封失名"之载。

三、善政碑

天监十六年(丁酉,517),十岁的萧绎出为宁远将军、南琅邪彭城二郡太守。天监十八年(己亥,519),为轻车将军、会稽太守。这段生活,应该是非常愉快的。多年后,萧绎描述起来,文字间充满了浪漫的色彩:

> 吾自北守琅台,东探禹穴,观涛广陵,面金汤之设险,方舟宛委,眺玉笥之干霄,临水登山,命俦啸侣。(《怀旧志》序)

萧绎因为年龄小,其实并未亲自理政。所以这段经历的主要内容就是呼朋唤友、登山玩水、吟诗作赋、读书著述而已。《金楼子·序》称:"左海春朝,①连章摛翰。"描述的就是自己在会稽郡轻松舒适的生活。

至普通三年(壬寅,522),萧绎已经十五岁了,入为侍中、宣惠将军、丹阳尹。萧氏家族的孩子有十五岁举行冠礼的惯例。萧绎此次返回京师建康,可能也顺便举行了冠礼。

侍中直侍皇帝左右,有顾问应答,献替进谏之责,是亲近皇上的职务。丹阳尹,就是京师所在地丹阳郡的行政长官,属中二千石,是比较重要的职务。自晋武帝太康二年(281)迄梁陈,丹阳尹治所皆在建康,即今江苏省南京市。而自中原社会动乱,晋王室南渡,丹阳的地理位置对于京师建康来说就十分重要了。萧绎也注意到了这点:

> 东以赤山为成皋,南以长淮为伊洛,北以钟山为华阜,西以大江为黄河,既变淮海为神州,亦即丹阳为京尹。(《丹阳尹

---

① 左海,指东海。据《梁书》卷五《元帝纪》,萧绎为会稽太守,会稽郡东临东海,故云。

传序》)

如果将扬州看作中原地区,那么丹阳尹其实就是京兆尹。故萧绎觉得任丹阳尹是父皇对自己的忠诚的一种褒奖,"皇览揆余之忠诚,诏入谒于承明,既摄州于淮海,且作尹乎中京"(《玄览赋》)。梁、陈官制,"唯正王任丹阳尹经迎得出身,庶姓尹则不得"(《隋书》卷二六《百官志》)。诸侯王出任丹阳尹,意味着能正式处理地方政务了。而萧绎也已经准备好好履行侍中和丹阳尹的职责,要在朝廷和地方上做出实绩来:

> 慕张生之摛伏,扡边、延之励精。(《玄览赋》)

萧绎仰慕推崇曾为京兆尹的张敞、边凤、延笃等人。张敞任京兆尹时,擅长揭发坏人坏事,"由是枹鼓稀鸣,市无偷盗,天子嘉之"(《汉书》卷七六《张敞传》)。而延笃"政用宽仁,忧恤民黎,擢用长者,与参政事,郡中欢爱,三辅咨嗟焉"(《后汉书》卷六四《延笃传》)。边凤为京兆尹,亦有能名。萧绎以前贤为榜样,在丹阳尹任上,礼贤下士,推荐人才,判案公正,赋税廉平,百姓安居乐业,故获得了官吏百姓们的认可。丹阳搢绅将其政绩上报于朝廷,并请求立善政碑以表彰。朝廷下诏:"纤介之善,春秋必书,吏民归美,难用抑绝。"于是吏民"择工良匠,追石名山,撰德选辞,兴事篆刻",修建丹阳尹湘东王善政碑,碑文为当时著名文士裴子野撰写。[1] 有云:

> 于往岁也,有司奏以湘东王为宣惠将军丹阳尹,既而下车为政,振民育德,循名责实,举无遗虑。若夫据馈累起,求贤如不及,卑身折节,用人若由己,玉帛旅于丘园,辟书交乎涂路,求余论于故府,想遗风于旧哲,延儒生于东阁,命文学于后车,

---

[1] 《丹阳尹湘东王善政碑》存《艺文类聚》卷五二。

重门洞启,列筵广置,四民总至,狱讼殷集,王兼而治之,绰有余裕,上弘其礼,下悦其风,虚往实归,人得所至。由是百吏仰成,具僚敛衽,千里之间,有怀必亮,躬亲劝课,赋政授时,辨相物宜,务尽地利,由是仍岁有秋,余粮栖亩。

在丹阳为政,对于年少的萧绎来说,主要还是一种历练,以获得一定的为政经验和政治资本,其实并不需要他花费太多的精力时间处理政务,碑文中所谓"四民总至,狱讼殷集"可能是夸张的说法,而"延儒生于东阁,命文学于后车"、"绰有余裕"或倒是实情。萧绎在为政之余,"坐真长之室,①想清谈之风"(《丹阳尹传序》),可以像前贤刘惔一样,与文人雅士清谈一番,还有时间"缀采英贤",撰写《丹阳尹传》,生活过得很是惬意。此时萧绎可能还撰写了《仙异传》一帙三卷、《黄妳自序》一帙三卷,但均自认为"不经"而不太满意。

同时,作为侍中,萧绎可以出入朝廷,"珥金貂而待问,鸣玉佩而趋庭",以备皇帝垂询,并亲耳聆听父皇的教诲,同时还可以协助处理一些教化之事:

时滥假于中台,掌邦教之观国;乍南宫而荐士,且右乡而表德。判辟雍之乐语,辩金马之儒墨;驱安车以骋望,壮天居之丽极。(《玄览赋》)

普通六年(525),朝廷下诏举士,萧绎向朝廷上表推荐了湘东王兼记室参军顾协,就是在履行"乍南宫而荐士"的职责:

臣府兼记室参军吴郡顾协,行称乡闾,学兼文武,服膺道素,雅量邈远,安贫守静,奉公抗直,傍阙知己,志不自营,年方

---

① 东晋刘惔字真长。曾为丹阳尹,喜清谈。《晋书》卷七五有传。

六十,室无妻子。臣欲言于官人,申其屈滞,协必苦执贞退,立志难夺,可谓东南之遗宝矣。(《梁书》卷三〇《顾协传》)

朝廷"即召拜通直散骑侍郎,兼中书通事舍人",萧绎的推荐起到了效果!

在此期间,萧绎广纳贤才,和裴子野、刘显、萧劢、张缵四人结为了知己。《金楼子·序》明载:"裴几原、刘嗣芳、萧光侯、张简宪,余之知己也。"裴子野(469—530)即上文撰《丹阳尹湘东王善政碑》者。子野字几原,祖籍河东闻喜。《梁书》卷三〇、《南史》卷三三有传。《梁书》本传:"时吴平侯萧劢、范阳张缵,每讨论坟籍,咸折中于子野焉。"子野去世,萧绎为作墓志铭。刘显(481—543)字嗣芳,祖籍沛国相县。《梁书》卷四〇、《南史》卷五〇有传。《梁书》本传:"显与河东裴子野、南阳刘之遴、吴郡顾协,连职禁中,递相师友,时人莫不慕之。显博闻强记,过于裴、顾。"刘显为研究《汉书》的名家,《颜氏家训·书证篇》:"沛国刘显,博览经籍,偏精班《汉》,梁代谓之'《汉》圣'。"萧绎亦喜好《汉书》,曾向刘显请教。萧劢(生卒不详)字文约,南兰陵人,梁宗室。卒,谥曰光侯。《南史》卷五一有传。《南史》本传:"聚书至三万卷,披玩不倦,尤好《东观汉记》,略皆诵忆。刘显执卷策劢,酬应如流,乃至卷次行数亦不差失。少交结,唯与河东裴子野、范阳张缵善。"及其卒,萧绎为作《侍中吴平光侯墓志》(见《艺文类聚》卷四八)。张缵(499—549)字伯绪,祖籍范阳方城。谥简宪公。《梁书》卷三四、《南史》卷五六有传。《梁书》本传:"缵有识鉴,自见元帝,便推诚委结。及元帝即位,追思之,尝为诗,其《序》曰:'简宪之为人也,不事王侯,负才任气,见余则申旦达夕,不能已已。怀夫人之德,何日忘之。'"此人不仅是萧绎的文学知己,还是他的政治知音,后来对萧绎影响巨大。不过此时萧绎在做好诸侯王本分的同时,只想做个好诗人、好学者,此四人皆好读书,善属文,故萧绎视为知己。

在任丹阳尹的末期,萧绎还曾短暂的代理扬州刺史一职。时间或在普通七年（526）四月至十月间。此前扬州刺史为梁武帝异母弟临川靖惠王萧宏。宏因疾病屡次向朝廷上表请辞，此年三月"诏许解扬州，余如故"（《梁书》卷二二《太祖五王·临川靖惠王宏》）。故扬州刺史之职空缺。扬州为京辇帝畿，刺史之位望实隆重，故王公贵戚都希望迁居此职。梁武帝虽多次与大臣讨论刺史人选，仍不能决定。《梁书》卷三六《孔休源传》载："普通七年，扬州刺史临川王宏薨，高祖与群臣议代王居州任者久之，于时贵戚王公，咸望迁授，高祖曰：'朕已得人。孔休源才识通敏，实应此选。'乃授宣惠将军、监扬州。休源初为临川王行佐，及王薨而管州任，时论荣之。而神州都会，簿领殷繁，休源割断如流，傍无私谒。中大通二年，加授金紫光禄大夫，监扬州如故。"孔休源本为临川王萧宏下属，因萧宏死而监州事，扬州刺史一职实际仍空缺。萧绎短暂代理扬州刺史时间当在三月后朝廷讨论之时。故其自称："既摄州于淮海，且作尹乎中京。"[①]（《玄览赋》）摄即代理，淮海指扬州。

在代理扬州刺史期间，萧绎审理过一些诉讼案件，曾作《理讼诗》。刘孝绰有《和湘东王理讼诗》：[②]

> 冯翊乱京兆，广汉欲兼治。
> 岂若兼邦牧，朱轮褰素帷。
> 淮海封畿地，杂俗良在兹。
> 禁奸摘铢两，驭黠震豺狸。[③]

从刘孝绰诗中所述看，萧绎理讼明察秋毫，执法苛严，故大小

---

① "作尹乎中京"，指出为丹阳尹。尹，京师所在郡的行政长官。中京，指都城。摄，代理。淮海，本广泛的地理概念，包括今江苏省、山东省、河南省、安徽省四省的接壤地区。此处用以代指扬州。《尚书·禹贡》："淮、海惟扬州。"

② 见《艺文类聚》卷五〇。

③ 《后汉书》卷五六《张纲传》载：东汉顺帝时，大将军梁冀专权，朝政腐败。汉安元年（142）选派张纲等八人巡视全国，纠察吏治。纲埋其车轮于洛阳都亭，曰："豺狼当路，安问狐狸！"遂上书弹劾梁冀，揭露其罪恶，京都为之震动。

贵族官吏皆为之震动。萧绎曾称自己虽然"性乃隘急",但审理案件时能做到"大宽小急",即在大事上宽容,只是在小事上急躁。一般的罪犯,都宽容对待而不予以追究,不守礼法的人才不被宽恕。且审案定罪,大多从轻处理;执行死刑时,必定有不忍心的表情。故臣僚刘之亨赞美萧绎"明断不凡"(《金楼子·自序篇》)。

父皇萧衍让萧绎以丹阳尹身份代理扬州刺史,实是梁时丹阳尹、扬州刺史治所皆在都城建康,代理比较方便。而此前萧绎从未有主政一州的经历,阅历尚浅,父皇萧衍对其正式出任如此重要的职务似乎还不完全放心。萧衍心目中扬州刺史的理想人选应该是第三子萧纲,而萧纲此时仍在雍州刺史任上。普通七年(526)十一月萧纲因生母丁贵嫔去世,需为其守丧三年,更不能出任实职。至大通二年(528)萧纲丧除,就正式出任了扬州刺史一职。

而萧绎则于普通七年(526)九月由代扬州刺史实授荆州刺史,终于也成了一方大员。

即将上任去荆州,萧绎写《去丹阳尹尹荆州》诗二首,其一有句云:"分符莅闽越,终然惭励精。"谦称自己在丹阳尹任上未能勤勉理政。其二云:"未尝辞昼室,谁忍去辕辕。"[1]表达了与皇帝和太子离别的不舍。徐勉和萧琛都写诗唱和。[2] 徐勉、萧琛此时皆任太子中庶子,侍东宫,诗可能是奉太子萧统之命而和。徐诗云"壮思如泉涌,逸藻似云翔",萧诗云"奕奕工辞赋,翩翩富文雅",都称道萧绎斐然出众的文才,足见此时萧绎的文学才华已经为众人仰慕推崇。徐诗又赞美萧绎:"凤有匡时调,早怀经世方。留心在庶绩,厉精思治纲。"萧诗则称:"案牍时多暇,优游阅典坟。儒墨自玄解,文史更区分。平台礼申穆,兔苑接卿云。"二人之诗作,一写萧绎劳于政务,一写萧绎勤于文事,各表现了其丹阳尹经历的一个方面,综而论之,正可见萧绎此时的生活状态。

---

[1] 昼室,或为"宣室"之误。泛指帝王所居的正室。辕辕,形容道路环曲险阻。
[2] 《艺文类聚》卷五〇引徐勉《和元帝诗》,又引《和元帝去丹阳尹尹荆州》。

四、初刺荆州

　　普通七年(丙午,526),萧绎十九岁。这年九月己酉(十三)梁武帝萧衍九弟荆州刺史鄱阳王萧恢卒。冬十月辛未(初五),萧绎出为使持节、都督荆湘郢益宁南梁六州诸军事、西中郎将、荆州刺史。使持节是魏晋南北朝时掌地方军政的官员往往加封的称号。"使持节得杀二千石以下。"(《宋书》卷三九《百官志》)出刺荆州,意味父皇萧衍对萧绎为政能力的认可。

　　荆州自东汉建安年间起,就具有重镇地位。东汉末年,诸葛亮在《隆中对》中说:"荆州北据汉、沔,利尽南海,东连吴会,西通巴、蜀,此用武之国。"(《三国志》卷三五《诸葛亮传》)吴鲁肃亦云:"夫荆楚与国邻接,水流顺北,外带江汉,内阻山陵,有金城之固,沃野万里,士民殷富,若据而有之,此帝王之资也。"(《三国志》卷五四《鲁肃传》)荆州物产丰饶,是重要的产粮区,同时处长江中游,在军事上有重要战略意义。独特的政治地位和关键的地理位置,使荆州成为各方势力争夺的四战之地。"江陵去襄阳步道五百,势同唇齿,无襄阳则江陵受敌,不立故也。……境域之内,含带蛮、蜑,土地辽落,称为殷旷。江左大镇,莫过荆、扬。弘农郡陕县,周世二伯总诸侯,周公主陕东,召公主陕西。故称荆州为陕西也。"(《南齐书》卷一五《州郡志下》)宋人章如愚曾指出,荆州治所江陵为天下四个险要必争之地之一。"江水源于岷山,下夔峡而抵荆楚,则江陵为之都会。""今守江陵则可以开蜀道。"(《群书考索》卷五八《荆襄形势》)自刘宋以来,荆州地位有所下降,至有"江陵素畏襄阳人"之说(《梁书》卷一○《萧颖达传》),主要原因是由自宋以降以江陵为中心的荆州与以襄阳为中心的雍州政治、军事地位升降所造成的。[①] 虽然自刘宋沈攸之在荆州举事失败后,荆州不再以强藩的形

---

　　① 何德章《释"荆州本畏襄阳人"》,中国魏晋南北朝史学会编《魏晋南北朝史研究》,湖北人民出版社 1996 年 10 月出版。

象影响南朝政局,但由于其地理位置和传统影响,荆州基本上由皇子亲王出镇,"非亲而勿居"(萧绎《玄览赋》),而荆州刺史常常都督上游七八州的军事,地位仍不容忽视。

萧绎接到荆州刺史任命是冬天,真正去上任可能是次年的春天。柳条拂水,空气中飘浮着花的香气,萧绎乘坐插满旌旗的大船,伴着鼓乐之声,去荆州上任了。显然这位年轻的王子心情不错,在长江边上一个小渡口作短暂停留时,写下了诗歌《赴荆州泊三江口》,有句云:"水际含天色,虹光入浪浮。"遥望前路,虽然渺茫,但水面在阳光的照射下,泛着七彩的光芒,如同多彩的未来。"榜歌殊未息,于此泛安流。"船夫们在歌声中奋力划桨,波涛翻滚的长江也不再凶险。萧绎的心早已飞向了荆州!

其实萧绎早就有自己的打算,要在荆州任上大展身手,干出一番成绩。在《后临荆州》中,[①]诗人云:

> 拥旄去京县,褰帷辞未央。
> 弱冠从王役,从容游岂张。
> 不学胡威绢,宁挂裴潜床。
> 所冀方留犊,行当息饮羊。

西晋胡威的父亲胡质曾在荆州为官,胡威去探望父亲。临别时,胡质送儿子一匹绢以为路资。"威跪曰:'大人清高,不审于何得此绢?'质曰:'是吾俸之余,故以与汝耳。'"(《太平御览》卷八一七引《晋阳秋》)裴潜字文行,是三国时人,曾出为沛国相,迁兖州刺史(《三国志》卷二三《魏志·裴潜传》)。裴松之注引《魏略》曰:"潜为兖州时,尝作一胡床,及其去也,留以挂柱。"东汉末年有寿春令

---

① 萧绎两为荆州刺史,本诗有云"弱冠从王役",从"弱冠"推测,此盖写于前次,时在普通七年(526)。吴光兴《萧纲萧绎年谱》卷三"太清元年(547)"下有云:"萧绎又有《后临荆州诗》之作,诗句曰'拥旄去京县'、'弱冠从王役'云云,萧绎年十九离京出牧荆州,事迹与诗意相合,可知所谓'后临荆州诗',非再牧荆州时之作品,诗题必有误。"

时苗,少清白。到任时乘母黄牛拉驾的简陋薄笨车,①行囊衣被悉为粗布所制。居官一年多,母牛生一小犊。任满离去时,时苗留下小牛,谓主簿曰:"令来时本无此犊,犊是淮南所生有也。'"(《三国志》卷二三《魏志·常林传》裴松之注引《魏略》)今萧绎用这些辞典,是激励自己要为官清白,纤介不取。

又,《新序》卷一《杂事》载春秋时鲁国有沈犹氏以卖羊为业,经常早晨给羊喂饱水,才卖给市人。公慎氏有妻淫荡,慎溃氏奢侈骄佚,鲁国集市中鬻牛马者善虚定高价以欺骗顾客。"孔子将为鲁司寇,沈犹氏不敢朝饮其羊,公慎氏出其妻,慎溃氏逾境而徙,鲁之鬻马牛不豫贾,布正以待之也。""行当息饮羊",萧绎亦希望自己在荆州能励精图治,使民风为之一变。

萧绎在荆州刺史任上一待就是十四年。其可考的具体政绩主要有二件事:一是于州立学,二是固边北伐。

(一) 于州立学

梁武帝平定天下之后,即诏求硕学名流,治五礼,定六律,重振儒风。天监四年(505),下诏:"置《五经》博士各一人,广开馆宇,招内后进。"数月间,怀经负笈者汇聚于京师。梁武帝又分别派遣博士祭酒到各州郡立学。天监七年(508),又诏曰:"宜大启庠敩,博延胄子。""于是皇太子、皇子、宗室、王侯始就业焉。"(《梁书》卷四八《儒学传序》)梁武帝亲自释奠于先师先圣。昭明太子萧统亦曾亲临释奠于国学。梁代儒学由此而兴盛。

响应梁武帝之号召,天监七年,荆州刺史安成王秀在州"立学校,招隐逸"(《梁书》卷二二《安成康王秀》)。其后荆州儒学发展情况不明,可能有所衰落。萧绎来到荆州,即向朝廷上表,表示荆州士子对礼乐文化的渴望就如同渴望阳光一般迫切,希望朝廷能恩泽四方,允许在荆州建立学校:

---

① 薄笨车,一种制作粗简而行驶不快的车子。

> 拨乱反正,经武也;制礼作乐,纬文也。若非六经庖厨,百
> 家异馔,《三坟》为瑚琏,《五典》为笙簧,岂能暴以秋阳,纡就望
> 之景,濯以江汉,播垂天之泽?(《艺文类聚》卷三八《请于州立
> 学校表》)

州学建立后,萧绎又亲自画孔子的画像,并为之作赞,自己誊写好送给学校。当时人称萧绎文学、书法、绘画为三绝。

州学"置儒林参军一人,劝学从事二人,生三十人,加禀饩"(《南史》卷八《梁元帝纪》)。儒林参军亦称儒林祭酒,是府学的最高长官,取聪明有威重者任之。时担任者为西中郎湘东王咨议参军、江陵令贺革。贺革,字文明,"少通《三礼》,及长,遍治《孝经》《论语》《毛诗》《左传》"。曾奉敕在台城永福省为邵陵、湘东、武陵三王讲礼。今为荆州府学祭酒,"讲《三礼》,荆楚衣冠听者甚众"(《梁书》卷四八《儒林·贺革传》)。听众中就有南郡太守刘之遴之子三达。据说他曾不遗一句地复述了贺革讲《礼》的内容(《南史》卷五〇《刘虬传》)。

为教育学生,萧绎还写有《与学生书》,指出唯有学习可以处世长久,可以立身弘大,鼓励学生认真读书:

> 吾闻斫玉为器,谕乎知道;惟山出泉,譬乎从学。是以执
> 射执御,虽圣犹然;为弓为箕,不无以矣。抑又闻曰:汉人流
> 麦,晋人聚萤。安有挟册读书,不觉风雨已至;朗月章奏,不知
> 爝火为微。所以然者,良有以夫! 可久可大,莫过乎学;求之
> 于己,道在则尊。(《艺文类聚》卷二三)

萧绎还曾与府学的一位学生有书信往来,写《召学生教》,表达了希望儒风"化行南国,被于西楚"的愿望。

荆州府学除教授儒学经典外,还会教习讨论玄学。萧绎有时甚至前往府学听讲,参与讨论。中大通三年(531),处士庾承先来

荆州,"荆陕学徒,因请承先讲《老子》。湘东王亲命驾临听,论议终日,深相赏接。留连月余日,乃还山。王亲祖道,并赠篇什,隐者美之"(《梁书》卷五一《处士·庾承先传》)。

(二)固边北伐

荆州和雍州交界之处,多山夷,受北魏鼓动,经常反叛于梁。北魏孝武帝太昌(532)年间,北魏侍中、荆州刺史贺拔胜诱动蛮王文道期,率其种落归降。时梁雍州刺史为萧绎五哥萧续,率军攻击文道期,大败而归,梁汉南一带人情不安。萧绎先派中兵王僧辩征讨,频战不利,后又遣淳于量助之。淳于量与僧辩并力,大破道期,"斩其酋长,俘虏万计",安定了荆、雍边界。

萧绎在荆州刺史任上主持的另外一件重大的军事活动就是中大通六年(534)节度诸军北伐东魏,此时其二十七岁。

中大通六年亦即北魏孝武帝永熙三年,是年北魏权臣高欢和孝武帝之间的矛盾公开化。七月,高欢率军进攻洛阳,孝武帝西逃长安,投奔宇文泰。十月,高欢立元善见为帝,改元天平,迁都邺(今河北省磁县),建立了东魏。北方局势动荡不安,给了南方可乘之机,梁武帝即于此时出兵北伐。

《梁书》卷三《武帝纪》载:中大通六年,"冬十月丁卯,以信武将军元庆和为镇北将军,率众北伐"。至十二月闰月,"元庆和克濑乡而据之"(《资治通鉴》卷一五六)。大同元年(535)四月,元庆和攻东魏城父。五月,引兵逼东魏南兖州,东魏洛州刺史韩贤拒之。六月,庆和攻南顿,被东魏豫州刺史尧雄击败。七月,"益州刺史鄱阳王范、南梁州刺史樊文炽合兵围晋寿"。十一月,"北梁州刺史兰钦引兵攻南郑,魏梁州刺史元罗举州降"(《资治通鉴》卷一五七)。至大同二年(536),"冬十月乙亥,诏大举北伐。十一月己亥,诏北伐众班师"。至此,北伐告一段落。

此次北伐,《梁书》和《南史》诸本纪均未记载萧绎参与,但《南史》卷五〇《刘虬传》附子之亨传明确记载:"大通六年,出师南郑,诏湘东王节度诸军。之亨以司农卿为行台承制,途出本州北界,总督众军,杖节而西,楼船戈甲甚盛。"大通六年当是"中大通六年"之脱误。考此次北伐,至大同元年十一月"出师南郑"时,梁有镇北将军元庆和、益州刺史鄱阳王范、南梁州刺史樊文炽、北梁州刺史兰钦等数路兵马,确需要有人负责调度指挥,《南史·刘虬传》附子之亨所记当为事实。又萧绎为荆州刺史,负有都督荆湘郢益宁南梁六州诸军事之责,而益州、南梁州亦有人马参与,且前有剿灭文道期之战绩,故以萧绎为此次北伐的总指挥,亦在情理之中。

南郑是梁州治所,即今陕西省汉中市。此次兰钦攻克南郑,战绩颇为显赫:

壬戌,北梁州刺史兰钦攻汉中,克之,魏梁州刺史元罗降。(《梁书》卷三《武帝纪》)

破通生,擒行台元子礼、大将薛俊、张菩萨,魏梁州刺史元罗遂降,梁、汉底定……俄改授持节、都督衡、桂二州诸军事、衡州刺史。未及述职,魏遣都督董绍、张献攻围南郑,梁州刺史杜怀瑶请救。钦率所领援之,大破绍、献于高桥城,斩首三千余,绍、献奔退,追入斜谷,斩获略尽。西魏相宇文黑泰致马二千匹,请结邻好。(《梁书》卷三二《兰钦传》)

而多年后,萧绎回忆起"节度诸军"之事,还颇感自豪:"于是驱骗骟,命蹶张,回翠盖之金爪,临绛宫之玉堂。拟都护之戊己,模荆尸之甲裳。作齐军之减灶,敩燕师之卧墙。观田畯于虞泽,命车右而前驱。犹从戎于细柳,若驱马于长榆。"(《玄览赋》)在萧绎的描述中,他曾仿效楚武王荆为军队"陈兵阵之法"(《左传·庄公四年》),也设计了孙膑减灶一样的妙计,[①]故北魏大败。文字言语之间,颇多炫耀之意。则此次北伐,萧绎不仅仅是协调诸军,还坐镇

---

① 《史记》卷五六《孙子吴起列传》载:魏与齐争战,齐孙膑使齐军入魏地为十万灶,明日为五万灶,又明日为三万灶。示弱于魏。诱魏帅庞涓至马陵而大败魏军。孙膑以此名显天下,世传其兵法。

指挥,为诸军出谋划策。

大同元年(535)十二月辛丑(二十九),平西将军、荆州刺史湘东王萧绎进号安西将军,应该和此次战役的胜利有关。

(三) 湘东苑

在荆州刺史任上时间日久,萧绎也慢慢变得奢华浮躁,一些不好的毛病也渐渐暴露了出来。他大兴土木工程,为自己建造了一座规模宏大的池苑——湘东苑。湘东苑中有假山、水池,有芙蓉堂、禊饮堂、隐士亭等众多的亭台楼阁,甚至还有射箭和骑马场所,苑中还栽满了奇花异草:

> 湘东王于子城中造湘东苑,穿地构山,长数百丈,植莲蒲,缘岸杂以奇木。其上有通波阁跨水为之。南有芙蓉堂,东有禊饮堂,堂后有隐士亭。北有正武堂,堂前有射坍、马埒。其西有乡射堂,堂安行坍,可得移动。东南有连理,太清初生此连理,当时以为湘东践祚之瑞。北有映月亭、修竹堂、临水斋。前有高山,山有洞石,潜行宛委二百余步;山上有阳云楼,极高峻,远近皆见;北有临风亭、明月楼,颜之推云"屡陪明月宴",并将军扈义熙所造。(《太平御览》,卷一九六引《渚宫故事》)

公事之余,萧绎常常在湘东苑中通宵达旦地宴集宾客,吟诗作赋,歌舞游戏,骑马射箭。留存有《春夜看妓》《落日射罴》《后园看骑马》《游后园》《咏阳云楼檐柳》《咏连理木》等诗歌。今天重读这些诗歌,我们耳边依然能响起宾客们的欢声笑语,眼前浮现出燕姬胡舞的翩翩身影:

春 夜 看 妓

娥月渐成光,燕姬戏小堂。
胡舞开春阁,铃盘出步廊。
起龙调节奏,却凤点笙簧。

树交临舞席,荷生夹妓航。

竹密无分影,花疏有异香。

举杯聊转笑,欢兹乐未央。

落 日 射 罴

促宴引枚邹,中园观兽侯。

日度堋阴广,风横旗影浮。

移竿标入箭,叠鼓送争筹。

附枝时可息,言从清夜游。

(四) 西归内人

在萧绎的精心治理建设下,荆州兵精粮足,百姓安居乐业。虽然刺史政务繁忙,萧绎还是挤出时间来从事著述:

聊右书而左琴,且继踵于华阴。彼门人之问道,各家求而有心。先铅擿于鱼鲁,乃纷定于陶阴。识三家之云谬,知五门之可寻。(《玄览赋》)

荆州地处长江中游,是交通要道,经常有他国使者从此经过,"夷歌成章,胡人遥集",萧绎"瞻其容貌,诉其风俗"(《职贡图序》),绘有《职贡图》。

除著述外,游山玩水,游览荆楚名胜也是萧绎的至爱。

藉务隙于登临,乃纷吾之本志。时复设羽盖,扬旌旆,乘雕玉,从贝带。浮云起,登高唐,泛枉渚,望洛阳。荆棘生于龙门之下,狐兔穴于马牧之旁。临章华而流眄,见旧楚之凄凉。试极目乎千里,何春心之可伤。

然大同五年(539)七月,萧绎离任了荆州刺史。离开荆州时,萧绎怒气冲冲!

离开之日,虽然荆州吏民"掺余袂兮泪成行,攀余辕兮不忍别"(《玄览赋》),而萧绎却气愤难平,写下了《别荆州吏目》二首。①

其　一

寄言谢桀黠,无乃气干云。

安知霸陵下,复有李将军。

其　二

莫言江汉远,烟霞隔数千。

何必黄丞相,重应临颍川。

第一首诗用了汉代飞将军李广失意时遭人轻视的典故。汉代李广罢职家居时,因与人饮酒晚归。"还至霸陵亭,霸陵尉醉,呵止广。广骑曰:'故李将军。'尉曰:'今将军尚不得夜行,何乃故也!'止广宿亭下。"后李广官右北平太守,"即请霸陵尉与俱,至军而斩之"(《史记》卷一〇九《李将军列传》)。萧绎显然是警告荆州的"桀黠"不要太嚣张。第二首诗中之"黄丞相",是指西汉黄霸。霸为人明察内敏,又习文法,善御众。两为颍川太守,吏民爱敬。是汉代"循吏"的代表。事详《汉书》卷八九《循吏传·黄霸》。显然,萧绎是安慰前来送行的吏民,自己对他们仍心怀牵挂,还要回来的! 当然,萧绎回来是会像李广惩罚霸陵尉一样惩罚"桀黠"的!

萧绎的气愤和不满,并非是因为要离开荆州,而是对自己的五哥庐陵王萧续有意见。萧绎离任荆州,接任者正是萧续,而萧续向父皇告发萧绎在离任荆州时有不守礼仪的行为。原来萧绎在任荆州刺史期间,颇喜欢有才慧的宫人李桃儿。此次萧绎入为护军将军,带李氏返回京师建康。此不符合朝廷礼制规定,遂被萧续告发。萧绎只得将李氏又送还荆州,并请太子萧纲从中斡旋。此事颇为时人所知,因荆州在京师建康之西,故世谓李氏为西归内人。

① 《古诗类苑》卷八三、《古诗纪》卷八一等题作"《别荆州吏民》"。

萧绎对李桃儿用情很深,一直念念不忘,其有《送西归内人》诗,云:

秋气苍茫结孟津,复送巫山荐枕神。
昔时慊慊愁应去。今日劳劳长别人。

所谓"内人",即指宫女。而萧绎以"巫山荐枕神"即巫山神女比拟李氏,可见萧绎对其的爱慕之情。慊慊乃情意绵长貌。古诗云:"念爱情慊慊,倾倒无所惜。"(《乐府诗集》卷四四《子夜歌》)劳劳为忧愁伤感貌。前人亦有诗云:"举手长劳劳,二情同依依。"(《玉台新咏》卷一《古诗为焦仲卿妻作》)"相送劳劳渚,长江不应满,是侬泪成许。"(《乐府诗集》卷四六《华山畿》)萧绎此诗写尽了留恋和不舍。

萧绎另有《登江州百花亭怀荆楚诗》,从诗题看,是写在江州刺史任上,诗歌的结尾云:"试酌新春酒,遥劝阳台人。""阳台人"即巫山神女,也就是"巫山荐枕神"。这首诗也当是怀念西归内人李桃儿的。

萧续的告发,使萧绎和李桃儿生生分离,自然引起他的愤恨。而萧绎素以父皇为榜样,以不喜女色之面貌示人。今却因李桃儿而失礼,自然倍感压力。而萧续如何得知此事,以常理推测,应该是有荆州官吏向后任刺史萧续告密,故萧绎才会在离别之际写下《别荆州吏目》,警告荆州官吏。八年后,萧绎再为荆州刺史,荆州吏民迎之于州境。绎不忘旧怨,对官吏进行了一番数落,致使人人失望。当然此是后话了。

五、江州任上

大同五年(539),萧绎三十二岁。秋,七月,己卯(二十八),他被召回京师,入为护军将军、安右将军,领石头戍军事。

汉以来,就有九月九日讲武习射的风俗,"九月九日,马射。或说云'秋,金之节,讲武习射,象立秋之礼也'"(《晋书》卷二一《礼志》)。齐、梁时,于此日朝廷还要举行宴会,有于稠人广坐中赋诗等活动。大同五年的九月九日,回京师不久的萧绎成功地主持了此次讲武活动,他带回的人马让人印象深刻,"人马器甲,震耀京辇,百姓观者如堵墙焉"。而其在宴会上的赋诗谈义,也得到了父皇的称赞,以为"义如荀粲,①武如孙策"(《金楼子·杂记篇》),让其他兄弟刮目相看。

此次回京,使萧绎和萧纲的兄弟关系进一步紧密。原来,就在萧绎为荆州刺史期间,即中大通三年(531),昭明太子突然去世,梁武帝立萧纲为太子。当时萧纲来到京师,舆情沸腾,朝臣和弟弟们对其立为太子多有非议,萧纲一度心情十分压抑。在此期间,萧纲、萧绎二人颇有书信交往,萧绎无论是政治还是文学上,都给予了萧纲支持,兄弟感情得到进一步加深。至大同(535—546)后,萧纲才在京师站立脚跟。而大同五年(539)前后,至有朝政多委之东宫之论(《陈书》卷三二《孝行·殷不害传》),萧纲处境与从前已经大不一样了。萧绎此次返京,萧纲自然倍感欣喜,兄弟二人经常一起饮酒赋诗,"自夜至朝",萧绎亦觉是"一生之至乐"(《金楼子·杂记篇》)。

在京师一年,萧绎声名鹊起。京师流传说:"议论当如湘东王,仕宦当如王克。"(《金楼子·杂记篇》)王克当时刚担任尚书仆射,兼管选用官吏的事,仕途坦荡。而大家也渐渐知道湘东王有"金楼子"之制,都传说"金楼子"是用真金锻造的楼阁,于是常常有人来求借"金楼子"玩赏,而萧绎只是笑笑而已(《金楼子·杂记篇》)。《金楼子》是萧绎从十五岁就开始撰写的一部书籍,他想以之使自己声名流传后世,自然对这部书倍加珍爱,以致秘不示人。

大同六年(540),萧绎三十三岁。这年冬天十二月,江州刺史豫章王萧欢去世。梁武帝以萧绎出为使持节、都督江州诸军事、镇

---

① 荀粲,字奉倩,三国魏人。粲好言道,常以为子贡称夫子之言性与天道,不可得闻,然则六籍虽存,固圣人之糠秕。当时能言者不能屈。生平事详《三国志》卷一〇《荀彧传》裴松之注。孙策,字伯符,三国时吴人,吴主孙权长兄。东汉末年割据江东,英气杰济,猛锐冠世。《三国志》卷四六有传。

南将军、江州刺史。江州是当时重镇之一。宋人章如愚曾说:"今所谓险要必争之地,不过江陵、武昌、襄阳、九江是矣。何以明之? ……豫章西江与鄱阳之浸,浩瀚吞纳而汇于溢口,则九江为之都会。晋人以谓浔阳北抚群蛮,西运荆郢,亦藩任之要者此也。……守武昌、九江则可以蔽全吴。"(《群书考索》卷五八《荆襄形势》)

有了荆州刺史任上的磨砺,萧绎日益成熟,故在江州处理诸事都游刃有余,即使遇到反叛都能从容应对。萧绎在江州的重要政绩就是平定了刘敬躬叛乱。萧绎母亲阮修容善观云气,初随萧绎来到江州,即云"天文不利,南方更将有妖气"(《金楼子·后妃篇》)。以为南方有人将要谋反,当时尚无人相信。后安成郡(治平都县,今江西安福县)有望族刘敬躬者,"田间得白蛆化为金龟,将销之,龟生光照室,敬躬以为神而祷之。所请多验,无赖者多依之。平生有德有怨者必报,遂谋作乱,远近响应"(《南史》卷六三《王僧辩传》)。大同八年(542)春正月,刘敬躬挟左道以反,内史萧说弃郡东逃。敬躬占据安成郡,改元永汉,署官属,并进攻庐陵和豫章。当时天下承平已久,南方久不习兵,人情一时扰骇。刘敬躬很快就攻取了豫章,人数多至数万,进逼新淦、柴桑。二月戊戌(初二),时为江州刺史的萧绎遣司马王僧辩、中兵曹子郢讨伐刘敬躬,并和郢州别驾庾信讨论从水路进军(北周滕王宇文逌《庾信集序》)。三月戊辰(初二),诸军大破刘敬躬。敬躬被擒送京师,斩于建康市。

萧绎调离江州后曾给朝廷上表,总结了自己在江州为政的成绩,云:

> 虽免茂弘之讥,竟微辛毗之勇。(《迁荆州输江州节表》)

东晋王导字茂弘。《晋书》卷六五《王导传》载:苏峻之乱中,王导曾从京城建康出逃,乱平后,王导入石头城,令取故节,陶侃嘲笑曰:"苏武节似不如是!"王导颇有惭色。胡三省注评曰:"导为侃所讥,自愧其失节。"(《资治通鉴》卷九四《晋纪·显宗成皇帝》"咸和四年")辛毗是三国时魏人。《三国志》卷二五《魏书·辛毗传》载:"青龙二年,诸葛亮率众出渭南。先是,大将军司马宣王数请与亮战,明帝终不听。是岁恐不能禁,乃以毗为大将军军师,使持节;六军皆肃,准毗节度,莫敢犯违。"萧绎意思是自己虽比不上辛毗勇敢,但也没有像王导一样丢掉符节逃跑。看似自谦,实则自夸,炫耀的还是平定刘敬躬叛乱的功绩,同时对萧说弃郡而逃有嘲笑之意。

萧绎在江州保持了一贯的礼贤下士、勤于讲学之风。寻阳郡丞龚孟舒,治《毛氏诗》,善谈名理,萧绎"遇之甚重,躬师事焉"(《陈书》卷三三《儒林传·顾越》附)。萧绎还将在荆州办府学的经验带到了江州,亦在此创立学校,招收学生,甚至有时亲自讲授,而授讲的内容更多的是玄学。当时颜之推(531—约591)只有十二岁,就在萧绎门下学习,经常能见到萧绎登台为学生讲授《老子》和《庄子》,自己"亲承音旨"。其《颜氏家训·勉学》就记载了萧绎对玄学的痴迷:

> 元帝在江、荆间,复所爱习,召置学生,亲为教授,废寝忘食,以夜继朝,至乃倦剧愁愤,辄以讲自释。

此时玄学盛极一时,士人竞谈玄理,不习武事。梁王朝渐渐有了末世的光景,引起了有识之士的担忧。传著名道士陶弘景隐于华阳山,预感空谈误国,作诗曰:"夷甫任散诞,平叔坐谈空。不意昭阳殿,化作单于宫。"(《梁书》卷五六《侯景传》)颜之推也称自己性顽鲁,不好玄学。而萧绎却已经完全沉迷于其中了,直至身亡,尚不觉悟!

在江州期间,还有两件事情对萧绎颇有影响。

一是母亲阮修容的去世。大同九年(543),六月,庚申(初二),萧绎生母阮修容薨于江州刺史府舍,年六十七。大同十一年

(545),夏六月,阮修容归葬于江宁县通望山。母亲的离世,让萧绎悲痛欲绝,每年自己诞辰为母亲祈福的"斋讲"也无心举办,此事遂废。萧绎还立母亲的雕像,供养于道场,并在《金楼子·后妃篇》中立专节记述母亲的一生以表达自己的哀思之情。

二是重病。一个炎热的夏天,萧绎在江州生了一场大病,严重时气息微弱,神志恍惚,似乎随时会死去。以至世子萧方等惊慌失措,亲自跪拜哀求擅长医术的中兵参军李猷。这场重病让萧绎倍感人生无常,对生死的态度也更加豁达:

> 吾企及推延,岂能及病。偶属炎夏,流金煎石,气息绵微,心用悄恍,虑不支久,方从风烛。夫有生必有死,达人恒分。(《金楼子·终制篇》)

汉以来,薄葬之风流行,汉杨王孙遗令裸葬,晋沐并终制令气绝即葬,萧绎的母亲阮修容亦曾经遗令薄葬。受此影响,萧绎在这场病中也写下遗嘱,要求珠玉铜铁不得进入墓穴,不用石屏风、木人、车马、涂车、刍灵等陪葬之物,奉行薄葬之义;并不许用血腥的动物作为祭品:

> 吾之亡也,可以王服周身,示不忘臣礼。《曲礼》一卷、《孝经》一帙、《孝子传》并陶华阳剑一口以自随。此外珠玉不入,铜铁勿藏也。田国让求葬于西门豹侧,杜元凯求葬于蔡仲冢边,杜臧求葬于蘧伯玉之侧,梁伯鸾求葬于要离之旁:彼四子者,异乎吾之意也。山地东北隅,始生山陵,小墓之前,可以为冢,已具别图。庶魂兮有奉,归骨有地,然圹中石屏风、木人、车马、涂车、刍灵之物,一切勿为。金蚕无吐丝之实,瓦鸡乏司晨之用,慎无以血胉脣腥为祭也。(《金楼子·终制篇》)

在江州期间,萧绎仍笔耕不辍,完成了《江州记》一帙三卷,并于大同十一年(545)写成了颇为自得的《玄览赋》,对自己的仕宦经历进行了总结。

然随着父皇梁武帝萧衍年岁越来越大,而萧绎羽翼渐丰,骄纵之心也在日益滋长。大同十年(544)十二月,京师建康大雪,平地三尺。时人以为是不祥之兆。"时邵陵王纶、湘东王绎、武陵王纪并权侔人主,颇为骄恣,皇太子甚恶之,帝不能抑损。"(《隋书》卷二二《五行志》)而萧绎的骄恣中,隐隐还夹杂一定的政治野心。此间其曾梦人曰:"天下将乱,王必维之。"(《梁书》卷五《元帝纪》)则萧绎平日之所思所想亦可推见了。

历史给了萧绎一个打开潘多拉盒子的机会!

第三章　承 制 勤 王

从梁武帝萧衍太清元年(547)到太清六年(552)。

太清元年(547)春正月壬寅(初四),荆州刺史庐陵王萧续卒于任上。梁武帝以萧绎为都督荆雍湘司郢宁梁南北秦等九州诸军事、镇西将军、荆州刺史。

再次来到荆州,萧绎当然希望有一番作为,毕竟上次为荆州刺史长达十四年,虽然临别时有些不愉快,但萧绎对荆州还是颇有感情的。他更深知荆州的重要,自己的根基其实也在此,而湘东苑也应该还是从前的模样。故此次回来,萧绎下定决心,要使荆州面貌为之一变,他写下了《示吏民》诗:

> 阙里尚拙谦,厉乡裁知足。
>
> 咨余再分陕,少思宜寡欲。
>
> 霞出浦流红,苔生岸泉绿。
>
> 方令江汉士,变为邹鲁俗。

前任刺史萧续性喜武力,在荆州"多聚马仗,蓄养趫雄,耽色爱财,极意收敛,仓储库藏盈溢"(《南史》卷五三《梁武帝诸子·庐陵威王续》)。而萧绎提倡"挢谦"、"知足"、"少思寡欲",希望荆州能成为邹鲁一样的礼仪之邦。诗既表达了自己的雄心和抱负,也不无鄙夷五哥萧续之意。然而历史留给萧绎的时间其实不多了,梁王朝即将发生翻天覆地的变化。

一、山雨欲来

此时的梁朝已经安定太平了四十余年,表面看上去繁荣昌盛。梁武帝"兴文学,修郊祀,治五礼,定六律,四聪既达,万机斯理,治定功成,远安迩肃。加以天祥地瑞,无绝岁时。征赋所及之乡,文轨傍通之地,南超万里,西拓五千。其中瑰财重宝,千夫百族,莫不充牣王府,蹶角阙庭。三四十年,斯为盛矣"(《梁书》卷三《武帝纪》史臣评)。这样的"太平盛世",实则弊政丛生,社会危机四伏。

(一)佞佛求福

梁武帝在位最大的弊政是佞佛。为践行佛法,萧衍不近女色,不吃荤腥,甚至要求祭祀宗庙也不用猪牛羊,而改用菜蔬。为求功德,梁武帝大事营造佛寺,"于建业起同泰寺,又于故宅立光宅寺,于钟山立大爱敬寺,兼营长干二寺,皆穷工极巧,殚竭财力,百姓苦之。曾设斋会,自以身施同泰寺为奴,其朝臣三表不许,于是内外百官共敛珍宝而赎之。……衍所部刺史郡守初至官者,皆责其上礼献物,多者便云称职,所贡微少,言为弱惰。故其牧守,在官皆竞事聚敛,劫剥细民,以自封殖,多妓妾、梁肉、金绮。百姓怨苦,咸不聊生"(《魏书》卷九八《岛夷萧衍传》)。此或有所夸大,但绝非空穴来风。普通年间,梁京师有"佛寺五百余所,穷极宏丽。僧尼十余万,资产丰沃"(《南史》卷七〇《郭祖深传》)。至梁武帝晚年,寺庙和僧尼数量更多。大量人口借出家或依附佛寺以逃避赋税徭役,"天下户口,几亡其半"。而僧尼又多为非作恶,奢侈腐化,造成了很坏的社会影响。而梁武帝执迷不悟,更于大通元年(527)、中大通元年(529)、太清元年(547)三次舍身同泰寺。第一次在寺内待了四天。第二次待了十六天,是公卿大臣花了一亿万钱才奉赎还宫。第三次停留同泰寺多达三十七天,又是公卿大臣花了一亿万钱奉赎还宫。臣下奏表上书,称梁武帝为"皇帝菩萨"(《魏书》卷九八《岛夷萧衍传》)。"封建王朝统治者这种等于儿戏的宗教迷信活动,标志了梁朝的统治已经腐朽没落到了极点。"①

　　梁武帝为佞佛消耗了大量的金钱。梁代商业繁荣,"京师及三吴、荆、郢、江、湘、梁、益用钱"(《隋书》卷二四《食货志》)。而普通中,却出现了用铁钱替代铜钱的现象。"铜钱到哪里去了呢?被梁武帝用去营造佛的金身去了。"②铁钱不仅作为通货,还被用来支付官员的俸禄。由于铁比铜便宜,而且容易取得,结果引发了严重的偷铸行为,致使铁钱贬值,物价飞腾,造成了"通货膨胀","使货币的信用急速丧失","武帝的通货政策以完全的失败告终"。③

　　　　人以铁贱易得,并皆私铸。及大同已后,所在铁钱,遂如丘山,物价腾贵。交易者以车载钱,不复计数,而唯论贯。商旅奸诈,因之以求利,自破岭以东,八十为百,名曰东钱。江、郢已上,七十为百,名曰西钱。京师以九十为百,名曰长钱。中大同元年,天子乃诏通用足陌。诏下而人不从,钱陌益少。至于末年,遂以三十五为百云。(《隋书》卷二四《食货志》)

(二) 宽容纵弛

　　梁武帝对权贵尤其是宗族宽容,虽有利于缓解宋齐以来的皇室内部的紧张形势,却也造成了皇族、亲信的放纵和专权。六弟萧宏、萧宏子萧正德、二子萧综、六子萧纶皆有谋反之心,武帝都能宽

　　① 参周一良《论梁武帝及其时代》,收《魏晋南北朝史论集》,北京大学出版社1997年版,第359页。
　　② 万绳楠《陈寅恪魏晋南北朝史讲演录》,贵州人民出版社2007年版,第169页。
　　③ [日] 川本芳昭著《中华的崩溃与扩大》,广西师范大学出版社,第151页。

容对待,不予追究。萧宏没什么才能,却恣意聚敛,家有库室近百间。有传言说库室中都是兵器,萧宏意图造反。梁武帝到宏家,假装追究,亲自打开库室查看,发现其中三十余间藏的都是钱,有三亿余万,"余屋贮布绢丝绵漆蜜纻蜡朱沙黄屑杂货,但见满库,不知多少"。梁武帝见萧宏没有藏兵器,非但没有怪罪他聚敛财货,反而称赞他"生活大可"。萧综写《钱愚论》讽刺萧宏贪吝,梁武帝却将萧综责怪了一番(《南史》卷五一卷《梁宗室上·临川静惠王宏》)。萧宏之子萧正德叛逃北魏,后又逃回,梁武帝"泣而诲之,特复本封"。在梁武帝的纵容下,萧正德等"四凶",[①]"为百姓巨蠹,多聚亡命,黄昏多杀人于道,谓之'打稽'。以至于时勋豪子弟多纵恣,以淫盗屠杀为业,父祖不能制,尉逻莫能御"(《南史》卷五一卷《梁宗室上·萧正德》)。邵陵王萧纶骄纵不法,"遣人就市赊卖锦采丝布数百疋",百姓都关闭邸店不敢出。府丞何智通向朝廷报告,萧纶被梁武帝责怪,怀恨在心,派遣心腹寻找何智通,"于白马巷逢之,以槊刺之,刃出于背。智通以血书壁作'邵陵'字乃绝"。梁武帝知道后,免萧纶为庶人。"顷之复封爵"(《南史》卷五三《梁武帝诸子》)。

除宗室外,权贵也奢侈堕落,日益腐朽了。"王侯贵人,奢淫无度,弟兄子侄,侍妾或及千数,至乃回相赠遗。其风俗颓丧,纲维不举若此。"(《魏书》卷九八《岛夷萧衍传》)寒士出身的朱异,"贪财冒贿,欺罔视听,以伺候人主意,不肯进贤黜恶"。"起宅东陂,穷乎美丽,晚日来下,酣饮其中。每迫曛黄,虑台门将阖,乃引其卤簿自宅至城,使捉城门停留管籥。既而声势所驱,薰灼内外,产与羊侃相埒。好饮食,极滋味声色之娱,子鹅炰鳝不辍于口,虽朝谒,从车中必赍饴饵。而轻傲朝贤,不避贵戚。"(《南史》卷六二《朱异传》)襄阳人鱼弘,只做过几任太守,却对人说:"我为郡有四尽:水中鱼鳖

---

① 《南史》卷五一卷《梁宗室上·萧正德》:"时东府有正德及乐山侯正则;潮沟有董当门子遄,世谓之董世子者也;南岸有夏侯夔世子洪。此四凶者,为百姓巨蠹。"

尽,山中獐鹿尽,田中米谷尽,村里人庶尽。丈夫生如轻尘栖弱草,白驹之过隙。人生但欢乐,富贵在何时。"鱼弘有侍妾百余人,"不胜金翠,服玩车马,皆穷一时之惊绝"。"逢救迎瑞豫王令送像下都,弘率部曲数百,悉奕锦袍,赫奕满道,颇为人所慕"(《南史》卷五五《鱼弘传》)。朱异淫奢腐化却代掌机密,鱼弘穷奢极欲的生活还为人所羡慕,可知梁代社会政局和风气已经败坏了。

(三)清高浮华

梁代经济混乱,政刑紊乱,而官吏却多清高浮华,不涉世务,甚至轻视勤于政务者。梁大通以后宰相为何敬容,"敬容久处台阁,详悉旧事,且聪明识治,勤于簿领,诘朝理事,日旰不休。自晋、宋以来,宰相皆文义自逸,敬容独勤庶务,为世所嗤鄙"(《梁书》卷三七《何敬容传》)。时有萧巡,颇有轻薄才,因制卦名、离合等诗以嘲之,公开指责何敬容"紊朝典""蠹彝伦",败坏风俗(《艺文类聚》卷五六)。而萧绎《金楼子·杂记篇》载何敬容不善作书、不辩屯毛两字之异、不知晋国和晋朝不同等事,亦语带讥讽。

南朝以来,高门贵族占据了清官之职,既清闲又不用承担重大责任。梁武帝虽然对官制有所改革,有重振贵族之意,但高门贵族树立的以诗书礼仪文化为判别家族高低的传统却嵌进了社会的每一个角落。致使文风盛行,文士辈出。梁王筠在给诸子的信中很自豪的称王氏:"七叶之中,名德重光,爵位相继,人人有集。"王氏所以称盛,是因为"爵位蝉联,文才相继"。可知爵位和文才,是高门的两大标志。此点在梁代也没有改变,甚至因萧衍和诸王的倡导,梁代文风较前代更甚。这些文士,"品藻古今,若指诸掌,及有试用,多无所堪。居承平之世,不知有丧乱之祸;处庙堂之下,不知有战陈之急;保俸禄之资,不知有耕稼之苦;肆吏民之上,不知有劳役之勤,故难以应世经务也"。梁武帝不得不起用朱异等有才能却出身不高的士人,"举世怨梁武帝父子爱小人而疏士大夫"(《颜氏家训·涉务篇》),实则是这些高门文士不堪实用。而由此带来的问题是武将文士化,诸多军功家族日益转化为诗书礼仪之家,朝廷缺乏将才。萧衍的萧氏家族即是典型代表。萧衍善射箭骑马,"可说是善战楚子的最后一个代表"。[①] 然其诸子,除二子萧综、五子萧续有武力外,其余诸子均为文学之士,其他宗室亦少有习武者。《梁书·太宗十一王·南郡王大连传》载萧大连与兄大临对梁武帝问。"高祖问曰:'汝等习骑不?'对曰:'臣等未奉诏,不敢辄习。'"连学习骑马都要"奉诏",可见武帝萧衍平日是不提倡子孙学习武力军事技能的。一般士大夫,亦不骑马:"梁世士大夫,皆尚褒衣博带,大冠高履,出则车舆,入则扶侍,郊郭之内,无乘马者。"(《颜氏家训·涉务》)甚至有惧马如虎者:"建康令王复性既儒雅,未尝乘骑,见马嘶歕陆梁,莫不震慑,乃谓人曰:'正是虎,何故名为马乎?'"这些贵族,"肤脆骨柔,不堪行步,体羸气弱,不耐寒暑,坐死仓猝者,往往而然"(《颜氏家训·涉务》),怎能从事各种政务,更别说上战场了。

经过梁武帝四十多年的统治,"流寓在南朝境内的北人豪族将种,逐渐变为不善战的民族",[②]而追随梁武帝建立梁朝的宿将如曹景宗、韦睿、陈庆之等,早已去世。此时的武将,多是"饭囊酒瓮"而已。[③]

(四) 人心思乱

此时的梁代社会,各种矛盾错综交织,人心思乱。在宗室内部,萧氏兄弟之间明争暗斗。自从昭明太子萧统死后,围绕太子之位各派势力展开了激烈的争夺。中大通三年(531),昭明太子病逝,萧纲立为太子。萧纲成为太子,颇有些偶然,地位并不稳固。按照常理,昭明太子死后,应该由他的长子萧欢来嗣位,但梁武帝却立了自己的第三子萧纲为太子,这从儒家礼仪来看,就是"废嫡立庶",是不符合礼制的。当时袁昂、周弘正就曾经劝说萧纲谦让

---

① 万绳楠《陈寅恪魏晋南北朝史讲演录》,贵州人民出版社 2007 年版,第160 页。
② 同上书,第169 页。
③ 《颜氏家训·诫兵》:"习五兵,便乘骑,正可称武夫尔。今世士大夫,但不读书,即称武夫儿,乃饭囊酒瓮也。"

皇太子之位,虽然没有成功,但也可以看出朝廷舆情。后来侯景叛乱,废萧纲,立萧欢之子萧栋为帝,就是以为"次当支庶,宜归正嫡"(《南史》卷八《简文帝本纪》)。立萧纲为太子后,武帝出于安慰的目的,对昭明太子的子嗣大加封赏:"帝既废嫡立庶,海内噂沓,故各封诸子大郡以慰其心"。但萧欢之弟萧詧"流涕受拜,累日不食"(《南史》卷五三《梁武帝诸子》),显然是对哥哥没能入主东宫不满。另一方面,萧衍的"废嫡立庶"也让萧纲的弟弟们对太子之位产生了觊觎之心。六子萧纶就曾公开议论,以为萧纲并非是因德行而立为太子,而是因为二兄萧综亦亡,按顺序轮到了他。言行之间流露出对太子萧纲的不服。梁武帝晚年,六子萧纶、七子萧绎、八子萧纪均日益飞扬跋扈。"上年高,诸子心不相下,互相猜忌。邵陵王纶为丹杨尹,湘东王绎在江州,武陵王纪在益州,皆权侔人主;太子纲恶之,常选精兵以卫东宫。"(《资治通鉴》卷一五九)。除萧纲兄弟外,太子之位还有一位虎视眈眈的竞争者。此即萧正德。萧正德是萧宏的儿子,梁武帝的侄儿。当初,梁武帝由于没有儿子,将弟弟萧宏的儿子萧正德养为己子,后来因为萧统的出生,萧正德归本。萧衍称帝后,萧正德仍希望立自己为太子,"自谓应居储嫡,心常怏怏,每形于言"(《南史》卷五一《萧正德传》)。萧正德多次兴风作浪,并一度逃往东魏,称自己为废太子。昭明太子逝世,他自然会有一番行动。532年,即昭明死后第二年,梁武帝将萧正德封为临贺郡王,邑二千户,这种赏赐规格和昭明太子子嗣是一样的,目的很可能就是对他进行安抚。侯景叛乱时,曾致信萧正德,曰:"大王属当储贰,中被废辱,天下义士,窃所痛心,在景愚忠,能无忿慨? 今四海业业,归心大王,大王岂得顾此私情,弃兹亿兆? 景虽不武,实思自奋。愿王允副苍生,鉴斯诚款。"萧正德得书大喜,曰:"侯景意暗与我同,此天赞也。"(《梁书》卷五五《萧正德传》)萧正德将立为太子,登基做皇帝作为一生的追求,最后甚至不惜与侯景勾结。由此可见531年后的梁代政坛极其复杂,尽管萧武帝萧衍在主持大局,而萧纲的太子地位并不稳固,宗室内矛盾重重,萧正

德、萧纶、萧绎、萧纪、萧詧等都希望有动乱变故,而自己从中渔利:

萧正德:"自此怨望,恒怀不轨,睥睨宫宸,觊幸灾变。"(《梁书》卷五五《萧正德传》)

萧纶:直接刺杀、下毒谋害梁武帝。(《南史》卷五三《梁武帝诸子·邵陵携王纶》)

萧绎:梦人曰:"天下将乱,王必维之。"(《梁书》卷五《元帝纪》)

萧詧:"以襄阳形胜之地,梁业所基,遇乱可以图大功。"(《资治通鉴》卷一五九)

而连梁武帝自己也似乎感觉到天下将乱,对八子萧纪说:"天下方乱,唯益州可免,故以处汝,汝其勉之。"(《南史》卷五三《梁武帝诸子》)

而梁代上层社会内部,也充满了矛盾。当时上层士族多迂诞浮华,不涉世务,不堪重要,故梁武帝多用晓习吏用之下层士族,"举世怨梁武帝父子爱小人而疏士大夫"(《颜氏家训·涉务》)。梁武帝晚年尤其宠信寒族朱异。"然朱异之徒,作威作福,挟朋树党,政以贿成,服冕乘轩,由其掌握,是以朝经混乱,赏罚无章。"(《梁书》卷三《武帝纪》)朱异有干才,娴于军国故实,"览事下议,纵横敏赡,不暂停笔,顷刻之间,诸事便了"(《南史》卷六二《朱异传》)。又擅长阿谀取宠,"异居权要三十余年,善窥人主意曲,能阿谀以承上旨,故特被宠任"(《梁书》卷三八《朱异传》)。有人批评朱异说每事皆顺从皇上,从未闻有所进谏。他回答说:"当今天子圣明,吾岂可以其所闻干忤天听。"(《南史》卷六二《朱异传》)朱异生活腐化,贪财好货。"四方所馈,财货充积。性吝啬,未尝有散施。厨下珍羞腐烂,每月常弃十数车。"(《梁书》卷三八《朱异传》)如此之人在内省十余年,却恩宠不衰,从未遭到皇帝谴责。朱异平日瞧不起世家大族,轻傲朝贤,不避贵戚。人或劝之,异曰:"我寒士也,遭逢以至今日。诸贵皆恃枯骨见轻,我下之,则为蔑尤甚。我是以先之。"而朝臣乃至皇太子对朱异也颇为不满,"异之方幸,在朝莫不侧目,虽

皇太子亦不能平"(《南史》卷六二《朱异传》)。吴光兴甚至认为:
"论萧纲与梁朝政治,萧纲与朱异近二十年的矛盾不应忽视。""侯
景之乱爆发之前,相关事件的处置失当,与朱异颇有关系。"①

至梁武帝晚年,统治阶级腐朽堕落,老百姓生活困顿,更是有反
抗叛乱之心。梁武帝表面上"政刑弛紊"(《南史》卷七《梁本纪中·武
帝纪》),但实则是"急于黎庶,缓于权贵",被人指责为"非长久之术"
(《隋书》卷二五《刑法志》)。《南史》卷五二《梁宗室下·萧恢传》附萧
泰传载:丰城侯萧泰,通过贿赂权要,超授为谯州刺史。至州,便遍
发人丁为苦力。耻为之者,则重加杖责,多输财货者,则即放免,"于
是人皆思乱"。"及侯景至,人无战心,乃先覆败。"在南方,先后有李
贲、刘敬躬之乱。《梁书》卷三《武帝纪》载:大同七年(541),"交州土
民李贲攻刺史萧咨,咨输赂,得还越州"。李氏起兵事至梁灭亡也未
平。大同八年(542)春正月,安成郡民刘敬躬挟左道反,后被萧绎平
定。此前不久尚有李敞起兵事(见《金楼子·后妃篇》)。

此时南朝境内,经济处于崩溃的边缘,吏政腐败,统治阶级内
部与下层百姓之间矛盾重重,但国家既无善于战斗的部队,也无善
于统帅的将领。梁王朝实际上外强中干,脆弱不堪。而梁武帝却
刚愎自用,已经听不进臣下的进谏了。"好人佞己,末年尤甚"(《魏
书·岛夷萧衍传》),如有人称赞北朝强盛者,即便忿怒,如说北朝
衰弱者,便很喜悦。是以朝臣左右皆承其心意,没有人敢说真话。

大同十一年(545),散骑常侍贺琛见时任职者,"皆缘饰奸谄,
深害时政",遂上封事启陈天下弊政四事:一是州郡官吏惟以应赴
征敛为事,百姓不能堪命;二是天下宰守皆尚贪残,罕有廉洁清正
者,社会风俗侈靡;三是朝廷小人当道,诡竞求进;四是国库空虚,
刑役荐起,民力彫流。贺琛所启陈四事,确为实情。"这是由梁武
帝宽纵士族权贵、政刑谬乱造成。贺琛所说的四事,表明梁时统治

---

① 吴光兴《萧纲萧绎年谱》前言,社会科学文献出版社 2006 年版,第 25 页。

阶级已经走上败亡之路。"①梁武帝看到奏书后大怒,亲自口授敕书,逐条批驳贺琛,要其一一指出弊政者事件和姓名,训斥他是"空作漫语","欺罔朝廷"。贺琛接到敕书,"但谢过而已,不敢复有指斥"(《梁书》卷三八《贺琛传》)。② 宋司马光评论此事,以为:

> 观夫贺琛之谏亦未至于切直,而高祖已赫然震怒,护其所短,矜其所长;诘贪暴之主名,问劳费之条目,困以难对之状,责以必穷之辞。自以蔬食之俭为盛德,日昃之勤为至治,君道已备,无复可加,群臣箴规,举不足听。如此,则自余切直之言过于琛者,谁敢进哉! 由是奸佞居前而不见,大谋颠错而不知!(《资治通鉴》卷一五九)

大梁王朝山雨欲来,即将爆发的"侯景之乱"成了压死这匹骆驼的最后一根稻草。

二、侯景乱起

梁武帝一直有混同宇内、统一天下的雄心壮志。即位之初,奋发有为,曾数次北伐。天监四年(505)年,即以六弟萧宏为主帅,大举北伐。"所领皆器械精新,军容甚盛,北人以为百数十年所未之有。"(《梁书》卷二二《太祖五王·萧宏传》)因主帅无能,大败而归,损兵折将五万余人。天监十三年(514),梁武帝动员二十万军民筑浮山堰(在今安徽省凤阳县),欲阻止北魏军南下。后淮水暴涨,浮山堰崩塌。"缘淮城戍村落十余万口皆漂入海。"(《资治通鉴》卷一四八《梁纪》"天监十五年")大通二年(528),梁武帝派大将陈庆之率众北伐,

---

① 万绳楠《陈寅恪魏晋南北朝史讲演录》,贵州人民出版社 2007 年版,第169 页。
② 普通年间,郭祖深见梁武帝"溺情内教,朝政纵弛",舆榇诣阙上封事。"其言深刻"。"帝虽不能悉用,然嘉其正直,擢为豫章钟陵令,员外散骑常侍"。见《南史》卷七〇《郭祖深传》。此事正可与贺琛事对照。

结果全军覆没。"梁武帝的北伐事业也就告一结束了。"①后梁武帝虽多次派军北伐,均无功而返。至梁代末年,社会矛盾日深,梁王朝已经无力再战,梁武帝统一南北的雄心渐渐成了泡影。

而北方的北魏王朝在永熙三年(534 年)发生分裂,权臣高欢在洛阳立清河王世子元善见为帝,改年号天平,史称东魏。次年正月,宇文泰等拥立元宝炬为帝,改年号大统,史称西魏。东魏和西魏都企图消灭对方,故北方战争不断,也无力南侵。

梁、东魏、西魏在很长一段时间内处在一种微妙的平衡状态。三国都曾试图打破这种平衡,但谁也无法预料打破这种平衡会带来什么样的后果,是以局面一度僵持。而侯景入梁,一石激起千层浪,彻底改变了各国力量对比,三国历史朝着出人意料的方向发展。

太清元年(547)二月,庚辰(十三),东魏司徒侯景叛西魏,求以河南豫、广、颍、洛、阳、西扬、东荆、北荆、襄、东豫、南兖、西兖、济等十三州内附。侯景是北魏已经同化于鲜卑的羯族人,与萧纲同岁,都生于 503 年。② 因为善骑射,被选为怀朔镇戍兵,官至镇功曹史。北魏正光五年(524),北方六镇戍卒爆发动乱,侯景也参加了起义。北魏派尔朱荣领军镇压,侯景即投靠了尔朱荣,并生擒起义领袖葛荣,因此擢升为定州刺史。后冀州刺史高欢利用内讧,灭掉了尔朱氏,成为北魏大丞相,掌控朝政。侯景和高欢少时就关系友好,此时遂依附高欢,为大丞相府长史,仍兼定州刺史。在东魏,侯景历官尚书左仆射、吏部尚书、司空、司徒、河南道大行台,拥兵十万,专权河南十四年之久,是高欢的得力助手。侯景驭军严整,所得财宝皆赏赐给将士,将士都愿意为他所用,因此所战多捷。但其生性残忍酷虐,狡猾多计,高欢以为"反覆难知",对其并不信任(《梁书》卷

---

① 王仲荦《魏晋南北朝史》,中华书局 2007 年版,第 445 页。
② 《太平广记》卷九〇《异僧四·释宝志》:"晋安王萧纲初生日,梁武遣使问志,志合掌云:'皇子诞育幸甚,然冤家亦生。'于后推寻历数,与侯景同年月日而生也。"

五六《侯景传》)。高欢一死,其子高澄即想调回侯景,夺其兵权,侯景为自保,以河南十三州之地降于西魏。西魏丞相宇文泰也知侯景狡诈,虽接受了侯景的投降,却采取了"受降如临敌"的审慎态度,分派大军接受侯景的地盘,并示意侯景交出军队的指挥权。而东魏方面在侯景投降西魏后,即派遣慕容绍宗率大军向侯景进逼。侯景遭到东西夹攻,形势极为不利,于是决定向南边的梁朝投降,派遣使者来与梁武帝接洽,请求梁朝出兵救援。

就在侯景投降前不久,梁武帝曾经做了一个梦:

> 初,中大同中,高祖尝夜梦中原牧守皆以地来降,举朝称庆,窃甚悦之。

今侯景来降,梁武帝认为与前梦正合,是开疆拓土、统一南北的大好时机。① 接到侯景消息的两天后,即二月壬午(十五),萧衍就接受了他的投降,"以景为大将军,封河南王,大行台,制承如邓禹故事"(《梁书》卷三《武帝纪》)。② 同时,梁武帝派侄子萧渊明率军五万进攻彭城(今江苏省徐州市),牵制东魏,接应侯景。在寒山堰(今江苏省徐州市东南),梁和东魏展开大战,梁军主力几乎被全歼,萧渊明也作了俘虏。消息传到梁朝,梁武帝正昼寝,惊吓得神情恍惚,差点从床上坠下来。

东魏大败梁军后,回师进击侯景。侯景溃败,四万人的军队只剩下了八百人,投奔梁朝而来,进据寿阳(今安徽省寿县)。侯景没有征得梁朝廷同意就占据了寿阳,梁武帝不仅没有责怪,反而正式

---

① 梁武帝接纳侯景,也与梁军事不振,缺乏优秀军事将领有很大关系。接纳善待侯景,可以树立样板,使更多北人来降,改变梁缺少边将的局面,同时使北方孤弱。参见李万生《侯景之乱与北方政局》第一章第五节"梁魏通和及侯景乱梁原因别解"。中国社会科学出版社 2003 年版。

② 制承即"承制",谓禀承皇帝旨意,代行其职权。邓禹,东汉开国名将。定河东时,承制拜李文为河东太守。建武二年,邓禹西击赤眉,承制遣使持节命隗嚣为西州大将军,得专制凉州、朔方事。

任命他为南豫州刺史,镇守寿阳。侯景在寿阳,广募兵士,"多所征求,朝廷含弘,未尝拒绝"(《梁书》卷五六《侯景传》)。

东魏俘虏了萧渊明后,让渊明写信给梁武帝,表示只要消灭侯景,东魏就放归渊明和寒山堰的俘虏。梁武帝素来对子侄宽容,维护宗族的团结,故回信渊明,愿意和东魏议和。侯景知道消息,多次写信给梁武帝表示反对。梁武帝一味敷衍,并派伏挺、徐陵出使东魏。[①] 侯景又给朱异写信,并送黄金二百两。朱异接受贿赂,却并未停止派遣去东魏的使者。狡诈的侯景于是派人冒充东魏使者,送信给梁武帝,提出用萧渊明交换侯景。梁武帝不知是计,回信道:"贞阳(萧渊明封爵贞阳侯)旦至,侯景夕反(返)。"侯景得信后,大骂梁武帝"薄心肠"(《南史》卷八〇《贼臣·侯景传》)。梁武帝和东魏书信、使者来往不断,准备出卖侯景以换回侄儿,但对侯景却不加防范。[②] 镇守合肥的鄱阳王萧范和司州刺史羊鸦仁屡次向朝廷上表称景有异志,都被中领军朱异抑不奏闻。为安慰侯景,梁武帝对其反愈加赏赐(《梁书》卷五六《侯景传》)。

太清二年(548)八月,戊戌(初十),谋臣王伟撺掇侯景:"今坐听亦死,举大事亦死,王其图之!"(《南史》卷八〇《侯景传》)侯景于是以诛奸佞朱异等为名,举兵反梁于寿阳,"侯景之乱"遂起。

八月甲辰(十六),梁武帝下诏令安前将军、开府仪同三司邵陵王纶督众军以讨侯景。

侯景叛军进展迅速。十月己酉(二十二日),在梁武帝侄子萧正德的接应下,侯景渡过长江,庚戌(二十三日)达到板桥(今南京市西南板桥镇),辛亥(二十四日)至秦淮河南岸。壬子(二十五日)

---

① 伏挺,曹道衡、沈玉成《中古文学史料丛考》以为当作"谢挺",参《梁书·侯景传》记伏挺使魏为谢挺之误》,中华书局2003年版,第514页。

② 梁武帝萧衍和东魏通和,迎回侄儿萧渊明,主要原因是寒山战败后,梁不能再战,梁武帝需宗室团结。其不防侯景,一方面是过于自信,轻视侯景,因为侯景部众既少,人地又生。另一方面是防范显示自己心襟狭小,不能容人,也显示梁朝的虚弱。参李万生《侯景之乱与北方政局》第一章第五节"梁魏通和及侯景乱梁原因别解"。中国社会科学出版社2003年版。

又是在萧正德的帮助策应下,侯景渡过秦淮河,包围了台城,并作长围围台城以隔绝内外。侯景利用飞楼、橦车、登城车、登堞车、阶道车、火车等攻城器具,百道攻城,又引玄武湖水灌台城,城外水起数尺,阙前御街并为洪波淹没。①

三、入援京师

太清二年(548)十一月,丙寅(初九),荆州刺史湘东王萧绎得到侯景围困台城的消息,即下令戒严,并移檄所督湘、雍、江、郢等州刺史,发兵入援。

十一月,己巳(十二),萧绎遣司马吴晔、天门太守樊文皎各将兵发江陵。

十二月,庚子(十四),萧绎又遣世子方等将步骑一万发自公安,入援建康。此前梁武帝因为自己年迈,想见诸侯王长子,萧绎于是派遣长子萧方等入京,当行至溢水时,值侯景之乱起。萧绎得知后,下令萧方等返回,方等却说:"昔申生不爱其死,②方等岂顾其生?"萧绎知道方等没有回来的打算,便配给了他一万步骑,让他援救京师(《梁书》卷四四《世祖二子·忠壮世子方等》)。

萧绎还派遣武宁太守淳于量率军入援。

此后,萧绎又遣竟陵太守王僧辩将舟师万人,出自汉川,载粮东下,入援京师。

不久,萧绎亲率锐卒三万发自江陵,留其子绥宁侯方诸居守,"咨议参军刘之遴等三上笺请留,答教不许"(《资治通鉴》卷一六一《梁纪》"太清二年")。

这样,萧绎前后派遣了六支援军入京,故其在太清三年(549)所写的《上封令》中云:

---

① 此节参王仲荦《魏晋南北朝史》上册第六章第四节"侯景乱梁与南朝的再削弱",中华书局 2007 年版。

② 申生,春秋时晋献公太子,遭夫人骊姬诋毁,拒绝出奔他国,自缢而死。

自凶丑凭陵，构斯衅逆，便遣兼司马吴晔为第一军，次遣天门太守樊文皎为第二军，次遣故军师将军方等为第三军，次遣武宁太守淳于量为第四军，次竟陵太守王僧辩为第五军，吾相继沿流，志清国难，总此六军，方舟而下。

这六支援军中，吴晔、樊文皎、萧方等、王僧辩军均于太清三年(549)元月抵达了京师建康，在秦淮河南岸的湘子岸前扎营。此时，驻扎在此的各路援军还有邵陵王萧纶、东扬州刺史萧大连(萧纲第五子)、南兖州刺史萧会理(萧绩长子)、司州刺史柳仲礼、西豫州刺史裴之高、衡州刺史韦粲等率领的二三十万人马。诸军共推柳仲礼为大都督，指挥全局。

柳仲礼、侯景双方在秦淮河南北岸展开了争战，援军曾一度渡过淮河，攻破了侯景东府城(在今南京市通济门附近)前栅，结营于青溪水东。然援军将帅相互猜疑，除韦粲、樊文皎战死，其余或顿兵不前，莫有战心，或纵兵抢掠，百姓失望。

侯景久攻台城不下，粮草耗尽，归路又为援军所断，而萧绎率领的三万荆州精锐大军也即将到达，[①]其感到情势危急，谋臣王伟提议：

今台城不可猝拔，援兵日盛，吾军乏食，若伪求和以缓其势，东城之米，足支一年，因求和之际，运米入石头，援军必不得动，然后休士息马，缮修器械，伺其懈怠击之，一举可取也。(《资治通鉴》卷一六二)

侯景采纳王伟议和的缓兵之计，遣使到城下拜表求和。太子萧纲力劝武帝接受议和。梁武帝遂以萧纲第三子石城公萧大款为人质，送侯景军中。"又敕诸军不得复进"(《资治通鉴》卷一六二)。

---

① 三万，一说"十万"。见《资治通鉴》卷一六二载萧贲语。

四、叔侄之争

在侯景和梁武帝议和期间,湘州刺史河东王萧誉顿军于青草湖(在今湖南省岳阳市西南,和洞庭湖相连),信州刺史桂阳王萧慥军于西峡口(即瞿塘峡),萧绎军于郢州之武城(今湖北省黄陂县东南)。侯景请和后,诸军就接到了武帝"罢援军"的诏令(《南史》卷五六《张缵传》),准备各回封地。此时仍在武城的萧绎接到了张缵的密信:

> 河东戴橹上水,欲袭江陵,岳阳在雍,共谋不逞。

张缵在萧绎少时"便推诚委结"(《梁书》卷三四《张缅传》),萧绎视之为四知己之一。今张缵来信称说河东、岳阳二王有异图,萧绎自然相信,且感到江陵形势十分危急。张缵向萧绎写信,挑拨叔侄关系,乃是企图借萧绎之手除掉萧誉和萧慥,因为张缵、萧誉、萧慥三人之间早已有嫌怨。张缵大同九年(543)出任湘州刺史,在政四年,州境大安。太清二年(548)五月,朝廷征张缵为领军将军。俄改授雍州刺史,代岳阳王萧慥。湘州刺史的人选本是邵陵王萧纶,后又换作河东王萧誉。张缵和萧誉交接之际出现了矛盾。原来,张缵平素就瞧不起这些少年诸侯,故萧誉到达时,张缵对其很是冷漠,接待的仪式很不隆重,而款待的饭食又很粗粝。萧誉大为不满。萧誉接任湘州刺史后,遂托病不再接见张缵,以仍需清查州中各项移交事务为由,不让张缵离开湘州去雍州上任。于是,张缵有了借刀杀人的想法,才给知己萧绎写信。

雍州刺史河东王萧誉、湘州刺史岳阳王萧慥均是萧统子嗣、萧绎的侄儿。萧绎以荆州刺史都督荆雍等九州,湘州、雍州乃是其辖区。而湘、雍二州一南一北,对荆州构成犄角之势,很有威胁。萧誉从青草湖返回湘州途中,曾在江口停留,本是待等萧绎回江陵,拜谒督府,方还湘州。后因事未见到萧绎就先行返回。而信州刺史桂阳王萧慥却逗留在江陵,想等萧绎返回拜会后再还信州。

此时,江陵游军主朱荣又遣使来报:"桂阳住此,欲应誉、誉。"(《南史》卷五一《梁宗室上·桂阳简王融》附)萧绎愈加相信张缵所言,担心江陵形势。乃凿船沉米,水步兼行,赶回江陵。时信州刺史桂阳王慥尚顿军在江陵的江边渡口,毫无防备之心。萧绎于是召见萧慥,对其深加抚慰,以安定其心。萧绎遂将萧慥扣留在江陵,一直不放其回信州,慥心知祸乱将及,对萧绎出言不逊,至恶语相向。萧绎大怒,把萧慥关进监牢,不久将其杀害。萧慥是梁武帝五弟桂阳简王萧融的孙子,萧绎的侄儿辈。今萧绎杀萧慥,疑萧誉、萧誉,"荆、湘因构嫌隙"(《梁书》卷三四《张缵传》)。

而张缵写信给萧绎后,恐为萧誉所害,乃轻舟夜遁,准备前往雍州上任刺史,又担心萧誉不接纳。于是,弃其部曲,携带二女,单舸逃至江陵投奔萧绎。萧绎则遣使前往湘州责让萧誉,并索要张缵部下。荆州和湘州关系进一步恶化。

同时,萧绎对于雍州刺史岳阳王萧詧也颇为不满。侯景之乱起,萧绎令所督诸州皆发兵援助京师,雍州刺史岳阳王詧仅遣府司马刘方贵领兵出汉口;萧绎命令萧詧亲自带兵入援,萧詧不从,且言辞极不恭顺。刘方贵暗中向萧绎示好,谋划偷袭襄阳。"未发,会詧以它事召方贵,方贵以为谋泄,遂据樊城拒命,詧遣军攻之。"(《资治通鉴》卷一六二)而张缵到达荆州,萧绎遣缵去雍州上任。张缵至大堤,萧詧已攻下樊城,斩杀刘方贵。张缵至襄阳后,萧詧让他住在城西白马寺,自己却仍总揽军政要务,故意拖延,拒绝交出刺史职务。萧绎想以张缵取代萧詧,解除江陵北面威胁的计划失败了。

建康城中,梁武帝和侯景双方歃血为盟后,侯景却以种种借口拒不撤兵,而是将东府的粮食运入石头城(在今南京市西清凉山)。三月,侯景乘内外守军松懈之际,背盟攻城。三月,丁卯(十二日),被围一百三十多天的台城陷落,梁武帝和太子萧纲全部落入侯景之手。己巳(十四日),侯景遣石城公大款以诏命解散城外援军。

萧绎世子方等还荆州,王僧辩被遣归竟陵。

在台城陷落前,萧绎遣部将王琳送米二十万石以馈众援军,"至姑孰闻台城陷,乃沉米于江而退"(《南史》卷三八《柳仲礼传》)。

四月,萧方等返回荆州时,萧绎才知道台城已经陷落。在方等的协助下,萧绎立即加强了荆州守备,"命于江陵四旁七里树木为栅,掘堑三重而守之"(《资治通鉴》卷一六二)。荆州长史王冲等上笺,请萧绎以太尉、都督中外诸军事身份承制主盟,萧绎不许。又请以司空身份主盟,萧绎还是不许。推其本心,萧绎此时尚未得到父皇萧衍命令,不敢擅自主盟,也自觉声望无以服众,故再三推让。

而软禁在建康台城里的梁武帝忧愤成疾,于五月丙辰(初二)驾崩于净居殿,年八十六。辛巳(二十七),太子纲即皇帝位,实际是侯景的傀儡。

六月,上甲侯萧韶自建康出奔至江陵,带来了梁武帝去世的讯息,并宣三月十五日梁武帝的密诏,以萧绎为侍中、假黄钺、大都督中外诸军事、司徒、承制。萧绎遂立行台于南郡而置官司(《南史》卷八《梁本纪》)。此月,萧绎派遣世子萧方等讨伐湘州,而对臣僚隐瞒梁武帝已死的消息。

自张缵挑拨后,萧绎、萧誉叔侄之间心存芥蒂,荆、湘关系日益恶化。期间,萧绎多次以讨伐侯景为名,向湘州征调粮食人马,使者三返,都被湘州刺史萧誉拒绝。萧誉口出怨言:"各自军府,何忽隶人!"(《资治通鉴》卷一六二)萧绎于是以少子安南侯萧方矩为湘州刺史,让萧方等率精兵二万送其上任,实则是讨伐萧誉。萧方等军至麻溪(在今湖南省长沙市区北部),被河东王誉的七千人打败,方等溺水而死。安南侯方矩逃回了江陵。萧方等是萧绎和徐昭佩的长子,不得萧绎喜爱。侯景之乱中,萧方等曾领军往京师救援,怀必死之心奋勇杀贼,"贼每来攻,方等必身当矢石"(《梁书》卷四四《忠壮世子方等》)。此次出征湘州,萧方等自知必死,果卒。萧绎得到萧方等的死讯,"无戚容"(《资治通鉴》卷一六二)。

七月,萧绎派信州刺史东海鲍泉再次进攻湘州。湘州刺史萧誉之弟雍州刺史萧詧为解湘州之围,先派谘议参军蔡大宝出使江陵。萧绎很高兴蔡大宝的到来,向他出示自己在大同十一年(454)所作的《玄览赋》,并让他为之注解。蔡大宝三天就完成了,萧绎大为赞赏,对蔡大宝馈赠颇为丰厚。大宝返回襄阳,却对萧詧说:"湘东必有异图,祸乱将作,不可下援台城。"(《周书》卷四八《萧詧传》)此时鲍泉已经大败萧誉,包围了长沙。情急之下,萧誉向萧詧告急。萧詧于是亲率步兵二万、骑兵二千进攻江陵。时江陵正在城郭四周树立防护栅栏,而北面的尚未完成。萧詧于是就从北面进攻。萧绎大惧,派遣参军庾奂指责萧詧在"天下崩离"之时"以侄伐叔"。萧詧提出:"如能退兵湘水,吾便旋旆襄阳。"(《周书》卷四八《萧詧传》)此时适逢江陵大雨,对作战十分不利,萧詧军队士气低落。詧下属新兴太守杜崱原是萧绎幕府中人,遂与自己的兄弟岌、岸等率所部投降了萧绎。杜岸率五百骑兵夜袭襄阳。萧詧听说大本营危急,连夜退兵。

鲍泉围困长沙,久攻不下。萧绎大怒,以部将王僧辩为都督,代替鲍泉,继续攻打长沙。同时任命从京师来江陵避乱的柳仲礼为雍州刺史,领兵进逼襄阳。萧詧见哥哥困急,更担心自己也会被萧绎所灭,于太清三年(549)十二月派遣使者向西魏求救,请为附庸。西魏久有南下之意,遂封萧詧为梁王,并派开府仪同三司杨忠及行台仆射长孙俭领兵迎击柳仲礼以救萧詧。

至此,萧绎忙于和自己的两个侄子在南北两条战线上作战,已经无力救援京师了。而东魏、西魏也趁火打劫。西魏扶持萧詧为梁王,将势力扩张到江汉平原。东魏以五万人马袭击司州,梁刺史夏侯强投降,淮南之地尽为东魏所有。

太清四年(550)元月,西魏杨忠俘虏前来安陆救援的柳仲礼,安陆、竟陵皆降于杨忠。于是汉东之地尽入于西魏。汉东之地的丢失,不仅使梁朝失掉了重要的兵力来源地,也使面对北方的门户大开,江陵一带处于西魏的威胁之下。杨忠领兵南下进逼江陵,萧

绎深感忧惧,于是以幼子方略为质,派遣舍人王孝祀出使西魏以求和。双方盟誓:

> 魏以石城为封,梁以安陆为界,请同附庸,并送质子,贸迁有无,永敦邻睦。(《资治通鉴》卷一六三)

萧绎以做"附庸"和送质子为代价,换取了杨忠退兵!

北部暂时稳定后,萧绎继续围困长沙。湘州刺史萧誉向六叔邵陵王萧纶求救。萧纶于是年元月来到江夏,被郢州刺史南平王萧恪推为假黄钺、都督中外诸军事。萧纶于是置百官,改厅事为正阳殿,有称帝之心。今接到萧誉的求救,萧纶很想前往,但困于粮草不继,无能为力。于是写信给萧绎,劝解七弟以亲情为重,在"外难未除"时,不要"家祸仍构","骨肉之战,愈胜愈酷,捷则非功,败则有丧,劳兵损义,亏失多矣"。如果长沙危急,则"雍州疑迫","必引进魏军以求形援"。希望萧绎"解湘州之围,存社稷之计"。萧绎回信,痛陈萧誉过恶不赦,指责萧誉引西魏杨忠来相侵逼江陵,炫耀自己谈笑之间即使西魏退军,暗示六哥萧纶是非不分,并表示"临湘旦平,暮便即路"(《资治通鉴》卷一六三)。意谓北部杨忠、萧誉不足为虑,待自己平定了湘州后,即前往建康,剿灭侯景。萧纶得信,大为失望。

四月,萧绎部将王僧辩攻克长沙,斩杀萧誉。接着,萧绎下令大举讨伐侯景,移檄远近。

自太清三年(549)三月萧绎和侄儿萧誉、萧詧交恶,至太清四年(550)四月萧誉被杀,叔侄三人在长江中游地区展开的明争暗斗已经大大消耗了梁朝的元气,也让天下寒心,真是所谓亲者痛而仇者快!侯景始入建康,所能统治的地区其实非常有限。太清三年(549)五月时,"东扬州刺史临成公大连据州,吴兴太守张嵊据郡,自南陵以上,皆各据守。景制命所行,惟吴郡以西、南陵以北而已"(《梁书》卷五六《侯景传》)。六月,侯景破吴兴,执太守张嵊父子送京师杀之。十一月,攻破钱塘。十二月,攻会稽,东扬州刺史临成公大连弃城走,被擒。正是在萧绎和萧誉、萧詧内斗期间,侯景攻占了东扬州、吴兴等三吴地区,使该地区生灵涂炭。如果没有叔侄相争,侯景在梁地就不会那么横行无忌,侯景之乱也许会早一天结束的。

五、兄弟阋墙

平定湘州后,萧绎再次审视天下的形势。江陵北面虽有雍州刺史萧詧的威胁,但萧绎已和西魏议和,局势暂时平静。江陵南面湘州已定,威胁解除。江陵上游是萧绎八弟益州刺史萧纪,东边为郢州,这时为六哥萧纶占据。侯景之乱起,"纪不赴援"(《梁书》卷五五《武陵王纪传》)。此时却于五月派遣世子圆照帅兵三万受萧绎节度,军至巴水,其居心叵测。萧绎授圆照以信州刺史,令屯白帝,未许东下。六哥萧纶称帝之心已经显露,且大修铠仗,兵力强盛,在宗室内是萧绎目前最强的竞争对手。

七月,侯景部将任约袭江州,寻阳王萧大心以州降之。萧纶在郢州江夏,地处荆州和江州的中间,且已经和任约前哨交锋了。八月,萧绎"遣左卫将军王僧辩、信州刺史鲍泉等帅舟师一万东趣江、郢,声言拒任约,且云迎邵陵王还江陵,授以湘州"(《资治通鉴》卷一六三)。此时萧纶实则处在侯景和七弟萧绎的两面夹攻之下。九月,王僧辩进攻郢州,萧纶兵败,逃至齐昌郡(治所在今湖北省黄冈市)。后又为任约偷袭,萧纶率残兵败将逃至汝南(治所在今湖北省武汉市武昌区东),已经无法对江陵构成威胁了。

太清五年(551)二月,西魏大将军杨忠等攻破汝南,萧纶被杀。此是后话。

六、侯景乱平

萧纶逃至汝南后,萧绎的部队和侯景的部将任约在武昌(今湖北省鄂州市)附近展开了拉锯战了。这也是自台城被攻破后,萧绎的部队首次和叛军正面交锋。

太清四年(550)十一月,益州刺史武陵王萧纪准备率军从成都出发,声言讨伐侯景。萧绎派胡智监至蜀中,送给八弟萧纪两封书信,一曰:

> 蜀人勇悍,易动难安,弟可镇之,吾自当灭贼。

再曰:

> 地拟孙、刘,各安境界;情深鲁、卫,书信恒通。

在和侯景僵持、胜负未明的情况下,萧绎实在不想分散兵力对付八弟萧纪,故而提醒他注意蜀中形势,以亲情安抚他好生镇守蜀中,不要东下;并许诺如同三国时孙权、刘备一样分治天下,和平相处。

太清五年(551)三月,萧绎使陈霸先攻取江州,以之为江州刺史。而萧绎、侯景双方在武昌附近的战事互有胜负。闰三月,侯景亲自率军援助任约。四月,任约突袭江夏,梁左卫将军徐文盛溃败,侯景乘胜西上,"号二十万,联旗千里,江左以来,水军之盛未有也"(《南史》卷八〇《侯景传》)。萧绎闻之,反而从容不迫,对御史中丞宗怀分析侯景进军之上、中、下三策,以为敌不足虑:

> 贼若分守巴陵,鼓行西上,荆、郢殆危,此上策也。身顿长沙,徇地零、桂,运粮以至洞庭,湘、郢非吾有,此中策也。拥众江口,连攻巴陵,锐气尽于坚城,士卒饥于半菽,此下策也。吾安枕而卧,无所多忧。(《南史》卷八〇《侯景传》)

形势之分析果不出萧绎所料。巴陵守将王僧辩"沉船卧鼓,若将已遁",诱敌深入,侯景遂围困巴陵。萧绎遣平北将军胡僧祐与居士陆法和大败侯景军队,擒住了任约,侯景连夜逃回建康。至此,梁军和侯景军队的战局形势发生了变化,胜利的天平倾向了梁军一边,"自是众军所至皆捷"(《南史》卷八〇《侯景传》)。

王僧辩乘胜追击,接连收复了郢州、溢城,与陈霸先会师寻阳。

八月,侯景废梁帝萧纲为晋安王,矫诏迎昭明太子萧统之孙豫章安王萧欢之子萧栋为帝。十月,侯景使王伟害萧纲于永福寺。十一月,侯景逼萧栋禅位于己,即皇帝位,改元太始。自侯景废萧纲以来,陈霸先、王僧辩、南平王萧恪等多次上书劝进,而"四方表劝,前后相属"(《梁书》卷五《元帝纪》),萧绎固让。

在对一批功臣加官进爵后,萧绎发起了对侯景的最后猛攻。太清六年(552)二月,庚子(初二),王僧辩率诸军发自寻阳,直指金陵,"舳舻数百里"。陈霸先则"帅甲士三万,舟舰二千,自南江出溢口,会王僧辩于白茅湾,筑坛歃血,共读盟文,流涕慷慨"(《资治通鉴》卷一六四)。面对梁军的攻势,侯景军节节败退。至丁亥(十九),王僧辩、陈霸先即已攻入建康石头城,侯景东逃。四月,前太子舍人羊鹍杀侯景,送尸于王僧辩。"传首西台,曝尸于建康市。百姓争取屠脍啖食,焚骨扬灰。曾罹其祸者,乃以灰和酒饮之。及景首至江陵,世祖命枭之于市,然后煮而漆之,付武库。"(《梁书》卷五六《侯景传》)至此,侯景之乱彻底平定。

历史学家陈寅恪指出:"侯景之乱,不仅于南朝政治为巨变,并在江东社会上,亦为一划分时期之大事。"(《〈魏书·司马睿传〉江东民族条释证及推论》)侯景之乱,使南朝政治格局发生了变化,叛乱中,梁王朝统治土崩瓦解,诸侯王各自为政,萧纪割据于蜀而称帝,萧詧盘踞襄阳而依附西魏,萧绎扼守荆州而野心勃勃,萧勃固守岭南而另有所图。其最终结果是导致了梁陈易代。侯景之乱,也造成了北朝政治格局的变化。乱事造就了西魏北周崛起的契机,西魏北周抓住了历史机遇,先是覆灭了江陵,最终灭北齐,为隋统一天下奠定了基础。

第四章 梁 元 帝

从梁元帝承圣元年(552)到承圣四年(555)。

太清六年(552)三月,侯景之乱平。十一月,丙子(十二),在公卿、藩镇一再劝进下,萧绎即皇帝位于江陵,改元承圣,大赦天下。

萧绎此时实处在内忧外患之中,江陵形势十分危急。

一、内忧外患

侯景之乱,已经彻底打破了梁、西魏和北齐三国间的均衡关系。在乱中,西魏和北齐(东魏)均从梁取地,扩大了自己的实力。

北齐(东魏)对梁早就虎视眈眈。太清二年(548)八月戊戌(初十),侯景叛梁。而在八月庚寅(初二),"东魏就已经察觉到事态的发展,并为侵夺梁地预为准备了"。① 至侯景之乱结束,北齐(东魏)从梁获得了淮南二十三州的土地,对建康构成了极大威胁。

西魏从梁取地的时间稍晚于东魏,是在太清三年(549)十一月雍州刺史萧詧依附后才开始的。但西魏采取谨慎选择有利时机,

---

① 李万生《侯景之乱与北方政局》,社会科学出版社2003年版,第88页。

利用梁人矛盾步步紧逼的策略,取得的梁土地几乎多出北齐(东魏)一倍。雍州刺史萧詧投靠西魏,使江陵失掉了北面的屏障,而西魏乘萧纪与萧绎争夺帝位之际,又夺取了剑北、剑南,从西面对江陵构成威胁。

而梁丧失了淮南、雍州和川蜀之地,实力已经大不如前。此时萧绎所拥有之地极其狭小,人口数量也极其有限,"自侯景之难,州郡太半入魏,自巴陵以下至建康,缘以长江为限。荆州界北尽武宁,西拒峡口;自岭以南,复为萧勃所据。文轨所同,千里而近,人户著籍,不盈三万。中兴之盛,尽于是矣"(《南史》卷八《梁本纪》)。而北齐、西魏仍有从梁取地之意。

在梁朝内部,也存在不安定的因素。首先是江陵北面的萧詧,因萧绎攻杀其兄萧誉,对其早已恨之入骨,在侯景之乱中即投靠西魏,一直希望西魏出兵帮助自己灭掉萧绎。而岭南为萧勃占据,亦有不臣之心。萧勃是吴平侯萧景子,本为定州刺史,侯景之乱中,被始兴太守陈霸先推为广州刺史。其盘踞广州,坐观时变,陈霸先欲北上讨伐侯景,萧勃反对,以为"未若且住始兴,遥张声势,保此太山,自求多福"(《陈书》卷一《高祖本纪》)。并派腹心谭世远暗中阻挠。蜀中的武陵王萧纪也于太清六年(552)四月称帝,有顺江而下,侵逼江陵之意。

面对外患内患,萧绎采取种种措施,以改善自身的处境。

萧绎通过通和的外交手段,尽力和西魏、北齐搞好关系。对于北齐(东魏),在侯景之乱中,萧绎多次派使者出使北齐(东魏)。登基之甫,萧绎即向北齐"遣使朝贡",第二年亦然(《北齐书》卷四《文宣纪》有"梁帝遣使来聘"记载),希望能改善和北齐(东魏)关系,为梁朝的重建赢得时间。因梁丧失了江、淮以北的土地,北齐对建康构成了直接威胁,故萧绎登基后,即派遣最可信赖的臣僚王僧辩和新近崛起的干将陈霸先镇守长江建康,以防御北齐的入侵。承圣二年(553)九月,北齐遣郭元建率众二万,列舟舰于合肥,趁王僧辩回江陵之际,准备偷袭建康。"时陈霸先镇建康,既闻此事,驰报江陵。世祖即诏僧辩次于姑孰,即留镇焉。"(《梁书》卷五四《王僧辩传》)萧绎又派豫州刺史侯瑱、吴郡太守张彪、吴兴太守裴之横等积极防御;最终打败北齐。"僧辩率众军振旅于建业。"(《梁书》卷五四《王僧辩传》)梁能在建康打败北齐,是因为萧绎的及早防备和梁人的坚决抵抗,因为萧绎也知道,建康是立足的根本,故不可不死力守护。

对于西魏,萧绎也尽力结好。在侯景之乱中,萧绎多次派遣使者如王固和西魏通好,[①]甚至出让土地以换取西魏的支持。大宝元年(550),西魏将杨忠侵凌荆州,萧绎惧其至,"送遣犒军,既而与忠结盟,并送质子与魏相约为兄弟之亲。於是聘使往还,相望道路"(《太平御览》卷三〇七《后梁略》)。[②] 大宝二年(551),侯景进逼江陵时,萧绎曾向西魏求援,甚至命令梁、秦二州刺史萧循以南郑与西魏,而将萧循召还江陵,以换取西魏出兵相助。侯景之乱平,萧绎遣舍人魏彦告知西魏。萧绎和萧纪争帝,曾请求西魏出兵讨伐萧纪。最终,蜀地为西魏所得。承圣三年(554)四月,萧绎遣散骑常侍庾信聘西魏。西魏虽然大量从梁取地,但西魏行事谨慎,注意时机的选择,都是利用梁人的矛盾,[③]且梁和西魏使者往来不断,这就给萧绎造成了错觉,以为西魏对梁的威胁没有北齐大。这对于萧绎登基后的人员部署和迁都问题都产生了影响。

对于萧勃,萧绎派遣亲信王琳为广州刺史,代萧勃,以解除威胁。对于萧詧,萧绎无如之何,只能尽力防备,因为攻之过急,萧詧即投靠西魏。萧绎自己镇江陵,没有迁都建康,有防备萧詧之意。而萧绎首先要解决的问题,是来自自己的八弟萧纪的威胁,因为他即将进逼江陵。

---

① 《陈书》卷二一《王固传》:"侯景之乱,奔于荆州,梁元帝承制以为相国户曹属,掌管记。寻聘于西魏,魏人以其梁氏外戚,待之甚厚。"

② 此次质子为萧绎幼子始安王萧方略,萧绎有《忆始安王》诗即写于此时,诗云:"如何吾幼子,胜衣已别离。十日无由宴,千里送远垂。"

③ 参李万生《侯景之乱与北朝政局》第四章第一节"二国侵梁的背景",中国社会科学出版社2003年版,第101页。

二、饕餮氏

侯景之乱刚刚平定,远在益州成都的八弟萧纪就蠢蠢欲动,想和萧绎争夺天下。

益州刺史太尉武陵王纪在蜀十七年,"内修耕桑盐铁之政,外通商贾远方之利,故能殖其财用,器甲殷积,有马八千匹"(《资治通鉴》卷一六四)。侯景攻陷台城后,萧绎将讨侯景,萧纪以为:"七官文士,岂能匡济!"(《资治通鉴》卷一六四)派世子圆照领兵东下,被萧绎止于白帝城。萧纪又想亲率水军平叛,也被萧绎制止。西阳太守江安侯圆正是萧纪次子,宽和好施,投靠归附者众多,有兵一万。西阳郡辖今湖北省黄冈地区,离荆州江陵三百公里,且圆正深得人心,又有精兵。萧绎感到了威胁,遂署圆正为平南将军。乘圆正来荆州拜见之机,萧绎借故不见,让南平王恪与之饮酒,将其灌醉,"囚之内省,分其部曲,使人告其罪"。"荆、益之衅自此起矣。"(《资治通鉴》卷一六四)太清六年(552)四月,萧纪不顾臣下反对,在成都称帝,即皇帝位,改元天正,立子圆照为皇太子,圆正为西阳王,圆满为竟陵王,圆普为谯王,圆肃为宜都王。八月,萧纪率巴蜀大众连舟东下,讨伐七哥萧绎。萧绎遣护军陆法和屯巴峡以拒之。①

十月,湘州刺史王琳恃宠纵暴,萧绎召至江陵,执之殿内。琳长史陆纳据湘州反。江陵再次陷入南西两面受敌的境地。

时陆纳袭击衡州刺史丁道贵于渌口,道贵奔零陵,其众悉降于纳。萧绎闻之,遣使征司徒王僧辩、右卫将军杜崱、平北将军裴之横与宜丰侯萧循共讨陆纳,循军巴陵以待。至承圣二年(553)六月,湘州之乱始平。而此时江陵西线武陵王萧纪已经军至西陵,陆法和接连告急。湘州平定后,萧绎即诏令王僧辩率领众军,督舟师

---

① 《梁书》《南史》武陵王纪传多误,参"《梁书·武陵王纪传》错讹颠倒"条,曹道衡、沈玉成《中古文学史料丛考》中华书局 2003 年版,第 590—591 页。

二万,西讨萧纪。

此时的萧纪,也倍感压力,因为他也腹背受敌,大本营益州告急。原来,萧纪出兵东下江陵时,以永丰侯萧㧑为益州刺史,留守成都,使其子宜都王圆肃副之。萧绎闻萧纪东下,而陆纳又叛乱于湘州,形势危急之下,遂写信给西魏求救:

　　子纠,亲也,请君讨之。

此语出自《左传·庄公九年》。春秋时齐襄公言行无常,诛杀不当,公子纠奔鲁,公子小白逃莒。公孙无知杀襄公,齐国无君。小白先归,是为桓公。后,齐、鲁战于乾时,鲁大败。齐桓公不想背负杀弟恶名,遂写信给鲁,借鲁人之手除掉了子纠。此语即齐桓公信中之语。《史记·齐太公世家》作"子纠兄弟,弗忍诛,请鲁自杀之"。司马迁对齐桓公之心思可谓洞若观火,故直言之。萧绎以子纠拟八弟武陵王萧纪,而以小白自比,心思亦同于齐桓公,有借刀杀人之意。

西魏太师宇文泰接到萧绎传递的消息,以为:"蜀可图矣。取蜀制梁,在此一举。"(《周书》卷二一《尉迟迥传》)遂令外甥大将军尉迟迥督开府元珍、乙弗亚、侯吕陵始、叱奴兴、綦连雄、宇文升等六军,甲士一万二千,骑万匹,自散关伐蜀。

武陵王纪行至巴郡,闻有魏兵入蜀,遣前梁州刺史巴西谯淹还军救援。而潼州刺史杨乾运、沙州刺史杨法琛因对萧纪心怀不满,皆潜通于西魏。尉迟迥顺利入蜀,进袭成都。时成都兵不满万人,仓库空竭,永丰侯萧㧑固城自守,迥围之。

成都危急,萧纪所率将卒日夜思归,其所署江州刺史王开业"以为宜还救根本,更思后图","诸将皆以为然"。但世子圆照固言不可,纪从之,并宣言于众曰:"敢谏者死!"(《资治通鉴》卷一六五)萧纪以江陵七哥萧绎为其最大敌人,在西陵对萧绎军队发起猛攻。

西陵告急,萧绎缺少将才,只得从监狱中将侯景部将任约放出,以之为晋安王司马,"撤禁兵以配之",与宣猛将军刘棻共同西上救援陆法和。又将侯景部将谢答仁释放,授步兵校尉,"配众一旅,上赴法和"。萧绎还派使送信给萧纪,历数自己平乱的功勋,希望八弟退兵,"许其还蜀,专制岷方"。信云:

> 皇帝敬问假黄钺太尉武陵王:自九黎侵轶,三苗寇扰,天长丧乱,獯丑凭陵,虔刘象魏,黍离王室。朕枕戈东望,泣血西浮,殒爱子于二方,无诸侯之八百,身被属甲,手贯流矢。俄而风树之酷,万恨始缠,霜露之悲,百忧继集,扣心饮胆,志不图全。直以宗社缀旒,鲸鲵未剪,尝胆待旦,龚行天罚,独运四聪,坐挥八柄。虽复结坛待将,褰帷纳士,拒赤壁之兵,无谋于鲁肃;烧乌巢之米,不访于荀攸;才智将殚,金贝殆竭,傍无寸助,险阻备尝。遂得斩长狄于驹门,挫蚩尤于枫木。怨耻既雪,天下无尘,经营四方,专资一力,方与岳牧,同兹清静。隆暑炎赫,弟比何如?文武具僚,当有劳弊。今遣散骑常侍、光州刺史郑安忠,指宣往怀。(《梁书》卷五五《萧纪传》)

萧纪拒不从命,"报书如家人礼",不承认萧绎的皇帝地位。

任约、谢答仁到达西陵后,大败萧纪部将侯叡。而此时萧绎已经平定陆纳之乱,王僧辩率水军正奔赴西陵援助陆法和。萧绎又给萧纪写信:

> 甚苦大智!季月烦暑,流金烁石,聚蚊成雷,封狐千里,以兹玉体,辛苦行阵。乃眷西顾,我劳如何?自獯丑凭陵,羯胡叛换,吾年为一日之长,属有平乱之功,膺此乐推,事归当璧。傥遣使乎,良所迟也。如曰不然,于此投笔。友于兄弟,分形共气。兄肥弟瘦,无复相代之期;让枣推梨,长罢欢愉之日。上林静拱,闻四鸟之哀鸣;宣室披图,嗟万始之长逝。心乎爱矣,书不尽言。(《梁书》卷五五《萧纪传》)

大智是萧纪的别号，萧绎以此称之，是想以亲情劝八弟回头，返回蜀中。萧绎两次写信，苦劝萧纪。重要原因是西陵陆法和兵力不足，而援军未至。

待萧绎诸军到达西陵，双方强弱形势发生了根本性改变。萧纪知战事不利，遂派使者至江陵，向萧绎求和，想依萧绎前信所言，返回益州。萧绎已知纪必破，"遂拒而不许"（《梁书》卷五五《萧纪传》）。

七月，在萧绎大军的进攻下，萧纪兵败，萧绎将军樊猛俘虏了纪及其第三子圆满，俱杀之于硖口。萧纪时年四十六。有司奏请将萧纪从宗室谱籍中除名，萧绎许之，"赐姓饕餮氏"（《梁书》卷五五《萧纪传》）。萧纪之子圆照兄弟三人也并被俘。萧绎命绝食于狱，三兄弟"至啮臂啖之，十三日而死，远近闻而悲之"（《资治通鉴》卷一六五）。

西陵平，王僧辩班师江陵，萧绎诏诸军各还所镇，此实则将益州拱手送与西魏。西魏尉迟迥已经围困成都五十多天，永丰侯萧㧑屡次出战，皆败。八月，萧㧑请降，尉迟迥受之。西魏以尉迟迥为大都督益、潼等十二州诸军事、益州刺史。至此，梁西边屏障尽失。

三、迁都之议

平定萧纪，萧绎有了一个意外的收获，就是获得萧纪的舟舰颇多，于是有人建议可以乘坐这批船舰顺江而下，迁都建康。而是否迁都建康，其实是让萧绎和群臣颇为为难的问题。

早在太清六年（552）二月，萧绎诸军兵发寻阳，直指建康之时，臣属即有迁都之议。萧绎遂令群臣讨论迁都：

> 丹陵旧京，每怀去鲁之叹；白水故乡，弥深过沛之想。羯贼侯景，指日枭悬，夹钟在律，便应底定。今若移还建业，言及金陵，将恐粮运未周，国储不实，舟舆尚少，樵苏莫继。若仍停

荆服,即安诸宫,复恐制置丰屋,难为修理。外可悉心以对,人思自竭,通侯诸将,勿得有隐。(民国三年张钧衡刻《适园丛书》第三集《文馆词林》卷六九五梁孝元帝《议移都令》)

令中以为返回旧都金陵,则其处粮食不足,且此时缺少运输的船只;若留在江陵,则需要重新进行宫室建设。迁与不迁,各有利弊,故萧绎令群臣进言。

三月,王僧辩等平定建康,上表劝进,并以为"旧郊既复,函、雒已平","佳气犹存",建康是"九州之赤县,六合之枢机",希望萧绎"扬清驾而赴名都,具玉銮而游正寝!坦然大定,御辇东归",重返旧都。萧绎以为"今淮海长鲸,虽云授首;襄阳短狐,未全革面"(《梁书》卷五《元帝纪》),即侯景虽已剿灭,雍州萧詧却是心腹之患,故拒绝了王僧辩等称帝的建议。还都建康之事遂寝。

然萧绎在登基后不久写有《言志赋》,[①]有云:"闻宾鸿之夜飞,想过沛而沾衣。况登楼而作赋,望淮海而思归。""过沛"用的是汉高祖称帝后回故乡沛县的典故(事见《史记》卷八《高祖本纪》)。登楼而作赋是指东汉建安九年(205)秋,流落荆州的王粲登上麦城城楼,写下《登楼赋》以抒发思乡怀国之情。萧绎用此两典故亦表达了怀念故乡之情。《尚书·禹贡》:"淮海惟扬州。"故后世多以"淮海"代扬州。扬州时为京师建康所在,显然萧绎此时有还都建康之考虑。

此次平萧纪获得大批船舰,有了运输的船只,故又有人建议迁回旧都。八月,萧绎命司农卿黄文超修复建康宫殿,并下诏迁还建康:

> 夫爱始居亳,不废先王之都;受命于周,无改旧邦之颂。

---

① 赋文中"遂抚运而登庸,谬垂旒而卷领"句,可知此赋写于萧绎登基后不久。

顷戎旃既息,关柝无警。去鲁兴叹,有感宵分;过沛殒涕,实劳
夕寐。仍以潇湘作乱,庸蜀阻兵,命将授律,指期克定。今八
表义清,四郊无垒,宜从青盖之典,言归白水之乡。江、湘委
输,方船连舻,巴峡舟舰,精甲百万,先次建邺,行实京师;然后
六军遄征,九旗扬旆,拜谒茔陵,修复宗社。主者详依旧典,以
时宣勒。(《梁书》卷五《元帝纪》)

然迁都之诏下,领军将军胡僧佑、太府卿黄罗汉,吏部尚书宗
懔、御史中丞刘毅均上谏,表示反对,以为"建业王气已尽,与虏止
隔一江,若有不虞,悔无及也。且渚宫洲数满百,当出天子,陛下龙
飞,是其应乎"(《太平御览》卷一五六引《三国典略》)。胡僧佑等认
为建康王气已尽,且现在与东魏只有一江之隔,一旦开战,可能无
法抵挡,后悔不及。而江陵祥瑞频出,当出天子,其正应验在萧绎
身上。

胡僧佑等所言,也并非虚言。太清三年(549),东魏趁侯景之
乱,以五万人马袭击司州,占领了淮南之地。颜之推《观我生赋》
"自太清之内衅,彼天齐而外侵。始蹙国于淮浒,遂压境于江浔"下
自注云:"侯景之乱,齐氏深斥梁家土宇,江北、淮北唯余庐江、晋
熙、高唐、新蔡、西阳、齐昌数郡。至孝元之败,于是尽矣,以江为界
也。"东魏在建康一带与梁实际是隔江相守,构成了巨大威胁。而
建康经过侯景之乱,大部分宫殿已经焚毁,破败不堪,人口也锐减。
故胡僧佑等以为建康"王气已尽"。而萧绎再为荆州刺史时,江陵
湘东苑中即生连理之木,"当时以为湘东践祚之瑞"(《太平御览》卷
一九六引《渚宫故事》)。太清四年(550)正月,王僧辩获橘三十子
共蒂,以为祥瑞,遂献。萧绎为此写诗云:"江浦同心橘,上苑合欢
枝。"(《咏连理木》)又江陵素有九十九洲,旧有传说"洲满百,当出
天子"。东晋时桓玄为荆州刺史,怀篡逆之心,曾遣人凿破一洲,以
应百数。后洲崩散,桓玄始终未能称帝。宋文帝为宜都王,在荆州
时,一洲自立,不久文帝继承大统。至梁太清五年(551),枝江杨之

阁浦复生一洲,群臣上疏称庆,以为荆州当出天子,而萧绎时为荆州刺史。太清六年(552),萧绎称帝,与传言正相合。

胡僧佑等人的上疏反对让萧绎犹豫不决,于是召集群臣,再讨论迁都之事。

黄门侍郎周弘正、尚书左仆射王褒以为"帝王所都,本无定处",如果不迁回建康,百姓"未见舆驾入建业,谓是列国诸王",故应该迁都。而群臣中多荆州人(反对迁都的胡僧佑、宗懔皆荆州南阳人,黄罗汉亦荆州人),"劝都渚宫,以其乡里在荆州故也"(《周书》卷四二《宗懔传》)。这些人攻击周弘正等主张迁回建康的人皆是江陵以东人士,故"志愿东下,恐非良计"。周弘正当面反驳道:"若东人劝东,谓为非计,君等西人欲西,岂成良策?"(《太平御览》卷一五六引《三国典略》)王褒生性谨慎,未敢公开参与辩论。

萧绎见争执不下,再次召集文武群臣五百人,问曰:"吾欲还业,诸卿以为何如?"群臣都默不作声。

> 梁主曰:"劝吾去者左袒。"于是左袒者过半。(《太平御览》卷一五六引《三国典略》)

文武群臣中愿意迁都者实际占有多数。但萧绎核心臣僚中荆州人居多,这些人大多不愿迁都。武昌太守朱买臣是少数家在荆州而愿意迁都的大臣,劝萧绎说:"建业旧都,茔陵犹在。荆镇边疆,非王者宅。愿陛下弗疑,致后悔也。臣家在荆州,岂不欲陛下住?但恐是臣富贵,非陛下富贵耳。"(《太平御览》卷一五六引《三国典略》)而萧绎前后在荆州呆了十九年,"意好荆楚"(《周书》卷四一《王褒传》),实际也不太愿意迁都,故迟迟拿不定主意。

> 乃召卜者杜景豪决其去留,遇兆不吉,答云"未去"。(《北史》卷八三《文苑·王褒传》)

　　争论不休的迁都大事,就这样如同儿戏般决定了。后杜景豪退而言曰:"此兆为鬼贼所留也。"意思是占卜时遭到了鬼神的戏弄!

　　在此次朝堂迁都讨论大会后,王褒私下密谏,言辞恳切地希望萧绎迁都,萧绎虽颇以为然,但以为已从僧祐等人建议,故拒不迁都。至次年,即承圣三年(554)五月,太史庾季才还建议迁都。承圣三年五月,天空频现异象,有赤气冲北斗。中书郎、太史庾季才趁机向萧绎建议:

　　　　顷天象告变,秦将入郢,陛下宜留重臣,作镇荆、陕,整饬还都,以避其患。假令羯寇侵蹙,止失荆、湘,在于社稷,可得无虑。必久停留,恐非天意也。(《隋书》卷七八《艺术·庾季才传》)

　　萧绎亦通晓天文,预感江陵"将恐有贼"(《南史》卷八《梁本纪》),却还是犹豫不决,以为"祸福在天,避之何益!"(《资治通鉴》卷一六五)与吏部尚书宗懔等商议后,迁都之事再次搁置。

　　平心而论,萧绎定都江陵的考虑不无道理。自己两为荆州刺史,在荆州前后十九年,于此深耕多年,僚属多为荆州人,对荆州人脉、环境熟悉。荆州池苑亭台也精美可观,无须花大力气再建设。而反观建康,虽是旧都,而萧绎因长期出蕃在外,对它并没有多少感情。且在侯景之乱中,建康宫廷建筑焚毁殆尽,重建尚需时日。而此时的梁朝恐怕也没有时间、精力和财力来重建都城。从军事布局上,萧绎的安排也不能说没有道理。萧绎定都江陵,即诏王僧辩镇守建康,陈霸先镇京口,出亲信王琳为广州刺史。前文已经述及,萧绎自在侯景之乱中,就和西魏关系不错,西魏似乎对萧绎也没有恶意。550年杨忠的入侵,萧绎通过外交手段成功解决,后两国使者不断,这给萧绎造成了西魏不会入侵江陵的印象,即使入侵,萧绎也可以通过外交手段解决。这或是萧绎潜在的想法。故其定都江陵,而将王僧辩、陈霸先、王琳等良臣猛将和亲信悉出在外。萧绎坐镇江陵,继续和西魏通和;而王僧辩、陈霸先在建康,能够抵挡北齐的入侵;王琳去广州,消除岭南的隐忧。如此,则天下安定,太平可致。然而,萧绎如此安排最大的问题就是江陵守备空虚。他低估了萧詧对他的仇恨之情,更低估了西魏灭梁的决心。

江陵离襄阳约五百里路程,从襄阳突袭而来,江陵几无招架之功。而南朝以来,襄阳是重要的兵源地,也是对抗北面的屏障。此时占据襄阳的萧詧对萧绎恨之入骨,且早已投靠西魏,对江陵虎视眈眈。

四、江陵覆灭

江陵北面的雍州刺史萧詧与萧绎势不两立,已经于太清三年(549)向西魏称藩。太清四年(550),西魏得到梁武帝去世的消息后,欲令萧詧发丧嗣位,詧以未有玺命,辞不敢当。后宇文泰令假散骑常侍郑穆及荣权持节策命萧詧为梁王。于是萧詧于襄阳置百官,承制封拜。承圣二年(553)十一月,萧绎遣侍中王琛出使于西魏。西魏太师宇文泰已有灭江陵之意,萧詧闻之,加重对西魏的进贡,意望其早日出兵。

承圣三年(554)三月,西魏侍中宇文仁恕出使江陵,时北齐使者亦至江陵,萧绎接待仁恕不及齐使,仁恕归以告宇文泰。西魏以为萧绎"密与齐氏通使,将谋侵轶"(《周书》卷一五《于谨传》)。此时,萧绎又派使者到西魏就边境问题谈判,请求依据"侯景之乱"前的旧版图划定疆境,且言辞颇为不逊。宇文泰曰:"古人有言,'天之所弃,谁能兴之',其萧绎之谓乎!"(《资治通鉴》卷一六五)西魏荆州刺史(此为西魏设置的荆州)长孙俭屡陈取梁之策,宇文泰乃征俭入朝,问以灭梁经略,俭对曰:

> 今江陵既在江北,去我不远。湘东即位,已涉三年。观其
> 形势,不欲东下。骨肉相残,民厌其毒。荆州军资器械,储积

已久，若大军南讨，必无匮乏之虑。且兼弱攻昧，武之善经。国家既有蜀土，若更平江汉，抚而安之，收其贡赋，以供军国，天下不足定也。（《周书》卷二六《长孙俭传》）

对于长孙俭的分析，宇文泰深以为然，令长孙俭返还荆州，秘密准备灭梁事宜。梁人马伯符得到消息，密使人告知萧绎，萧绎却不相信。四月，梁派庾信出使西魏。五月，天象异常，不祥之云笼罩在江陵上空，庾季才建议迁都，事却不了了之。

十月，壬戌（初九），西魏遣柱国常山公于谨、中山公宇文护、大将军杨忠将兵五万发自长安，大举进攻梁朝。长孙俭问于谨如果是萧绎，将作何谋划。于谨曰：

耀兵汉、沔，席卷渡江，直据丹阳，是其上策；移郭内居民，退保子城，峻其陴堞，以待援至，是其中策；若难于移动，据守罗郭，是其下策。（《周书》卷一五《于谨传》）

于谨判定萧绎必用下策，理由是：

萧氏保据江南，绵历数纪。属中原多故，未遑外略。又以我有齐氏之患，必谓力不能分。且绎愞而无谋，多疑少断。愚民难与虑始，皆恋邑居，既恶迁移，当保罗郭。所以用下策也。（《周书》卷一五《于谨传》）

后萧绎之行动，果如于谨所料！

十月癸亥（初十），武宁太守宗均告魏兵将至，萧绎召公卿议之。领军胡僧祐、太府卿黄罗汉都认为"二国通好，未有嫌隙"，西魏不会入侵。侍中王琛上年曾出使西魏，也说："臣揣宇文容色，必无此理。"（《资治通鉴》卷一六五）萧绎于是复使琛使魏。丙寅（十三），于谨到达樊、邓，萧督率众与之会合。丁卯（十四），萧绎停止了在龙光殿讲《老子》的活动,内外戒严。王琛行至石梵,没有见到魏军,回报说:"吾至石梵,境上帖然,前言皆儿戏耳。"(《资治通鉴》卷一六五)萧绎将信将疑。庚午(十七),萧绎又在龙光殿讲《老子》,百官穿着戎服听讲。辛未(十八),萧绎使主书李膺至建康,征王僧辩为大都督、荆州刺史,命陈霸先徙镇扬州。僧辩遣豫州刺史侯瑱帅程灵洗等为前军,兖州刺史杜僧明帅吴明彻等为后军。甲戌(二十一),帝夜登凤皇阁,徘徊叹息道:"客星入翼、轸、今必败矣!"(《资治通鉴》卷一六五)嫔御皆泣。萧绎未战,已士气衰落矣!

郢州刺史、司徒陆法和闻魏师至,自郢州入汉口,将赴江陵。萧绎却使人拒绝道:"此自能破贼,但镇郢州,不须动也!"(《资治通鉴》卷一六五)大敌当前,萧绎仍然猜忌属下。陆法和还州,知梁必亡,身穿丧服,终日乃脱。

十一月癸未(初一),西魏军队已经渡过汉水,于谨令宇文护、杨忠率精骑先据江津,断江陵东路。甲申(初二),萧绎阅兵于津阳门外,遇大风雨而还,识者以为不吉。[①] 宇文护攻克武宁,执太守宗均。萧绎让人在江陵城周围六十余里都树上木栅,并亲自乘马出城巡视。侯景之乱中,萧绎就曾在江陵周围树木栅,并以此抵御了萧詧的进犯。此次,萧绎自然希望奇迹再次发生。同时,萧绎以领军将军胡僧祐都督城东诸军事,尚书右仆射张缵为之副,左仆射王褒都督城西诸军事,四厢领直元景亮为之副;王公已下各有所守。

丙戌(初四),命太子巡行城楼,令城中居民助运木石,要害之地均增加军备。是夜,西魏军队至黄华,距离江陵仅四十里。丁亥(初五),魏军已经抵达江陵城外木栅下。戊子(初六),巂州刺史裴畿、畿弟新兴太守机、武昌太守朱买臣、衡阳太守谢答仁开枇杷门出战,均败归。丙申(十四),于谨大军抵江陵,列营围守。萧绎征广州刺史王琳入援。丁酉(十五),大风,城内失火,烧居民数千家。

---

① 《隋书》卷二三《五行志下》:承圣三年十一月癸未,帝阅武于南城,北风大急,普天昏暗。《洪范五行传》曰:"人君瞀乱之应。"时帝既平侯景,公卿咸劝帝反丹阳,帝不从,又多猜忌,有瞀乱之行,故天变应之以风。是岁为西魏灭。

萧绎认为是妇人的过失,斩其首祭神。是日,萧绎犹赋诗无废。己亥(十七),于谨筑长围,隔断江陵与外界交通。庚子(十八),信州刺史徐世谱、晋安王司马任约军次马头岸,以为救援。是夜,有流星坠城中。萧绎援蓍筮之,卦成,取龟式验之,不吉,以为"吾若死此下,岂非命乎?"因裂帛为书催王僧辩入援,曰:"吾忍死待公,可以至矣。"(《南史》卷八《梁本纪·元帝》)戊申(二十六),胡僧祐、朱买臣、王褒等率兵出战,皆败归。

辛亥(二十九),魏军大攻,萧绎出枇杷门,亲临阵督战。"反者斩西门关以纳魏师,城陷于西魏。"(《梁书》卷五《元帝纪》)

五、萧绎之死

江陵陷落,萧绎与太子元良、①王褒、谢答仁、朱买臣退守金城(即城中之内城。萧绎曾在荆州子城修湘东苑,此金城当即湘东苑所在的子城)。城北的将士犹苦战至日暝,闻城陷,才四散而逃。十二月的第一天,萧绎令汝南王大封、晋熙王大圆质于于谨以请和。

这天夜里,萧绎入东阁竹殿,命舍人高善宝将其中所藏古今图书十四万卷全部焚毁,并将赴火自焚,宫人左右共止之。萧绎以宝剑斫柱令折,叹曰:"文武之道,今夜尽矣!"(《资治通鉴》卷一六五)

有人问萧绎为何要焚书,萧绎回答道:

> 读书万卷,犹有今日,故焚之!(《资治通鉴》卷一六五)

十二月甲寅(初二),萧绎使御史中丞王孝祀作降文。谢答仁、朱买臣建议萧绎作最后一搏,以为:"城中兵众犹强,乘暗突围而出,贼必惊,因而薄之,可渡江就任约。"然萧绎以问王褒,褒曰:"答仁,侯景之党,岂足可信! 成彼之勋,不如降也。"谢答仁又请求坚

---

① 本名方矩,萧绎承制,立为王太子,改名元良。

守子城,收兵可得五千人,以待援军。然王褒仍以为不可。谢答仁呕血而去。后王褒自称"柱国常山公家奴",降于西魏常山公于谨(《资治通鉴》卷一六五)。

萧绎白马素衣,出江陵城东门,向西魏投降。他抽剑砍击城门,叹道:

萧世诚一至此乎!(《南史》卷八《梁本纪》)

魏军士兵渡过护城河,牵着萧绎的马辔,进入江陵城来。行至白马寺北,一个士兵夺走了萧绎所乘的骏马,以驽马代之,"遣长壮胡人手扼其背以行"。半道遇到于谨,胡人让萧绎跪地下拜。萧詧得知萧绎投降,派铁骑将其截至自己军营,因于黑帐之中,对其百般侮辱。

乙卯(初三),于谨令长孙俭入据金城,见到萧绎。萧绎因受不了萧詧折磨,遂骗长孙俭说:"埋金千斤于城内,欲以相赠。"长孙俭乃将萧绎从萧詧营中带入城内,萧绎对长孙俭说刚才是骗他的,只是想告诉他萧詧对自己的羞辱,"岂有天子自埋金乎?"(《南史》卷八《梁本纪》)长孙俭遂将萧绎囚禁于主衣库(贮藏衣物的府库)中。

囚禁期间,萧绎向魏人求酒饮之,然后作诗四首:①

其 一

南风且绝唱,西陵最可悲。
今日还蒿里,终非封禅时。

其 二

人生逢百六,天道异贞恒。
何言异蝼蚁,一旦损鲲鹏。

---

① 《南史》卷八《梁本纪·元帝》。

其　　三

松风侵晓哀,霜雾当夜来。

寂寥千载后,谁畏轩辕台。

其　　四

夜长无岁月,安知秋与春。

原陵五树杏,空得动耕人。

十二月辛未(十九),魏军用土囊压杀萧绎,时年四十七。萧詧遣尚书傅准监刑,行刑前,萧绎将幽逼中所写的四首诗交给了傅准,并希望他将此诗流传开去。傅准手捧诗稿,流泪不止。萧绎死后,萧詧让人以“布帊缠尸,敛以蒲席,束以白茅,以车一乘,葬于津阳门外”(《南史》卷八《梁本纪·元帝》)。愍怀太子元良及始安王方略等,都被杀害。

“于谨收府库珍宝及宋浑天仪、梁铜晷表、大玉径四尺及诸法物;尽俘王公以下及选百姓男女数万口为奴婢,①分赏三军,驱归长安,小弱者皆杀之。得免者三百余家,而人马所践及冻死者什二三。”(《资治通鉴》卷一六五)同时,立萧詧为梁主,居江陵东城,魏置防主,将兵居西城,名曰助防,外示助詧备御,内实防之。

绍泰元年(555),王琳、王僧辩、陈霸先等推萧绎第九子晋安王萧方智为梁王。四月,萧方智追尊萧绎为孝元皇帝,庙号世祖。太平二年(557)十月,萧方智禅位陈霸先,陈朝建立,梁亡,时距萧绎去世仅仅三年。

---

① 《周书》卷一五《于谨传》《北史》卷二三《于谨传》均作“虏其男女十余万人”。

第五章　性格与行事

在了解完萧绎的生平事迹后，我们一起来讨论一下萧绎的性格，并对他在侯景之乱中的诸种行事原因略作探究。

一、"内积猜忍，外崇矫饰"

在《梁书》《南史》等正史的记载中，萧绎被描述成为一个野心勃勃的阴谋家，他自私、残忍、变态。尤其是面对国破家亡的惨剧，萧绎的行为被描写得更加不堪。在萧绎的文集和自己撰写的《金楼子》中，呈现在读者面前的却是一位文雅、好学、勤政的贵族公子形象。萧绎的形象在"他者"的描述和自我的塑造的对比中显得复杂迷离。但如果综合来看，其形象性格仍有一贯之处，此即"好名"，只不过萧绎自己为"好名"而营造美誉，而"他者"则将其视作矫饰罢了，故《南史》卷八《梁纪·梁元帝》评价萧绎：

内积猜忍，外崇矫饰。

萧绎本有好名习气。史载："世祖居藩，颇事声誉，勤心著述，厄酒未尝妄进。"（《梁书》卷二二《太祖五王》）萧绎十五岁就开始创作

《金楼子》,即希望通过立言不朽于后世,而《金楼子·著书篇》还载其幼年撰述多部,可知其早有立名之念。《金楼子·立言篇上》云:

> 饱食高卧,立言何求焉? 修德履道,身何忧焉? 居安虑危,戚也;见险怀惧,忧也。纷纷然,荣枯宠辱之动也,人其能不动乎? 仲尼其人也,抑吾其次之。有佞而进,有退其宁退乎? 予不喜游宴淹留,每宴辄早罢,不复沽酌矣。

萧绎是以孔子为榜样,修德履道,希望留名后世的。

好名之人,十分注重他人对自己的评价。《金楼子》中记载其六岁赋诗得到父皇萧衍称赞,"因尔稍学为文也"。从荆州刺史离任返回京师时,"上诸子之中,特垂慈爱,赐赉相接。其日赋诗,蒙赏其晚。道义被称,左右拭目,朋友改观"。为江州刺史时,"副君赐报曰:'京师有语曰:"议论当如湘东王,仕宦当如王克"。'"萧绎在叙述这些故事时,言语间充满了自豪得意之气。

然好名过甚,常有矫饰之嫌。《梁书》卷五《梁元帝纪》载:"世祖性不好声色,颇有高名。"《金楼子·自序篇》亦云:"余性不耐奏对,侍姬应有二三百人,并赐将士。"然实则萧绎有侍妾多人。在第一次为荆州刺史期间,因"西归内人"事件,和五兄萧续产生矛盾。江陵城破后,萧绎在幽禁之中,还念念不忘姬妾,"从长孙俭求宫人王氏、苟氏及幼子犀首"(《资治通鉴》卷一六五)。又如萧绎曾极力营造淳孝的名声,在为母亲守丧期间,刻母亲的木像以祭祀。然为争夺天下,却隐瞒父皇梁武帝去世的消息一年多,待时局稳定,才公布死讯,"刻檀为像,置于百福殿内,事之甚谨。朝夕进蔬食,动静必启闻,迹其虚矫如此"(《南史》卷八《梁本纪·元帝》)。

好名过甚,则喜欢与他人争胜,易妒忌他人之优长。萧绎母亲出身不高,不能子凭母贵;自己既非嫡子,身体又有残疾,故不敢落于人后,总希图通过文学学术获得他人的尊重,遂尤其妒忌他人之才学声名。史称萧绎性好矫饰,多猜忌,于名无所假人。"微有胜己者,必加毁害。帝姑义兴昭长公主子王铨兄弟八九人有盛名。帝妒害其美,遂改宠姬王氏兄王珩名琳,以同其父名。忌刘之遴学,使人鸩之。如此者甚众,虽骨肉亦遍被其祸"(《南史》卷八《梁本纪·元帝》)。齐竟陵王萧子良之孙萧贲,起家梁湘东王萧绎法曹参军,是萧绎的老部下。侯景之乱中,萧绎曾作《伐侯景檄文》,萧贲读至"偃师南望,无复储胥露寒;河阳北临,或有穹庐毡帐",曰:"圣制此句,非为过似,如体目朝廷,非关序赋。"批评此数句虽刻画精细,但更像序赋,与檄文体制不合。"王闻之大怒,收付狱,遂以饿终。又追戮贲尸,乃著《怀旧传》以谤之,极言诬毁"(《南史》卷四四《文惠诸子》附《萧贲传》)。不仅如此,萧绎还在《金楼子》中记载萧贲不避家讳,偷窃祖母财物的丑行,并且以为萧贲名贲,是因为其品行有亏,对萧贲进行丑化。[①] 萧绎如此痛恨萧贲,除萧贲批评他的文章外,另一个很重要的原因就是妒忌萧贲多才多艺,才华出众。萧绎能书善画;萧贲亦能书善画,"于扇上图山水,咫尺之内,便觉万里为遥"。萧绎好著述,萧贲亦好著述,尝著《西京杂记》六十卷。萧贲"得一府欢心",此怎能不让萧绎嫉恨? 加之萧贲言语讽刺萧绎,[②]故萧绎将他饿死,又追戮其尸。

至于势力权位,更会引起萧绎猜忌,而对象亦无论亲疏远近了。萧大圜兄弟是萧纲的子嗣,萧绎的侄儿,却也被萧绎怀疑。"时梁元帝既有克复之功,而大圜兄汝南王大封等犹未通谒。梁元帝性既忌刻,甚恨望之。乃谓大圜曰:'汝两兄久不出,汝可以意召之。'大圜即日晓谕两兄,相继出谒,元帝乃安之"(《周书》卷四二

---

① 《金楼子·立言篇上》第46节:萧贲忌日拜官,又经醉自道父名。有人讥此事,贲大笑曰:"不乐而已,何妨拜官;温酒之谈,聊慕言在。"了无怍色。贲颇读书而无行,在家径偷祖母袁氏物,及问其故,具道其母所偷,祖母乃鞭其母。出贲之,所得余钱,乞问,乃沽酒供醉。本名涣,兄弟共以其忝,因呼为贲。此人非不学,然复安用此学乎?

② 侯景之乱中,萧绎率军入援,顿于武城,萧贲恨湘东不入援。尝与萧绎玩双六博戏,"食子未下,贲曰:'殿下都无下意。'王深为憾,遂因事害之"(《南史》卷八○《贼臣·侯景传》)。

《萧大圜传》)。萧绎好猜忌,实为中人所共知。《南史》卷五二《梁宗室·鄱阳忠烈王恢》载萧恢之孙萧修,亦萧绎的侄儿,拜为湘州刺史。萧绎以宗室长年,深相敬礼。但萧修深知"元帝多忌,动加诛翦",故"静恭自守,埋声晦迹"。

妒忌他人之优长,往往于自身之缺点颇为敏感,百般掩藏。萧绎一眼盲,此生理缺陷屡遭妻子徐妃以"半面妆"挖苦讽刺,后萧绎逼死徐妃,和此不无关系。《南史》卷三九《刘孝绰传》载:"孝绰子谅……位中书宣城王记室,为湘东王所善。王尝游江滨,叹秋望之美。谅封曰:'今日可谓"帝子降于北渚"。'王有目疾,以为刺己。应曰:'卿言"目眇眇以愁予"邪?'从此嫌之。"刘谅咏诵屈原《湘夫人》中名句以赞美萧绎,萧绎却反猜疑刘谅是讽刺自己一只眼睛失明的生理疾病。王伟本是侯景部将,被俘后,萧绎爱其才,将舍之。后知侯景檄文乃王伟所作,其中有讽刺自己眼疾之句:"项羽重瞳,尚有乌江之败;湘东一目,宁为四海之所归?"萧绎大怒,"使以钉钉其舌于柱,剜其肠"(《南史》卷八〇《贼臣·王伟传》)。萧绎的行为可谓暴刻残忍!

《梁书》卷五《梁元帝纪》以为萧绎"禀性猜忌",卷六《敬帝纪》又指出他"沉猜忌酷,多行无礼。骋智辩以饰非,肆忿戾以害物",此非虚言。

萧绎之猜忌,轻则自掩己过,重则疑忌残忍,害人性命,甚至害人害己,祸国殃民。王僧辩是萧绎的老部下,侯景之乱中被怀疑拖延不进,"帝自斫之,中其髀,流血至地,闷绝,久之方苏"(《南史》卷六三《王僧辩传》)。侯景之乱平后,群臣议论迁都,《周书》卷四一《王褒传》却载:"褒性谨慎,知元帝多猜忌,弗敢公言其非。"《隋书》卷三八《五行志下》亦云:"时帝既平侯景,公卿咸劝帝反丹阳,帝不从,又多猜忌,有眚乱之行,故天变应之以风。"在国家生死存亡之大事上,萧绎的猜疑令群臣不敢直言,致使江陵败亡。

不可否认,萧绎的性格确实疑忌残忍,有时其言语行为令人发指。然历史对亡国之君的记载,有多少可信的成分,却往往值得怀疑。历史家似乎也不惮在萧绎身上强加种种恶行,史书所记之猜忍的事迹,也并不全然可信。《南史》卷五〇《刘之遴传》载:刘之遴避难还乡,"湘东王绎尝嫉其才学,闻其西上至夏口,乃密送药杀之。不欲使人知,乃自制志铭,厚其赗赠"。有学者指出:

> 传又记侯景之乱,之遴避难还南郡,未至而卒。《南史·刘之遴传》则记作"闻其西上至夏口,乃密送药杀之。不欲使人知,乃自制志铭,厚其赗赠",《元帝纪》亦载"忌刘之遴学,使人鸩之"。姚氏父子作《元帝纪》,于萧绎之猜忌矫饰多少忌避,不记刘之遴被鸩,或亦为尊者讳。然萧绎忌刘之遴博学,何以不在为其府长史时加害,而必欲在二十年后,相隔千里而遣使鸩之?时之遴年逾古稀,马乱兵荒,流离颠沛,病卒于道,亦在意中。《南史》所记,与萧绎性格相近而与事理相远,录以志疑。[1]

其实,萧绎对人才还是十分爱惜的。庾季才,"湘东王绎重其术艺,引授外兵参军"(《隋书》卷七八《艺术·庾季才传》)。何妥,"十七,以技巧事湘东王,后知其聪明,召为诵书左右"(《隋书》卷七五《儒林·何妥传》)。鲍宏,"年十二,能属文,尝和湘东王绎诗,绎嗟赏不已,引为中记室,迁镇南府谘议、尚书水部郎,转通直散骑侍郎"(《隋书》卷六六《鲍宏传》)。中大通三年,处士庾承先在荆州讲《老子》。萧绎亲临听讲,并与之议论终日。庾承先返山,萧绎又亲自设宴送行,并赠诗篇。"隐者美之"(《梁书》卷五一《处士·庾承先传》)。对于朋友,萧绎也充满了关爱。谢几卿因事免官在家,"肆情诞纵,或乘露车历游郊野,醉则执铎挽歌,不屑物议。湘东王绎在荆镇,与书慰勉之"。刘孝绰受到洽攻击,萧绎则写信安慰(《梁

---

① "刘之遴仕历及其卒因"条,曹道衡、沈玉成《中古文学史料丛考》中华书局2003年版,第633—634页。

书》卷三三《刘孝绰传》)。王籍去世，萧绎集其文为十卷，并将其写入《怀旧志》。故此，萧绎府中人才众多，史称"时西府盛集文学"(《梁书》卷四九《刘昭传》)。

至于史书所记猜忌之事，亦有事出有因者，后世史臣不理解而妄意评论。如《南史》曾载萧绎猜忌王琳，就让人疑惑。王琳字子珩，"元帝居藩，琳姊妹并入后庭见幸，琳由此未弱冠得在左右。少好武，遂为将帅。"侯景之乱中，"元帝性多忌，以琳所部甚盛，又得众心，故出之岭外。又授都督、广州刺史"。王琳本有将帅之才，萧绎因怀疑其有不臣之心，出之为广州刺史，让其率众镇岭南。王琳曾对人说："琳蒙拔擢，常欲毕命以报国恩。今天下未平，迁琳岭外，如有万一不虞，安得琳力？忖官正疑琳耳，琳分望有限，可得与官争为帝乎？何不以琳为雍州刺史，使镇武宁。琳自放兵作田，为国御捍，若警急动静相知。孰若远弃岭南，相去万里？一日有变，将欲如何！琳非愿长坐荆南，政以国计如此耳。"后果如王琳所言。西魏围困江陵，萧绎征王琳赴援，除湘州刺史。而王琳军次长沙时，江陵已经灭亡了。此为《南史》卷六四《王琳传》所明载，似无可辩驳。然萧绎何以在自己与侯景胜负未分的关键时刻，将亲信王琳出为广州刺史呢，此岂非自我削弱实力？即使王琳部兵众多，派其攻打侯景，不正可消耗其军力？派其至广州，其或反可利用广州坐大，亦未可知。总之，《南史·王琳传》所记疑窦重重。

实际上，萧绎派王琳出为广州刺史，事在侯景之乱平定后。且不仅不是猜忌王琳，反而是信任王琳。侯景之乱中，岭南各派势力趁乱蠢蠢欲动，陈霸先拥萧勃为广州刺史，萧勃却不北上勤王，反而坐观时变，居心叵测。时萧绎在荆州虽受诏承制授职，但对萧勃力不能制，遂默认萧勃为广州刺史。今侯景之乱平定，萧勃在岭南对于萧绎来说始终是不安定因素，故而萧绎"以王琳代为广州，以勃为晋州刺史"，以解除萧勃的威胁。此虽为《南史》卷五一《梁宗室·萧勃传》所明载，但《南史》却在《王琳传》中歪曲事实，或是不了解萧绎遣王琳为广州刺史的苦衷所致。

二、"不急莽卓之诛，先行昆弟之戮"

魏徵以为梁朝之亡，实亡于邵陵王萧纶、湘东王萧绎、武陵王萧纪之内讧："及侯景之乱，诸王各拥强兵，外有赴援之名，内无勤王之实，委弃君父，自相屠灭，国竟以亡。"(《隋书》卷二二《五行志》)在《梁书》之《本纪》后论中，魏徵更直接将梁朝灭亡的责任推给了萧绎：

> 昔国步初屯，兵缠魏阙，群后释位，投袂勤王。元帝以盘石之宗，受分陕之任，属君亲之难，居连率之长，不能抚剑尝胆，枕戈泣血，躬先士卒，致命前驱；遂乃拥众逡巡，内怀觎望，坐观时变，以为身幸。不急莽、卓之诛，先行昆弟之戮。又沉猜忌酷，多行无礼。骋智辩以饰非，肆愚戾以害物。爪牙重将，心膂谋臣，或顾眄以就拘囚，或一言而及菹醢。朝之君子，相顾懔然。自谓安若泰山，举无遗策，怵于邪说，即安荆楚。虽元恶克剪，社稷未宁，而西邻责言，祸败旋及。上天降鉴，此焉假手，天道人事，其可诬乎！(《梁书》卷六《敬帝纪》)

唐虞世南也认为梁亡和萧绎有关，其云：

> 梁元聪明伎艺，才兼文武，仗顺伐逆，克雪家冤，成功遂事，有足称者。但国难之后，伤夷未复，信强寇之甘言，袭祸心于怀楚，蕃屏宗支，自为雠敌，孤远悬僻，莫与同忧。身亡祚灭，生人涂炭，举鄢郢而弃之，良可惜也。(赵蕤《长短经》卷二《文中》引)

清刘体仁《通鉴札记》卷十"元帝骨肉相残"则云：

> 梁高祖子孙自相吞噬，前不能翦侯景犯阙之仇，后遂以召江陵亡国之祸，而其戎首罪魁，则梁元帝是已。

然梁之灭亡,究其原因实与梁武帝有极大关系。前文已经论及,梁武帝晚年,笃信佛教,重用小人,盘剥百姓,致使梁朝朝纲紊乱,通货膨胀严重,人民生活困苦。而梁武帝刚愎自用,妄图利用侯景恢复中原,结果反被侯景所制,饿死台城。故侯景之乱和梁武帝的统治处置失策有关,他负有不可推卸的责任。

北周庾信《哀江南赋》则指责萧绎在侯景之乱中坐观时变,无心勤王:

> 中宗之夷凶靖乱,大雪冤耻,去代邸而承基,迁唐郊而纂祀。反旧章于司隶,归余风于正始。沉猜则方逞其欲,藏疾则自矜于己。天下之事没焉,诸侯之心摇矣。……既言多于忌刻,实志勇而形残。但坐观于时变,本无情于急难。

然综观萧绎在侯景之乱中的表现,他并非"但坐观于时变,本无情于急难"!

侯景之乱起于太清二年(548)八月,十月二十四日建康台城就被围困。十一月初九,萧绎得到台城被围的消息,即向湘、雍、江、郢等州刺史发布文告,征兵入援京师。从十一月十二日始,萧绎先后派遣司马吴晔、天门太守樊文皎、世子萧方等、武宁太守淳于量、竟陵太守王僧辩以及自己共六路大军入援,其中萧绎世子萧方等率步骑一万,王僧辩率舟师万人,萧绎自己率军三万。萧方等、吴晔、樊文皎、王僧辩诸军于太清三年(549)元月就抵达建康,与邵陵王萧纶等的救援联军会合。萧绎另派亲信王琳送米二十万石至京师以馈众援军。

萧绎入援京师,是非常积极地,并未观望拖延时间,其确实有救援之心。首先,作为诸侯王,萧绎派遣出了能动用的全部兵力。其次,萧绎派出了得力干将率军。萧方等是萧绎长子,有将略。王僧辩是萧绎最重要的僚属和将领,萧绎始封湘东王时,王僧辩"起家为湘东王国左常侍"(《梁书》卷四五《王僧辩传》),后一直侍奉萧绎,深得萧绎信任。而萧绎自己也亲率大军入援。正是因为迫于荆州军队支援的压力,加之缺粮,侯景才会在久攻台城不下后向梁求和结盟。其三,到达建康的荆州所部诸军均奋勇厮杀,并非虚张声势。萧方等抱必死之决心,身当矢石。台城陷落,才归荆州。而天门太守樊文皎则在青溪之战中战死沙场。王僧辩等是台城陷落后才被迫撤军。其四,萧绎、王僧辩等撤军,并非是萧绎意愿,而是接到了朝廷诏命。台城破后,侯景实则挟天子以令诸侯,三月己巳,"景遣石城公大款以诏命解外援军。柳仲礼召诸将议之,邵陵王纶曰:'今日之命,委之将军。'仲礼熟视不对。裴之高、王僧辩曰:'将军拥众百万,致宫阙沦没,正当悉力决战,何所多言!'仲礼竟无一言,诸军乃随方各散"(《资治通鉴》卷一六二)。驻扎京师的援军是得到诏命解散的。而此时萧绎尚未抵达京师,亦接到了班师诏命。然《资治通鉴》卷一六二却云:"湘东王萧绎军于郢州之武城,湘州刺史河东王誉军于青草湖,信州刺史桂阳王慥军于西峡口,托云俟四方援兵,淹留不进。"此节本自《南史·侯景传》:"时荆州刺史湘东王萧绎师于武城,河东王誉次巴陵,前信州刺史桂阳王慥顿江津,并未之进。既而有救班师,湘东王欲旋。"而《资治通鉴》所谓"俟四方援兵,淹留不进",并非事实,乃想象之词尔。

至于侯景之乱起,萧绎何以不立即出兵建康,而要待到台城被围后才出兵呢?原因应该不是他不能或不想出兵,而是不敢出兵,因为他没有接到梁武帝要求出兵的命令。乱起之初,梁武帝是命令六子萧纶平叛,而萧绎只能观望。且形势之发展超出了所有人的预料,至一发不可收拾,萧绎才在台城形势危急之下出兵。甚至让人怀疑此时萧绎其实也没有得到朝廷诏命,只能算作擅自出兵勤王了。此也正说明萧绎确实有救援之心。

台城陷落后,萧绎返回荆州江陵,置父兄被围台城之事于不顾,反而与侄儿湘州刺史萧誉、雍州刺史萧詧展开厮杀,致京师全无援军,侯景横行无忌,确实让人痛心。史家批评其"不急莽、卓之诛,先行昆弟之戮"(《梁书》卷六《敬帝纪》),然细究其原因和经过,或别有隐情。

湘州刺史萧誉是昭明太子萧统的次子，雍州刺史萧詧是昭明太子的第三子。中大通三年(531)，萧统突然去世，梁武帝萧衍"废嫡立庶"，海内外议论纷纷，萧衍各封昭明诸子大郡，以慰其心。"岳阳王詧流涕受拜，累日不食"(《南史》卷五三《梁武帝诸子·昭明太子》)。梁武帝试图用厚其分封的办法安慰昭明太子的子嗣，此反而为其后宗室骨肉相残埋下了祸根。梁武帝在位时，宗室间各种矛盾均被压制掩盖。一旦梁武帝失去对宗族的约束，矛盾就爆发了出来，而"侯景之乱"就是梁宗室矛盾大爆发的导火索。

太清元年(547)，萧绎为使持节、都督荆、雍、湘、司、郢、宁、梁、南、北秦九州诸军事，有权利征调此九州的军队。侯景之乱起，萧绎向雍、湘等州征兵入援。湘州刺史萧誉率军至青草湖时，闻台城陷没，侯景假诏令援军解散，誉回到了湘州。萧绎派遣周弘直至湘州催促粮食、军队，萧誉答曰："各自军府，何忽隶人？"公然和萧绎对抗，后又多次拒绝执行命令。至此，萧绎和侄萧誉矛盾公开化。萧绎命令雍州刺史萧詧亲自率军入援京师，萧詧却不听调遣，让府司马刘方贵领兵，引起了萧绎的猜忌。而知己张缵又密报萧绎："河东起兵，岳阳聚米，共为不逞，将袭江陵。"萧绎更加相信两位侄儿将对自己不利。

湘州和雍州一南一北，对荆州江陵形成了掎角之势，让萧绎颇为忌惮。尤其是以襄阳为治所的雍州，东晋以来，是南阳及新野之次等士族南徙聚居之地，同时雍、秦流民又南徙至此区域，他们都是非常具有战斗力的武人集团；而荆州江陵一带，则是南阳及新野之上等士族的迁居地，士人多以文化、才学显世，战斗力不如襄阳，①故素有"江陵素畏襄阳人"之说(《梁书》卷一〇《萧颖达传》)。齐末，萧衍出为雍州刺史，并由此而龙兴。今天学者认为："天下大

---

①　陈寅恪《金明馆丛稿初编·述东晋王导之功业》，三联书店 2001 年版，第72 页。

乱、雍州集团的诚心投依、荆州的归附、战略战术的得当是萧衍覆齐建梁的四大因素,其中,雍州集团的投依是最根本的因素。"①梁朝建立后,梁武帝实行一系列控制地方的措施,雍州在政治上的影响虽有所降低,但仍是梁重要州镇,其刺史历来为梁武帝萧衍信任者担任。中大同元年(546),萧衍以前东扬州刺史岳阳王詧为雍州刺史。"上舍詧兄弟而立太子纲,内常愧之,宠亚诸子。以会稽人物殷阜,故用詧兄弟迭为东扬州以慰其心。詧兄弟亦内怀不平。詧以上衰老,朝多秕政,遂蓄聚货财,折节下士,招募勇敢,左右至数千人。以襄阳形胜之地,梁业所基,遇乱可以图大功。乃克己为政,抚循士民,数施恩惠,延纳规谏,所部称治"(《资治通鉴》卷一五九)。清刘体仁指出:"帝之子孙蓄虑若此,即幸无侯景之祸,岂能相安无事哉? 揆厥由来,皆帝舍欢立纲一念之差所所致也。"②萧绎入援京师,坚持要萧詧亲自带兵,即有提防萧詧乘虚入侵江陵之意。然萧誉、萧詧兄弟念念不忘父亲萧统死后哥哥萧欢未被立为皇太孙的旧怨,于此梁朝存亡之际,公然和叔叔萧绎对抗。故萧绎和萧誉、萧詧争战之起因,远则是萧誉、萧詧兄弟对父萧统死后的朝廷继位安排不满,久有挟怨报复之心,近则是于侯景之乱中不听萧绎指挥,有趁乱拥兵自重之嫌疑。萧绎为江陵安全计,解除其南北威胁,免后患之忧,不得不与萧誉兄弟争锋,且将其置于死地。

萧绎讨伐萧誉时,颜之推在萧绎府中为镇西墨曹参军,其《观我生赋》,详细描述了此事件的前因后果:

> 世祖赫其斯怒,奋大义于沮漳。(孝元帝时为荆州刺史。)
> 授犀函与鹤膝,建飞云及艅艎。北征兵于汉曲,南发饷于衡
> 阳。(湘州刺史河东王誉、雍州刺史岳阳王詧并隶荆州都督
> 府。)昔承华之宾帝,实兄亡而弟及。(昭明太子薨,乃立晋安

① 章义和《地域集团与南朝政治》,华东师范大学出版社 2002 年版,第 84—85 页。
② 刘体仁《通鉴札记》,北京图书馆出版社 2004 年版,第 504 页。

王为太子。)逮皇孙之失宠,叹扶车之不立。(嫡皇孙欢出封豫
章王而薨。)间王道之多难,各私求于京邑。襄阳阻其铜符,长
沙闭其玉粒。(河东、岳阳皆昭明子。)遽自战于其地,岂大勋
之暇集。子既殒而侄攻,昆亦围而叔袭。褚乘城而宵下,杜倒
戈而夜入。(孝元以河东不供船艎,乃遣世子方等为刺史。大
军掩至,河东不暇遣拒。世子信用群小,贪其子女玉帛,遂欲
攻之,故河东急而逆战,世子为乱兵所害。孝元发怒,又使鲍
泉围河东。而岳阳宣言大猎,即拥众袭荆州求解湘州之围。
时襄阳杜岸兄弟怨其见劫,不以实告,又不义此行,率兵八千
夜降,岳阳于是遁走。河东府褚显族据投岳阳。所以湘州见
陷也。)行路弯弓而含笑,骨肉相诛而涕泣。周旦其犹病诸,孝
武悔而焉及。

萧绎与萧誉、萧詧之争,可谓是两败俱伤,真正从中渔利的是西魏
和东魏,甚至包括侯景。西魏扶持萧詧为梁王,势力到达雍州,为
日后灭江陵创造了条件。东魏也趁乱取得了淮南之地。侯景在这
场叔侄之争得到了暂时喘息的机会,后肆虐于三吴地区。

萧绎另一个饱受诟病的行为是平定湘州后,又和六兄萧纶、八
弟萧纪争战,后萧纶、萧纪均因之而死。不可否认,萧纶、萧纪之
死,萧绎有不可推卸的责任。然萧纶、萧纪自身行为也是其灭亡的
重要原因之一,而梁武帝生前一系列不合理的举措安排更将萧纶、
萧绎、萧纪兄弟三人置于了混乱之中。

昭明太子去世后,萧纲以弟弟身份立为太子,给了梁武帝诸子
许多遐想的空间。六子萧纶公然对人说:"时无豫章(梁武帝第二
子萧综),故以次立。"意谓二兄萧综叛逃北魏,故三兄萧纲才能继
位。后萧纶、萧绎、萧纪等日益飞扬跋扈。"上年高,诸子心不相
下,互相猜忌","皆权侔人主"(《资治通鉴》卷一五九)。四兄萧绩
卒,五兄萧续亦卒,萧纶的非分之想更加强烈,居然想刺杀毒害父
皇萧衍。"于是伏兵于莽,用伺车驾。而台舍人张僧胤知之,其谋

颇泄。又纶献曲阿酒百器,上以赐寺人,饮之而毙。上乃不自安,颇加卫士,以警宫内。于是传者诸相疑阻,而纶亦不惧。武帝竟不能有所废黜,卒至宗室争竞,为天下笑。"(《南史》卷五三《梁武帝诸子》)萧衍的纵容,使子嗣骄奢放纵,目无法纪,此也是梁代宗室相争、骨肉相残的原因之一。

萧纪是梁武帝第八子,也是在梁武帝放纵下成长的典型。《梁书》卷五五《武陵王纪传》载:"初,天监中,震太阳门,成字曰'绍宗梁位唯武王',解者以为武王者,武陵王也,于是朝野属意焉。"则武陵王之继位似早为朝廷所期许,而此时昭明太子尚未去世,梁武帝对此却不置可否。又,大同三年(537),梁武帝授萧纪都督、益州刺史。萧纪以路远不愿前往,梁武帝曰:"天下方乱,唯益州可免,故以处汝,汝其勉之。"(《南史》卷五三《梁武帝诸子》)萧衍安排萧纪前往益州,居然是为了避祸。然此祸是外敌入侵还是骨肉相残,只能让人猜测了。然萧衍此安排,似有一旦祸起,以萧纪延续梁王朝大统之意,无形中暗合了天监时的"流言"。

萧衍对子侄的纵容,换来的只是他们更多更大的贪念。这些诸侯王各怀野心,蠢蠢欲动,甚至期盼天下动乱。五子萧续在荆州广积钱粮,多聚马仗。六子萧纶大造兵器铠甲,以备非常,"初镇京口,大造器甲,既涉声论,投之于江。及后出征,戎备颇阙,乃叹曰:'吾昔造仗,本备非常,无事涉疑,遂使零散。今日讨抄,卒无所资。'"(《南史》卷五三《梁武帝诸子》)八子萧纪在蜀州刻意经营,"开建宁、越巂,贡献方物,十倍前人"(《南史》卷五三《梁武帝诸子》)。至于其他如孙子萧詧在州勤政有为,却是希图遇乱而起。尤其是侄儿萧正德,心怀怨望,"恒怀不轨,睥睨宫宸,觊幸灾变"。梁武帝不但不指责,甚至不提防。侯景之乱起,仍让萧正德朝守朱雀航。而萧正德和侯景勾结,至侯景顺利渡江。(《梁书》卷五四《萧正德传》)萧衍晚年之纵容糊涂一至如此!

武帝末年人心思乱,诸侯王萧纶、萧绎、萧纪等"权侔人主",萧氏兄弟都有积蓄粮草军需以备非常的想法和行为。而梁武帝年事日高,似乎也感觉自己去世后骨肉之间会相残,遂有对萧纪言"天下将乱"之语。清刘体仁认为:"梁高祖子孙无父子之亲,无兄弟之爱,自相吞噬,置高祖之难而不顾恤。论者有谓帝过于慈之失,不知帝之失尤在舍适孙欢而立太子纲也。"①似乎还是皮相之论。陈寅恪曾指出:

> 南朝并不重嫡妻、嫡子、嫡孙……梁武帝废捐冢嫡,在南朝无所谓好与不好。北朝重宗法,南北社会是不同。我们应从整个社会风俗来看梁武帝的废嫡立庶,而不应从梁武帝个人举措是否失当来考虑。梁朝灭亡的主要原因是建业、江陵两士族集团的腐朽,而不是梁武帝的废嫡立庶。②

从梁武帝立萧纲为太子后,对其他诸子的态度看,其举措确实有耐人寻味之处。如安排萧纪出任益州刺史,就不能仅仅用宽容来解释了。而《陈书》卷三二《孝行·殷不害传》载:"大同五年,迁镇西府记室参军,寻以本官兼东宫通事舍人。是时朝廷政事多委东宫,不害与舍人庾肩吾直日奏事。"似乎晚年的梁武帝有意放权于太子萧纲,但萧纲却奈何不得萧衍宠信的朱异。直至侯景之乱,萧纲才作《围城赋》《愍乱诗》直指朱异招祸误国。"贵为王储,仍要身受一位权臣几十年的挤压,直至国家灭亡前夕才能一吐心中的愤怒,可见君主专制政体的严重弊端。"③此也可见萧衍与萧纲其实亦有较深矛盾,关系处理并不融洽。萧衍是否早有以他子取而代之之意,

---

① 刘体仁《通鉴札记》,北京图书馆出版社 2004 年版,第 499—500 页。
② 万绳楠《陈寅恪魏晋南北朝史讲演录》,贵州人民出版社 2007 年版,第 173 页。
③ 吴光兴《萧纲萧绎年谱》前言,社会科学文献出版社 2006 年版,第 25 页。

抑或于侯景之乱中对萧纲倍感失望，[1]故放任国家败亡，“自我得之，自我失之，亦复何恨”（《梁书》卷二九《高祖三王》）。萧衍与萧纲关系很有作进一步清理研究的必要。无论如何，梁武帝对萧纲和诸子的态度让这些诸侯王看到了争夺太子之位的希望，此和陈寅恪所论南朝不重嫡子也不无关系。

侯景之乱中，台城被围，萧衍实际沦为了阶下囚，为自救，给在地方的萧绎、萧纪均授予了假黄钺、承制：

> （太清）三年三月，侯景寇没京师。四月，太子舍人萧韶至江陵宣密诏，以世祖为侍中、假黄钺、大都督中外诸军事、司徒承制，余如故。（《梁书》卷五《元帝纪》）
>
> 及侯景陷台城，上甲侯韶西上至硖，出武帝密敕，加纪侍中、假黄钺、都督征讨诸军事、骠骑大将军、太尉、承制。（《南史》卷五三《武帝诸子》）

而萧纶则是在郢州刺史南平王萧恪的上表下，为假黄钺、都督中外诸军事：

> 大宝元年，纶至郢州，刺史南平王恪让州于纶，纶不受。乃上纶为假黄钺、都督中外诸军事。（《南史》卷五三《武帝诸子》）

《资治通鉴》卷八〇《晋纪》“晋武帝咸宁五年”胡三省注：“黄钺，天子之器，非人臣所得专用，故曰假。”清钱大昕《廿二史考异·南史一》：“晋宋之制，使持节得杀二千石以下，假黄钺则可专戮节将

---

① 太清三年（549），侯景久攻台城不下，粮食日缺，而城外援军日增。侯景“求和以缓其势”，“上怒曰：‘和不如死！’太子固请曰：‘侯景围逼已久，援军相仗不战，宜且许其和，更为后图。’上迟回久之，乃曰：‘汝自图之，勿令取笑千载。’遂报许之。”后果如萧衍所言。

矣。"承制谓秉承皇帝旨意而便宜行事。此实际意味着萧纪、萧绎、萧纶三人都有统帅天下兵马,代天子行征伐之权。故萧绎得到密诏后,"于是立行台于南郡而置官司焉"(《南史》卷八《梁本纪》)。萧纶也置百官,改听事厅为正阳殿,有称帝之意。而萧纪则干脆"僭号于蜀,改年曰天正"(《南史》卷五三《武帝诸子》)。

　　兄弟三人之相争不让,实则是三人均本有之政治野心,在父皇"假黄钺""都督中外诸军事""承制"旨意的刺激下,假借平定侯景之乱,上演了一场兄弟残杀的悲剧。而这种混乱悲剧局面的造成,和梁武帝萧衍晚年的处置不当有很大的关系。

　　在这场帝位争夺战中,萧绎对六哥萧纶、八弟萧纪痛下杀手,同时残害众多宗亲,谋虑之深远,手段之毒辣,让人触目惊心,胆战心寒,有太多值得批判的地方。然萧绎何以不能善待兄弟,戮力平叛呢? 此当是萧绎觉得自己登基是人心所向,而两位兄弟才是不合时宜的竞争者。

　　首先,在侯景之乱前,就有萧绎继位的传言。萧绎首次为荆州刺史,江革就有"当璧"之许:[①]

> 　　初,贺革西上,意甚不悦,过别御史中丞江革,以情告之。革曰:"吾尝梦主上遍见诸子,至湘东王,手脱帽授之。此人后必当璧,卿其行乎!"革从之。(《梁书》卷五《元帝纪》)

江革卒于大同元年(535),贺革"西上",即往荆州为西中郎湘东王咨议参军,带江陵令,时间在萧绎任荆州刺史之后。则江革、贺革二人之对话,当在普通七年(526)至大同元年(535)间。[②] 江革聪敏

---

　　① 当璧,《左传·昭公十三年》:"初,共王无冢适,有宠子五人,无适立焉。乃大有事于群望,而祈曰:'请神择于五人者,使主社稷。'乃遍以璧见于群望,曰:'当璧而拜者,神所立也,谁敢违之?'既,乃与巴姬密埋璧于大室之庭,使五人齐,而长入拜……平王弱,抱而入,再拜,皆厌纽。"后以"当璧"喻立为国君之兆。
　　② 此故事有异说。《南史》卷二五《到溉传》:"溉尝梦武帝遍见诸子,至湘东而脱帽与之,于是密敬事焉。"

亮直,有一代之盛名,却许以萧绎有立为国君的可能,亦可见萧绎在荆州的作为早为人所注意,故至江革有"当璧"之论。而后萧绎在江州,背生黑子,巫媪见曰:"此大贵兆,当不可言。"(《梁书》卷五《元帝纪》)巫媪之言虽不可信,却也可反映部分舆情。萧绎再为荆州刺史,荆州频出瑞祥,均暗示当出天子,亦至有"瞎天子"的传言。此均让萧绎觉得自己继位是顺天承运,民心所向。

其次,从平叛侯景之乱的表现和功绩看,萧绎也是表现最积极,贡献最大的。侯景之乱中,从京师逃出的士人,多投奔了荆州。① 萧绎都一一接纳。侯景叛军所向披靡,几乎没有遭到萧氏皇族诸诸侯王的有效抵抗,而萧绎却在长江中游成功抗击了叛军,并最终平定叛乱。可以说,如果没有萧绎的奋力抗击,梁王朝或许早已亡于侯景之手,历史就是另一番面貌了。陈代何之元在《梁典》中极力称赞萧绎的平乱之功:

> 洎高祖晏驾之年,太宗幽辱之岁,讴歌狱讼,向西陕不向东都;不庭之民,流逸之士,征伐礼乐,归世祖不归太宗。(《陈书》卷三四《文学·何之元》录《梁典·序》)

可见,梁武帝死后,萧纲困于建康城中,形同傀儡,实际已经失掉了民心。而萧绎因抵抗侯景,积极有为,为人心所向,其登基实际是得到臣民衷心拥护的。故唐虞世南以为萧绎"仗顺伐逆,克殄家冤,成功遂事,有足称者"(《长短经》卷二引)。

其三,统治阶级内部的争斗本就残酷无情,所谓恩慈孝友只是面纱而已。刘宋、南齐兄弟子孙为争夺帝位,残杀之惨更是骇人听闻。宋武帝七子,唯一子善终有后,其余皆死于非命,且无后。宋文帝十九子,惟孝武及明帝嗣位,二子因奔魏而善终,三子早卒,其余皆不得死,且无后。孝武帝二十八子,早夭者十,为前废帝所杀

---

① 《陈书》卷二一《萧引传》:"侯景之乱,梁元帝为荆州刺史,朝士多往归之。"

者二,为明帝所杀者十六。当明帝之时,孝武子孙无孑遗。"宋武九子,四十余孙,六七十曾孙,死于非命者十之七八,且无一有后于世者。"孝武、明帝诛夷骨肉,惟恐不尽。兄弟子姓,"皆诸帝之自为屠戮,非假手于他族也"。① 至南齐时,齐高、武之子孙,则为齐明帝一人所杀,其惨毒旷古未闻。"凡诸王被害,皆以夜遣兵围宅,或斧关排墙叫噪而入,家财皆见封籍焉"(《南齐书》卷三五《高帝十二王·鄱阳王锵》)。至高、武之子孙朝不保夕,忧疑恐惧,"常鞠躬俯偻,不敢正行直视"(《南史》卷四三《齐高帝诸子下·河东王铉》)。明帝杀高、武子孙,悉召入尚书省,"敕人各两左右自随,过此依军法,孩抱者乳母随入。其夜太医煮药,都水办数十具棺材,须三更当悉杀之"(《南齐书》卷四〇《武十七王》)。清赵翼以为:"齐明之残忍惨毒,无复人理,真禽兽之不若矣。"② 至后世,唐之"玄武门事变",以弟杀兄;宋之"烛影斧声",传说亦弟杀兄而代之;明之"靖难之役",以叔夺侄之位。这些无不表现出封建帝位争夺的残酷。在皇帝的宝座面前,是没有亲情的。于萧绎,我们又能奢求些什么呢?

---

① 参《廿二史札记》卷一一"宋子孙屠戮之惨"条。
② 参《廿二史札记》卷一一"齐明帝杀高武子孙"条。

第六章　吟咏风谣，流连哀思

梁元帝萧绎算不上是一位成功的帝王，却是一位优秀的诗人和杰出的学者。此章我们谈谈萧绎的文学成就，其学术成就后面再论。

隋何之元曾赞美萧绎："世祖聪明特达，才艺兼美，诗笔之丽，罕与为匹，伎能之事，无所不该。"(《文苑英华》卷七五四《梁典·总论》)《南史·梁本纪》称萧绎"文籍满腹"。明张溥以为萧绎诗赋"婉丽多情"(《汉魏六朝百三家集·梁元帝集题辞》)，清陈维崧称赞萧绎"雅善文章"(《陈检讨四六》卷一《滕王阁赋》)。实则萧绎在文学理论和文学实践方面，都有自己的创获。

一、文笔说

萧绎的文学思想有继承传统的地方，更多的则是求新求变。

自先秦至魏晋，"情由物兴"的"物感说"十分流行，《礼记·乐记》云："凡音之起，由人心生也。人心之动，物使之然也。"晋陆机《文赋》提出"遵四时以叹逝，瞻万物而思纷。悲落叶于劲秋，喜柔条于芳春"。《文心雕龙》谓"人禀七情，应物斯感"(《明诗》)，"岁有其物，物有其容；情以物迁，辞以情发"(《物色》)。钟嵘《诗品序》说"气之动物，物之感人，故摇荡性情，形诸舞咏"。诸家均认为心受

外物影响,故而产生情绪,情绪的宣泄形成文章。外物与情感是刺激与反应的单向关系。而萧绎在《金楼子·立言篇上》提出:

> 捣衣清而彻,有悲人者,此是秋士悲于心,捣衣感于外,内外相感,愁情结悲,然后哀怨生焉。苟无感,何嗟何怨也?

萧绎意识到情绪的产生既是外物刺激的结果,同时还是"受者"心绪响应的结果,其在外物和受者之间增加了"心"的双向交流。萧绎提出心和物相互感应,对传统"物感说"有所继承,但比诸家的思考更加深入。

萧绎更主张文学要求新求变,他认为:"夫世代亟改,论文之理非一;时事推移,属词之体或异。"(《内典碑铭集林序》),时代在变,文章也要变化,包括体裁、情志、事义、辞采、宫商、风格等方面都要随之而变,而文学"新变"是其保持活力的重要法宝。同时,萧绎求新却并不追求惊奇怪异,他追求的是一种文质彬彬的文学风格:

> 能使艳而不华,质而不野,博而不繁,省而不率,文而有质,约而能润,事随意转,理逐言深,所谓菁华,无以间也。
> (《内典碑铭集林序》)

其次,萧绎强调情的重要性。《金楼子·序》云:"盖以《金楼子》为文也,气不遂文,文常使气,材不值运,必欲师心。暇闲得语,莫非抚臆,松石能言,必解其趣,风云玄感,倘获见知。"即使是创作《金楼子》这样的子部书籍,萧绎也主张要以文顺气,强调文以抒气,撰文要"师心",即按自己的心意写作,要有创意。写出的语句,都要出自内心,要有情感。而《金楼子》不同于传统的子书体例很突出的一点就是具有强烈的抒情性,如果联系萧绎的文学思想,也就不难理解了。

集中体现了萧绎求新、重情文学思想的则是他的文笔说。可以说,萧绎文学思想的一大创新,就是重新定义了文笔。有学者考证认为,文笔说源自东晋初年,文指有韵的诗、赋、颂、诔等一类的制作,笔指无韵的书、论、表、奏一类的制作。刘宋以后,文笔界说演变,可分为传统和革新两派,传统派以颜延之、刘勰和昭明太子为代表,仍沿袭晋人的文笔说。如《文心雕龙·总术篇》云:"今之常言,有文有笔。以为无韵者,笔也;有韵者,文也。"革新派以萧绎为代表,"在晋宋以后,最能代表一新异之文笔说的,要推梁元帝。"①

萧绎在《金楼子·立言下》中云:

> 今之儒,博穷子史,但能识其事,不能通其理者,谓之学。至如不便为诗如阎纂,善为章奏如伯松,若此之流,泛谓之笔。吟咏风谣、流连哀思者,谓之文。……笔退则非谓成篇,进则不云取义,神其巧惠笔端而已。至如文者,惟须绮縠纷披,宫徵靡曼,唇吻遒会,情灵摇荡。……潘安仁清绮若是,而评者止称情切,故知为文之难也。

萧绎曾嘲笑诗歌写得不好的人:"作诗不对,本是吼文,不名为诗。"(《文镜秘府论》南卷引梁朝湘东王《诗评》)阎纂"不便为诗",应该也属于"吼文"之类。"梁元帝把阎纂的诗,也归到笔里去,至此文笔的区分,便不用有韵脚无韵脚作标准了"。② 此就不同于传统的文笔说了。其次,传统文笔说认为,诗赋诔颂铭箴等文体因其有韵,故都是文,而萧绎提出"吟咏风谣、流连哀思者"才是文,文是带情感的。这两点是萧绎"文笔说"大放异彩之处。

萧绎的文笔说,不是以体裁分,而是以制作的技巧为标准重新划分,这并非是向壁虚构,而是在继承晋代以来文章评论尤其是齐永明声律说的基础上提出的新说,"可以说是一种化古成新的文笔说。"③

萧绎认为文须"绮縠纷披,宫徵靡曼,唇吻遒会,情灵摇荡",即

---

① 逯钦立《汉魏六朝文学论集》,陕西人民出版社1984年版,第365页。
② 同上。
③ 同上书,第368页。

"文"是表达感情的，同时要语言华美繁复，如同精美的丝织品。西晋陆机《文赋》提出"诗缘情而绮靡"，要求诗歌用华美的语言来表达情感，萧绎"绮縠纷披""情灵摇荡"之论实与之呼应。"宫徵靡曼"，盖指作品的音节相互配合，靡靡动听；"唇吻遒会"，即指音节的和谐流利。此则是从永明声律说发展而来的。永明声律说代表人物沈约《答陆厥书》云："自古辞人，岂不知宫羽之殊，商徵之别。虽知五音之异，而其中参差变动，所昧实多，故鄙意所谓'此秘未睹'者也。……韵与不韵，复有精粗。"沈约变有韵为文为文须声律，萧绎的文笔说，接受了沈约永明声律说的论调，以为文须"宫徵靡曼，唇吻遒会"。逯钦立指出："宋齐以后，文笔说的大家，虽常常能为文笔下定义、分等级，而不止像晋人似的仅视为一种分类法，然而真正把文笔的间架，与晋宋以来的文章评论，熔为一炉而铸成一种新文论的，实不得不推之梁元帝，在这一点说，《金楼子》的文笔说，尤其重要了。"①

　　萧绎的文学思想和以萧纲为首的宫体诗派的主张是完全一致的。宫体诗派的健将萧子显就曾指出："在乎文章，弥患凡旧。若无新变，不能代雄。"（《南齐书》卷五二《文学传论》）在当时人看来，宫体诗本身就是一种求新的诗歌创作，故《梁书》称宫体诗倡导者之一徐摛诗歌为"文体既别"（《梁书》卷三〇《徐摛传》），《隋书》称萧纲、萧绎的创作为"新巧"，萧氏兄弟以创作实践践行着自己的文学主张。

　　《隋书》卷七六《文学传序》云：

> 　　梁自大同之后，雅道沦缺，渐乖典则，争驰新巧。简文、湘东，启其淫放；徐陵、庾信，分路扬镳。

简文即梁简文帝萧纲，湘东即湘东王萧绎。萧纲在入主东宫之后，遂有宫体诗之创作，历来文学史以简文、湘东为宫体诗之代表，究其原因，除二人文学创作内容相似外，其文学主张也颇为接近，尤

---

　　① 逯钦立《汉魏六朝文学论集》，陕西人民出版社1984年版，第368页。

其是当宫体诗提倡之初,遭到众人怀疑之时,萧绎从精神思想给予了萧纲大力支持。

梁中大通三年(531),昭明太子去世后,梁武帝"废嫡立庶",以第三子萧纲为太子。萧纲来到京师,却郁郁寡欢,他给萧绎写信,诉说了自己糟糕的心情:"但吾自至都已来,意志忽悦,虽开口而笑,不得真乐,不复饮酒,垂二十旬。"萧纲不得"真乐"的重要原因之一就是自己和幕僚们的文风与京师文风的不合,萧纲再一次写信给萧绎,对京师文风进行了猛烈的抨击:"比见京师文体,懦钝殊常,竞学浮疏,争为阐缓,玄冬修夜,思所不得,既殊比兴,正背风、骚。若夫六典三礼,所施则有地,吉凶嘉宾,用之则有所。未闻吟咏情性,反拟《内则》之篇;操笔写志,更摹《酒诰》之作,迟迟春日,翻学《归藏》,湛湛江水,遂同《大传》。吾既拙于为文,不敢轻有掎摭,但以当世之作,历方古之才人,远则扬、马、曹、王,近则潘、陆、颜、谢,而观其遣辞用心,了不相似。若以今文为是,则古文为非;若昔贤可称,则今体宜弃。俱为盍各,则未之敢许。"萧纲和京师"保守"文体的对立简直到了水火不容的地步。这封写给萧绎的信收入《梁书·庾肩吾传》,史书交代了写作背景:

> 及居东宫,又开文德省,置学士,肩吾子信、摛子陵、吴郡张长公、北地傅弘、东海鲍至等充其选。齐永明中,文士王融、谢朓、沈约,文章始用四声,以为新变,至是转拘声韵,弥尚丽靡,复逾于往时。

可以看出,萧纲的宫体诗实际上承袭的是王融、谢朓、沈约等倡导的"新变"的"永明体"。南齐末年,沈约等倡导新体诗,强调声律,讲求"四声八病",由此形成"永明体"。① 今学界公认"永明体"对唐

---

① 《南齐书·文学传·陆厥》:"永明末,盛为文章。吴兴沈约、陈郡谢朓、琅邪王融以气类相推毂。汝南周颙善识声韵。约等文皆用宫商,以平上去入为四声。以此制韵,不可增减,世呼为'永明体'。"

代近体诗的形成影响重大。然进入梁代，梁武帝不善四声，①昭明太子诗风保守，京师文坛格律论处于消歇状态。晚年的沈约创作《山居赋》，"乃要筠示其草，筠读至'雌霓（五激反）连蜷'，约抚掌欣抃曰：'仆尝恐人呼为霓（五鸡反）。'次至'坠石碨星'，及'冰悬坎而带坻'，筠皆击节称赞。约曰：'知音者希，真赏殆绝，所以相要，政在此数句耳。'筠又尝为诗呈约，即报书云：'览所示诗，实为丽则，声和被纸，光影盈字。夔、牙接响，顾有余惭；孔翠群翔，岂不多愧。古情拙目，每伫新奇，烂然总至，权舆已尽。会昌昭发，兰挥玉振，克谐之义，宁止笙簧。思力所该，一至乎此，叹服吟研，周流忘念。昔时幼壮，颇爱斯文，含咀之间，倏焉疲暮。不及后进，诚非一人，擅美推能，实归吾子。迟比闲日，清觏乃申。'筠为文能压强韵，每公宴并作，辞必妍美。约常从容启高祖曰：'晚来名家，唯见王筠独步。'"（《梁书》卷三三《王筠传》）沈约之推重王筠，乃是因筠其懂得音律，读赋能辨别"五激反"（入声）、"五鸡反"（平声），写诗"声和被纸"、"夔、牙接响"，作文"能压强韵"，此均和声律相关。萧衍不喜四声，而对裴子野的古文体赞赏有加，所以古文于沈约死后在京师有了很大的市场。而一般文人对声律论也有一些误解。②

萧纲提倡"新体诗"，在内容上"止乎衽席之间""思极闺闱之

---

① 《梁书·沈约传》："帝问周舍曰：'何谓四声?'舍曰：'"天子圣哲"是也。'然帝竟不遵用。"

② 《文镜秘府·四声论》："魏定州刺史甄思伯（琛字），一代伟人，以为沈氏《四声谱》不依古典，妄自穿凿，乃取沈君少时文咏犯声处以诘难之。"并且写了《碛四声》。钟嵘在《诗品》中就公开对"四声八病"之说表示不满："昔曹、刘殆文章之圣，陆、谢为体贰之才，锐精研思，千百年中，而不闻宫商之辨，四声之论。或谓前达偶然不见，岂其然乎? 尝试言之，古曰诗颂，皆被之金竹，故非调五音，无以谐会。若'置酒高堂上'、'明月照高楼'，为韵之首。故三祖之词，文或不工，而韵入歌唱，此重音韵之义也，与世之言宫商异矣。今既不被管弦，亦何取于声律邪? 齐有王元长者，尝谓余云：'宫商与二仪俱生，自古词人不知之。唯颜宪子乃云"律吕音调"，而其实大谬。唯见范晔、谢庄颇识之耳。尝欲进《知音论》，未就。'王元长创其首，谢朓、沈约扬其波。三贤或贵公子孙，幼有文辩，于是士流景慕，务为精密。襞积细微，专相凌架。故使文多拘忌，伤其真美。余谓文制本须讽读，不可蹇碍，但令清浊流流，口吻调利，斯为足矣。至平上去入，则余病未能；蜂腰、鹤膝，闾里已具。"

内",多写宫廷生活、男女形体和两性之间的情思,而在形式上则承袭了"永明体"的声律之说,在语言上"清辞巧制""雕琢蔓藻"(《隋书》卷三五《经籍志》),追求辞藻靡丽。结果导致"新体诗"提倡伊始,就遭到了压力,不仅背上了"宫体"的恶名,[①]还引起武帝的不满和对徐摛的责问,后来主要创作人员徐摛、庾肩吾纷纷被外任。萧纲此时给萧绎写信,袒露心迹,倾诉自己内心的苦闷和对新文风的向往,显然是引萧绎为同调。

在这种背景下,再来重新审视萧绎文笔说的意义,就会发现萧绎的文笔说实际上和萧纲的宫体诗主张是遥相呼应的,是在"求新"的要求驱动下对永明声律论的继承。实际上是萧绎和萧纲共同推动了"宫体诗"的创作,延续着"永明体"和"声律论"在梁代文坛的发展。

二、笃志艺文

萧绎从小就喜好文学,萧绎自称:"予幼好雕虫,长而弥笃,游心释典,寓目词林,顷常搜聚,有怀著述。"(《内典碑铭集林序》)《金楼子·自序篇》亦称:"余六岁解为诗,奉敕为诗曰:'池萍生已合,林花发稍稠。风入花枝动,日映水光浮。'因尔稍学为文也。"此亦是萧绎今存最早的诗作。萧绎的诗作还得到了父兄和朋友的认同。从荆州回京师,九月九日,"其日赋诗蒙赏"(《金楼子·杂记篇上》)。其兄萧纲许其为当时文坛领袖,"文章未坠,必有英绝;领袖之者,非弟而谁",比之为"子建"(见《梁书》卷四九《庾肩吾传》载萧纲《与湘东王书》)。在其一生中,萧绎一直笔耕不辍,创作了大量的诗文。直至临死前,萧绎还在创作诗文。《资治通鉴》卷一六五《梁纪·世祖孝元皇帝下》"承圣三年(554)"载:十一月庚子,"是夜,帝巡城,犹口占为诗,群臣亦有和者。"《南史》卷八《梁本纪·元

---

① 骆玉明、吴仕逵《宫体诗的当代批评及其政治背景》,《复旦大学学报(社会科学版)》1999 年第 3 期。

帝》:承圣三年(555),元帝都江陵,魏师至,城见克,帝降。"在幽逼,求酒饮之,制诗四绝云云。梁王詧遣尚书傅准监行刑,帝谓之曰:'卿幸为我宣行。'准捧诗,流泪不能禁,进土囊而殒之。"临死尚不忘赋诗,依然梦想诗作能留于后世,则萧绎对文学的爱好不一般。

《梁书·元帝纪》载萧绎有文集五十卷,可惜这些诗赋文章在宋代以后大部分就已经亡佚了,今仅存有诗作 84 题 96 首,乐府 17 题 20 首,骚 1 首,文章 127 篇(其中诏 6 篇,令 7 篇,敕 4 篇,教 1 篇,表 5 篇,启 25 篇,书 22 篇,檄文 1 篇,论 3 篇,议 1 篇,序 13 篇,赞 6 篇,铭 5 篇,碑文 17 篇,墓志 8 篇,祭文 3 篇)。

萧绎诗歌的题材多为写景咏物、闺怨艳情、离别述怀,同时有少量写边塞征战的如《燕歌行》《骢马驱》《紫骝马》《关山月》,所用虽是乐府旧题,但气势昂扬,充满了悲壮之感,为唐代边塞诗的创作积累了经验。其文章,在侯景之乱前,多交际应酬之作,侯景之乱后,多政务教令之篇。今先论其诗,再论其文。

(一) 宴游、女人和边塞

梁代前期,在武帝的统治下,"梁自天监至于大同,三十余年,江表无事"(《隋书》卷二二《五行》),作为诸侯王,萧绎的生活是富贵无忧的,诗歌所写的就是一位诸侯王典型的日常生活。其中,宴游诗歌占有很大的一部分,如《和鲍常侍龙川馆》《和林下作妓应令》《春夜看妓》《和刘上黄》《戏作艳诗》等。这些宴游诗中虽也有醇酒美人的彻夜嬉乐,如"举杯聊转笑,欢兹乐未央"(《春夜看妓》),"附枝时可息,言从清夜游。"(《落日射罴》)。但萧绎向往的实则是一种文人的雅宴,所谓"想延宾于北阁,因置酒于南轩。闻莺鸣而怀友,听长笛其何言"(《言志赋》),即在公务之余,于良辰美景之中,和志同道合的朋友喝酒赏景,吟诗谈玄。如《落日射罴》云:

促宴引枚邹,中园观兽侯。

日度珊阴广,风横旗影浮。

移竿标入箭,迭鼓送争筹。

附枝时可息,言从清夜游。

诗中"枚邹"是西汉枚乘和邹阳的合称。枚乘善辞赋,邹阳擅文章,二人同为汉景帝少弟梁孝王门客。与枚乘、邹阳一样文学之士饮酒宴会,作长夜之游,肯定是十分惬意的。

"言从清夜游",化用三国时曹植诗句。三国时,魏曹操筑西园(在今河北省临漳县西),曹丕、曹植多次与宾朋宴游于此。曹植作《公宴诗》云:"公子敬爱客,终宴不知疲。清夜游西园,飞盖相追随。明月澄清景,列宿正参差。"又曹丕曾有南皮之游,①《文选》卷四二魏文帝《与朝歌令吴质书》:"每念昔日南皮之游,诚不可忘。既妙思《六经》,逍遥百氏。弹棋间设,终以六博。高谈娱心,哀筝顺耳,驰骋北场,旅食南馆。浮甘瓜于清泉,沈朱李于寒水。白日既匿,继以朗月,同乘并载,以游后园,舆轮徐动,参从无声。清风夜起,悲笳微吟,乐往哀来,怆然伤怀。余顾而言:'斯乐难常。'足下之徒,咸以为然。今果分别,各在一方,元瑜长逝,化为异物。每一念至,何时可言!"南齐时,梁萧子良"居不疑之地,倾意宾客,天下才学皆游集焉。善立胜事,夏月客至,为设瓜饮及甘果,著之文教"。《金楼子·说蕃篇》:"竟陵萧子良,开私仓赈贫民。少有清尚,礼才好士,居不疑之地,倾意宾客,天下才学皆游集焉。善立胜事,夏月客至,为设瓜饮及甘果。著之文教,士子文章及朝贵辞翰皆发教撰录。居鸡笼山西邸,集学士抄五经百家,依《皇览》列为《四部要略》千卷;招致名僧讲论佛法,造经呗新声,道俗之盛,江左未有也。"故西园之会、南皮之游、鸡笼山之聚成了萧绎向往的生活。《金楼子序》云:"复有西园秋月,岸帻举杯;左海春朝,连章摛翰。"《去丹阳尹尹荆州》其二:"终朝陪北阁,清夜侍西园。"《太常卿

---

① 南皮,县名。《文选·与朝歌令吴质书》李善注引《汉书》曰:"渤海郡有南皮县。"治所在今河北省南皮县东北。

陆倕墓志铭》:"南皮朝宴,西园夜游。词锋飙竖,逸气云浮。"

兄弟与朋友们对于萧绎生活的描写,也多是称赞其赏景赋诗的儒雅宴游生活。萧纲《答湘东王书》云:

> 暮春美景,风云韶丽,兰叶堪把,沂川可浴。弟召南寡讼,时缀甘棠之阴;冀州为政,暂止褰襦之务。唐、景荐《大言》之赋,安、太述连环之辩。尽游玩之美,致足乐耶?(《广弘明集》卷二八)

《梁书》卷五〇《文学下·谢几卿传》:"普通六年,诏遣领军将军西昌侯萧渊藻督众军北伐,几卿启求行,擢为军师长史,加威戎将军。军至涡阳退败,几卿坐免官。居宅在白杨石井,朝中交好者载酒从之,宾客满坐。时左丞庾仲容亦免归,二人意志相得,并肆情诞纵,或乘露车历游郊野,既醉则执铎挽歌,不屑物议。湘东王在荆镇,与书慰勉之。"几卿答信,回忆了与萧绎诗酒交游的快乐生活:

> 仰寻惠渥,陪奉游宴,漾桂棹于清池,席落英于曾岨。兰香兼御,羽觞竞集,侧听余论,沐浴玄流。涛波之辩,悬河不足譬;春藻之辞,丽文无以匹。莫不相顾动容,服心胜口,不觉春日为遥,更谓修夜为促。嘉会难常,抟云易远,言念如昨,忽焉素秋。恩光不遗,善谑远降。

萧绎的诗歌中,还有一部分是游戏之作,如宫殿名诗、县名诗、姓名诗、将军名诗、屋名诗、车名诗、船名诗、歌曲名诗、药名诗、针穴名诗、龟兆名诗、兽名诗、鸟名诗、树名诗、草名诗、相名诗,共计16首,这些诗作是将某类事物如宫殿名、郡县名嵌入诗歌之中,是一种文字游戏,又被称作具名诗。自魏晋以来这种游戏诗歌就十分流行。明谢榛《四溟诗话》卷二:"孔融离合体,窦韬妻回文体,鲍照十数体、建除体,谢庄道里名体,梁简文帝卦名体,梁元帝歌曲名体、姓名体、鸟名体、兽名体、龟兆名体、针穴名体、将军名体、宫殿名体、屋名体、车名体、船名体、草名体、树名体,沈炯六府体、八音体、六甲体、十二属体。魏晋以降,多务纤巧,此变之变也。"游戏诗不仅要巧妙构思,更需要广博的知识。如《船名诗》:"天暝浮云飞,三翼自相追。池模白鹄舞,檐知青雀归。华渊通转堑,伏槛跨相矶。松涧流星影,桂窗斜月晖。思君此无极,高楼泪染衣。"诗中三翼、白鹄、青雀、楼实则都是船名。这对作者的知识储备也是一大考验。而齐梁隶事之风盛行,贵族喜欢较量记忆同类事物之多寡以显示才学之高下,萧绎受此风影响,作游戏之诗,亦是时代风气之典型反映。

　　表现女性的闺情、闺怨是当时诗作相当普遍的题材,也是萧绎诗歌表现的主要内容。如《寒闺》:"乌鹊夜南飞,良人行未归。池水浮明月,寒风送捣衣。愿织回文锦,因君寄武威。"寄送衣锦以申思念丈夫之情。又如《和弹筝人诗二首》其一:

横筝在故帷,忽忆上弦时。

旧柱离移处,银带手轻持。

悔道啼将别,教成今日悲。

横筝在当下,而一"故"字又勾连着过往,后四句历史现实交叉,造成时空错乱模糊之感,写尽物是人非的哀怨愁思之情。《春别应令四首》《戏作艳诗》《班婕妤》《闺怨诗》等等,则倾吐闺中女子感怀身世、哀愁自伤之情愫。

　　萧绎此类诗歌虽亦可归入宫体诗,细加体味,诗人主要抓住女性的悲苦、哀怨之类的情感集中描写,而与其他宫体诗人过分注重对女性的容貌、表情、姿态、动作以及衣着、用具乃至其居室和周围的自然环境作精细而具体的描绘有所不同。萧绎宫体诗创作注重情感的抒发表达,这一特点与其"吟咏风谣,流连哀思"的理论主张是互相表里的。故其诗歌往往有感动人心的力量,而不以情色诱惑取胜。

同时，萧绎创作了很多乐府诗，其中很大一部分是乐府横吹曲。如《骢马驱》诗：

> 朔方寒气重，胡关饶苦雾。
> 白雪昼凝山，黄云凤埋树。
> 连翩行役子，终朝征马驱。
> 试上金微山，还看玉关路。

《骢马驱》是汉乐府旧曲调名。《乐府诗集》卷二四《骢马》下云："一曰《骢马驱》，皆言关塞征役之事。"《乐府解题》曰："《汉横吹曲》，二十八解，李延年造。魏晋已来，唯传十曲。……后又有《关山月》《洛阳道》《长安道》《梅花落》《紫骝马》《骢马》《雨雪》《刘生》八曲，合十八曲。"此诗前半部分写边塞苦寒恶劣的气候，使人有置身边关之感；后半部分写"行役子"的奔波辛劳，结句"还看玉关路"，暗含思乡之意，感情含而不露，更加动人。清陈祚明《采菽堂古诗选》卷二二云："元帝拟汉《横吹》诸篇，非不雕琢隽句，而驱使虚字不确，往往少情。此首直致之作，末二语翻有意致。"《刘生》诗云：

> 任侠有刘生，然诺重西京。
> 扶风好惊坐，长安恒借名。
> 榴花聊夜饮，竹叶解朝酲。
> 结交李都尉，遨游佳丽城。

全诗慷慨激昂，激荡人心，颇有豪侠之气。其他如《燕歌行》《紫骝马》《关山月》，所用虽是乐府旧题，但气势昂扬，充满了悲壮之感，为唐代边塞诗的创作积累了经验。

南朝特别是梁代诗歌以表现宴游风流、男女之情为主要内容，在追求唯美、游戏为目的的风尚下，以表现边塞和闺怨的乐府诗却也十分盛行,是很值得注意的。日本学者入谷仙介认为,这些诗内容虽然和宫体诗迥异,却仍是适应唯美要求的产物。文明到了烂熟、颓废的时候,对美的追求固然朝向微妙、纤细的方向,同时也需要补充一些野性、原始、蛮荒的成分。这些边塞诗与其说是表现作者的爱国心和豪迈精神,不如说是为了满足对不同美感的需要,其游戏性和宫体诗没有两样,可以视之为宫体诗的另类。[①] 萧绎大量创作边塞诗,实则是尝试一种新的情感体验,追求一种新的美学精神,是践行自己"求新"的文学主张。

当然,萧绎的诗歌也存在题材狭窄、游戏之作过多等缺点。作为诸侯王,侯景之乱前,萧绎生活安定从容,不太有机会接触更广阔的生活,故其诗歌虽有较高的技巧,但内容贫乏。侯景之乱起,平静的生活被打破,萧绎在平定叛乱之中依然笔耕不辍,而其诗歌内容则有所丰富,诗风也由雍容婉约变为粗犷悲凉了。如《从军行》:

> 宝剑饰龙渊,长虹画彩旗。
> 山虚和铙管,水静泻楼船。
> 连鸡随火度,燧象带烽然。
> 洞庭晚风急,潇湘夜月圆。
> 荀令多文藻,临戎赋雅篇。

此诗一题作《和王僧辩从军》,约写在大宝元年(550)五月。此时王僧辩斩湘州刺史河东王誉,平定湘土后,以领军将军、大都督率军东下,进讨侯景。潇湘月圆,洞庭风急,气氛紧张急切,格调铿锵刚健,此已经不同于湘东苑中的风月了,"临戎赋雅篇",自别是一种情怀心境。

其他如《藩难未静述怀》《登城观战》《忆始安王》等,都能将自

---

① [日] 入谷仙介《王维研究》,中华书局 2005 年版,第 31 页。

己的经历和真情实感融入诗中。六朝诗歌至此开始跳出吟风咏月的狭小天地,向更广阔的道路发展了。

(二) 光与影

历史学家范文澜曾说:"到了梁朝,由于沈约一派的文人提倡声律,用事对偶以外再加上声律这个重要因素,因此诗和其他文笔形体上都由俳体逐渐向律体变化。自玄言诗以至对偶诗,大都是缺乏性情或者不敢露出真性情的诗,梁陈诗人却敢于说出真性情,虽然这种真性情多是污秽的,但终究是有了内容。代表这种形体和这种内容相结合的诗叫做宫体诗。"[①]范氏认为宫体诗在声律上对永明体有所继承和发展,此点前已经论述。

同时,范氏指出宫体诗在情感上相较玄言等诗,更自然真实,此在萧绎的作品中体现得尤为明显,因为萧绎主张文学就是要写情,尤其是诗歌,要做到"情灵摇荡"。萧绎的诗歌特别注重心理、情感描写,将女性的心潮起伏作为描写的重要主题,通过微妙的表情、动作变化表现女性的心理,有时亦感人至深。如《别诗二首》之一:"别罢花枝不共攀,别后书信不相关。欲觅行人寄消息,依常潮水暝应还。"通过"不共攀","不相关"写别后的相思之苦,而以潮水有信反衬"行人"的无情,又暗寓盼归之意,和唐李益《江南曲》"早知潮有信,嫁与弄潮儿"有异曲同工之妙。《登颜园故阁》:"衣香知步近,钏动觉行迟。""步近"写夫,"钏动"言己,写出了少妇知夫婿归来的急切趋奔之情。《戏作艳诗》:"入堂值小妇,出门逢故夫。含辞未及吐,绞袖且踟蹰。"今怀未已,故情有余,"绞袖"不安,踟蹰难行。

求新也是萧绎的诗歌主张和追求,现存萧绎的诗作就有不少刻意求新之作。如《春日》,句句用"春"字,全诗十八句,用了二十三个"春"字,虽模拟陶渊明《止酒》每句用"止"字,却在游戏之余又自有其妙处。如"春心日日异,春情处处多。处处春芳动,日日春

---

① 范文澜《中国通史简编》修订本第二编,人民出版社 1964 年版,第 413 页。

禽变。春意春已繁,春人春不见。不见怀春人,徒望春光新。""春"字的重复,句短语促,突显了春之来去匆匆之感,更让人感春伤怀。阎本评为:①"喜其调之屡变而不俳。"而鲍泉《奉和湘东王春日诗》则用二十九"新"字,游戏成分就更浓了。而十六首具名诗虽是游戏之作,但均构思精巧,属对工整。"多务纤巧,此变之变也。"(明谢榛《四溟诗话》卷二)

萧绎的诗歌对颜色并不敏感。虽然也能写出颜色生动艳丽的诗句,如"霞出浦流红,苔生岸泉绿"(《示吏民》),"霜戈临渐白,日羽映流红"(《藩难未静述怀》),"池红早花落,水渌晚苔生"(《纳凉》),"叶翠如新翦,花红似故栽"(《赋得咏石榴》),但多是大红大绿的常见颜色搭配,未见其特别的渲染构思。这可能和萧绎眼疾,视力不佳有关。反之,萧绎对于光影的变化特别敏感,同时,视觉的缺陷也成就了其嗅觉和听觉的敏锐,因此刻画光线的明暗变化,描绘若隐若现浮动的气息和声响成了其诗歌的一大特色。《晚景游后园》云:

> 高轩聊骋望,焕景入川梁。
> 波横山渡影,雨罢叶生光。
> 日移花色异,风散水文长。

雨过天晴,池塘水涨,倒映着山影,树叶上的雨滴在夕阳下熠熠生辉,花的颜色随着太阳的移动而时时不同。作者以"望"来统摄全篇,大自然的一切都在阳光普照下变化着。而《咏池中烛影》则写烛影在池水中的变化:"映水疑三烛,翻池类九微。入林如磷影,度渚若萤飞。"其他如"风入花枝动,日映水光浮"(《奉敕为诗》),"柳条恒扫岸,花气尽熏舟。水际含天色,虹光入浪浮"(《赴荆州泊三

---

① 明阎光世编《梁元帝集》八卷,收入《文选遗集》,今简称"阎本",其中有不少评语。

江口》），"戏蝶时飘粉，风花乍落香。高栏来蕙气，疏帘度晚光"
（《后临荆州》），"玉题书仙篆，金牓烛神光。桂影侵檐进，藤枝绕槛
长。苔文随溜转，梅气入风香"（《和鲍常侍龙川馆》），"昆明夜月光
如练，上林朝花色如霰""映日通风影朱幔，飘花拂叶度金池""若使
月光无近远，应照离人今夜啼"（《春别应令》四首），"娥月渐成光，
燕姬戏小堂。……竹密无分影，花疏有异香"（《春夜看妓》），"烛暗
行人静，帘开云影入"（《夜游柏齐》），"日度埘阴广，风横旗影浮"
（《落日射罴》），"鸣珂随蹦驶，轻尘逐影移。香来知骤近，汗敛觉风
吹"（《后园看骑马》），"暮春多淑气，斜景落高春。日照池光浅，云
归山望浓"（《游后园》），"带日交帘影，因吹扫席尘"（《咏阳云楼檐
柳》），"灯光入绮帷，帘影进屏风"（《咏秋夜》），"池水浮明月，寒风
送捣衣"（《寒宵三韵》），"近丛看影密，隔树望钗疏"（《看摘蔷薇》），
"香浮郁金酒，烟绕凤皇樽"（《和刘尚书兼明堂斋宫》），"从风疑细
雨，映日似游尘。乍若轻烟散，时如佳气新"（《咏雾》），"山虚和铙
管，水静泻楼船"（《从军行》），"龙吟澈水度，虹光入夜圆"（《姓名
诗》），"高春斜日下，佳气满栏楹。……白鸟翻帷暗，丹萤入帐明"
（《纳凉》），"临池影入浪，从风香拂衣"（《赋得兰泽多芳草》），光影
斑驳、暗香浮动，构成了萧绎诗歌的一道亮丽风景线。

　　萧绎的诗作在炼字、对偶、白描、格律等写作技巧方面，则为唐
代近体诗的形成和发展作出了贡献。清王夫之以为梁元帝萧绎为
七言小诗之祖，①并评《春别应令二首》云："七言小诗始于简文以
先。简文者，第三句皆用韵，则《乌夜啼》体耳。简文《孤雁》一篇，
未免轻俗已甚，不如元帝此二作之有意味也。……元帝二诗，恰与
刘梦得《浪淘沙》、白乐天《竹枝》合辙。盖中唐人于此一体殊胜盛
唐，中唐以兴会为主，雅得元音故也。元帝五言于诗家最为卑下，
而于此体则为元音。"②清吴乔《围炉诗话》卷一称《春别》为"似律之

---

　　①　《古诗评选》卷三于魏收《挟瑟歌》下评云："与元帝同为七言小诗之祖。"上海
古籍出版社 2011 年版，第 131 页。
　　②　《古诗评选》卷三，上海古籍出版社 2011 年版，第 130 页。

诗"。明代胡应麟《诗薮》内编卷三"古体下"称:"简文《乌栖曲》妙于用短,元帝《燕歌行》巧于用长,并唐体之祖也。"卷四"近体上"称:"齐、梁、陈、隋句有绝是唐律者……元帝'迭鼓随《朱鹭》,长箫应《紫骝》'……皆端严华妙。"《采菽堂古诗选》卷二二评《藩难未静述怀》"霜戈临垅白,日羽映流红":"'白'、'红'二字生动。"《古诗镜》卷一九评《从军行》"山虚和铙管,水净写楼船":"句琢而韵。"《采菽堂古诗选》卷二二评:"'山虚'二句佳,'水净'句尤活。"阎本评《姓名诗》"涛来如阵起,星上似烽燃":"俱从境造。"《六研斋笔记》卷四评《巫山诗》"树杂山如画,林暗涧疑空":"山之精采浮动,全借于树,树杂则穿插掩映,有幽深层沓之趣,元帝善画,二语已破山水之的。"

三、《玄览赋》

除诗歌外,萧绎还写有文章 120 余篇,这些文章中,有很大一部分是教、令、表、书信、碑铭、论等应用性文章。其中亦时有名作佳句。清许梿《六朝文絜》卷三选录有萧绎的《答劝进群下令》,评"侯景,项籍也;萧栋,殷辛也。赤泉未赏,刘邦尚曰汉王;白旗弗悬,周发犹称太子"诸句:"引古立案,构思精而撰语陋。"卷九选录《郑众论》,评"风生稽落,日隐龙堆;翰海飞沙,皋兰走雪"四句云:"写得浓至而有态,睹此光景,焉能不酸鼻痛心。"钱锺书曾评《摄山栖霞寺碑》"苔依翠屋,树隐丹楹。涧浮山影,山传涧声"数句,"'隐'字寻常,'依'字新切"。①

《隋书》卷七八《艺术·庾季才传》附子质传:"庾质,字行修,少而明敏,早有志尚。八岁诵梁世祖《玄览》《言志》等十赋,拜童子郎。"庾质七岁即能颂《玄览》《言志》等十赋,可知时人对萧绎的辞赋是颇为推崇的。今萧绎仅存有辞赋七篇,其中《玄览赋》《言志赋》《荡妇秋思赋》《采莲赋》均是辞赋佳作。《荡妇秋思赋》婉丽多

---

① 钱锺书《管锥编》,中华书局 1996 年版,第 1399 页。

情，清况周颐以为是"至佳之词境"，"看似平淡无奇，却情深而意真"（《蕙风词话》卷一）。《采莲赋》笔法细微，构思新巧，充满生活情趣。开篇即云："紫茎兮文波，红莲兮芰荷；绿房兮翠盖，素实兮黄螺。"以紫、红、绿、素（白）诸明亮之色，为人物设置了明快愉悦的活动背景。"棹将移而藻挂，船欲动而萍开"则很有画面感。"恐沾裳而浅笑，畏倾船而敛裾"以动作写心理，纤巧细致。"莲花乱脸色，荷叶杂衣香"构思别致，对唐人王昌龄《采莲曲》"荷叶罗裙一色裁，芙蓉向脸两边开"有直接影响。① 此赋亦入选了《六朝文絜》，许梿对其语言十分赞许，评"棹将移而藻挂，船欲动而萍开"二句："体物浏亮，斯为妙语。"评"尔其纤腰束素，迁延顾步"二句："生撰语，却佳。以有藻饰，所以读之不厌。"评"荇湿沾衫，菱长绕钏"二句："腴炼。"

萧绎最重要的辞赋之作当推《玄览赋》。该赋全文 3 700 余字，结构宏大，语言华美，是六朝少见的长篇大赋。

"玄览"一词，源自老子。《老子》云："涤除玄览，能无疵？"《文选》卷三张平子《东京赋》："睿哲玄览，都兹洛宫。"李善注："《老子》曰：涤除玄览。河上公曰：心居玄冥之处，览知万物，故谓之玄览。"两晋以来，"玄览"一词具有深刻洞察之意。陆机《文赋》有云："伫中区以玄览，颐情志于典坟。"萧绎此赋作于 545 年的十二月，时在江州刺史任上。此年萧绎已经三十八岁，任江州刺史也有六个年头了。在江州期间，萧绎曾经生了一场大病，以致气息奄奄，濒临死亡，由此其颇感人生无常，甚至立下遗嘱。此赋或即写在病愈之后，萧绎以"玄览"名篇，是想借此赋对自己一生做一次深刻的总结。钱锺书曾指出："《全梁文》卷一三梁元帝《玄览赋》洋洋四千

---

① 参王琳《六朝辞赋史》，世界图书出版公司 2014 年版，第 328 页。又，现代散文名家朱自清《荷塘月色》曾引用《采莲赋》，并云："采莲是江南的旧俗，似乎很早就有，而六朝时为盛；从诗歌里可以约略知道。采莲的是少年的女子，她们是荡着小船，唱着艳歌去的。采莲人不用说很多，还有看采莲的人。那是一个热闹的季节，也是一个风流的季节。""可见当时嬉游的光景。这真是有趣的事。"

言,追往事而述游踪。"①

同时,萧绎此赋还可能有与知己张缵的《南征赋》争胜之意。大同(543)九年,张缵出任湘州刺史,遂将从京师建康到湘州所经地域的山水风景和人文历史熔为一炉,写成了《南征赋》,全赋两千余字,是南朝赋史上的一篇鸿篇巨制。两年后,萧绎即写成《玄览赋》,内容更丰富,结构更庞大。

《玄览赋》构思非常巧妙。从表面看,《玄览赋》属于征行赋,且萧绎有意模仿西晋潘岳《西征赋》,如赋开篇云"萧子褰帷九水,作牧三宫"即仿《西征赋》"潘子凭轼西征,自京徂秦"(《文选》卷一○潘安仁《西征赋》)。全赋以行旅为线索来表现个人经历和情感,但却一反前人征行赋只记某一次行旅的模式,而是以任职时间先后为顺序将自己多年的仕宦踪迹融入一篇赋中。全赋以地点的转换来展开描写,故全赋读来,整体感觉仍是征行赋的面貌,只是这些地点本不在一条时间线上,而是萧绎历次仕宦地的串联,前后跨越了二十余年,故给人新奇繁复之感,体现了萧绎在赋作上的求新求变精神。《御制集·梁元帝》篇末无名氏小注云:"帝始封湘东王,为会稽太守,入尹丹阳,出牧荆州,后召为护军、领石头戍。至是复褰帷江州。追叙宦迹,综为兹篇。按河上公曰:'心居玄冥之处,览知万物,谓之玄览。'赋名本此。"此窥得了《玄览赋》的奥秘。

全赋采取了倒叙的方式,开篇即云"褰帷九水,作牧三宫",②表明此时萧绎在江州刺史任上。接着回忆自己始封湘东郡王(时在514年),"尔其湘水之东,即我龟蒙"。再写"琅台作守",出为南琅邪郡太守(时在517年)。"从王役于镜中,浮文鹢而载鸿",为会稽太守(时在519年)。"皇览揆余之忠诚,诏入谒于承明。既摄州于淮海,且作尹乎中京。"是萧绎入为侍中、丹阳尹(时在522年)。普

---

① 钱锺书《管锥编》,中华书局1986年第2版,第1181页。
② 三宫:《太平御览》卷一七三引《郡国志》曰:"庐山有三宫,上宫在悬崖之表,人所不及;次宫在山岩下,两边有阴阳沟,有石羊马,夹道相对;下宫在彭蠡湖际。"此代指江州。

通七年(526)，萧绎出为荆州刺史，故赋云"爰八命而建旟，诚非亲而勿居"。大同五年(539)，萧绎被召入为安右将军、护军将军，领石头戍军事，故云"奉信珪而入朝，驱驷马而乘轺"。"借鸿私而置传，复推毂而怀方。沂蛟川于汇泽，沿鹄塞于浔阳。"乃是大同六年(540)出为镇南将军、江州刺史事。赋以江州始，以江州结，前后照应，贯穿了自己的一生的仕宦经历。

其次，《玄览赋》结构宏大。全赋洋洋洒洒近四千字，总结了自己二十六年的仕宦生涯，赋前后时间跨度大，其中地点转换频繁。

萧绎在写每一段仕宦历程时，是从出发地一直写到到达仕宦地，将赴任沿途之所见所感皆融入赋中。如出为荆州刺史一节："开辕门于淮渚，泛舻皇之容与"，诗人是从淮水边乘船出发。进入今安徽内境内，在乌江边，自然想起了楚汉争霸的项羽，"泛楼船而郁纡，忆霸楚之雄图"。继续向前，进入长江，"途经灌垒"，泊于九井(在今安徽省当涂县南)。经过三国曹操、孙权发生争战的濡须(即濡须口，在今安徽省含山县西南濡须山附近)故巇时，诗人不禁感慨："斗二虎于江干，争两龙于修坂。"濡须再向前即是雷中。雷中即大雷戍(在今安徽省望江县)，为南朝军事重镇，有周公瑾、何无忌祠庙，诗人倘徉于此，"祀公瑾以桂酒，荐忠肃以椒浆"。经过下雉(县名。汉属江夏郡，治所在今湖北省阳新县东南)时想起了汉代淮南王刘安，"吊刘安于下雉，聊载怀于惇史"。"经钓台而高迈，过鄂渚而西浮"，在武昌(今湖北省鄂州市)，诗人见到"城逶迤而中断，阶陂陁而半留"，"看白沙而似雪，望却月而成眉"。此地是三国时孙吴都城之所在，故又想起了赤壁之战："吴水乡之舟檝，魏陆产之皋貔。本吴长而魏短，况地利与天时。结愤风而炎上，燎原火于惊飚。"最终诗人抵达荆州江陵。

同时，萧绎将仕宦地域的人文掌故、地理风貌和民俗物产巧妙融合，铺张扬厉，极貌以写物，颇能显示大梁的声威和气势。如其笔下的京师建康，以梁山为阙，淮河为带，城内瑞气浮动，遍布宫殿池苑、亭台楼阁：

　　详夫皇王爰处，本无定所：尧都平阳，舜在冀方；玄王居亳，成周卜洛。故知黄旗紫盖，域中为大。天地之所合，风雨之所会；荫美气之葱葱，浮卿云之霭霭。筝梁山而成阙，萦长淮而似带。昔者甘泉、晖章，平乐、未央，凌霄、飞雨，麒麟、凤凰，九华、仁寿，百福、明光，玉阶紫闱，雕柱锦墙，木兰为栋，文杏为梁。温台冬煗，秋窗夏凉；甲乙之帐，庚辛之方。未有祇园之右，齐之仁寿，用拟舟航，长为称首。日殿月宫，金池珠丛；七重迢递，千柱玲珑。虹桥左跨，雁苑南通；紫绀之堂临水，青莲之台带风。

而重镇荆州，则百姓安居乐业，物产富饶：

　　其旧渚宫也，夹江带阡，布护井田，通达交道，高门接连。人要水心之剑，家有给耕之田。既追随而得性，寔燕处而超然。若平台之中，观阁相通，雄梁渡水，壮翼临空。金堤之路，铜鞮之宫，阁写陵霄，楼布丽谯。横走马而为观，拟牵牛而作桥。尔乃树之榛栗，椅桐梓漆；三巴黄甘，千户朱橘。桃荫井而成蹊，萍浮江而泛实，蝉鸣枝而候稻，范飞冠而吐蜜。复有水底石发，山筋地骨，书带新抽，屏风互发。反魂长生，灵寿女贞，金盐玉豉，尧韭舜荣。交让之目，代谢之名，忘忧长乐，桃杷鼓筝。竹则筼筜、绿箨，交战、策皮，泪沾虞后，龙还葛陂，便娟防露，檀栾夹池。

　　《玄览赋》虽然内容丰富，但并不杂乱，得益于萧绎是按照仕宦时间的顺序来结构全篇的。此如同一棵大树，主干挺拔，虽有众多枝桠，反显得枝繁叶茂，结构宏大。

　　其三，《玄览赋》富有强烈的感情色彩。有学者指出："辞赋生机的焕发，还表现在大赋的体式功能得到一定的调动。魏晋以来，大赋仍有表现严正重大题材的习惯，不过与汉代不同的是，它已不限于国家政治生活之一端，更多更重要的是个人生活中的大事，如潘岳《西征赋》以及南北朝时期……梁元帝《玄览赋》。"①《玄览赋》是作者大病后的人生总结和反思，是个人经历情感的自由抒发表达，故而相对于汉大赋，少了几分庄严，而多了一些感性。萧绎赋予了《玄览赋》强烈的主观色彩。赋中字里行间流露出的是对大梁王朝深深的自豪感。父皇萧衍是神圣英明的：

> 惟天惟大，惟尧则之；惟地惟厚，惟王国之。粤我皇之握镜，实乃神而乃圣。陈六联于八则，弘九职于三令，运璇枢而御宇，执玉衡而齐政。大矣广矣，无德而称。俯觑颛于轩羲，谅斗筲于子姒；包《河图》与《洛书》，括龙官乎凤纪。超大德于百王，高鸿名于万祀。

太子萧纲博学儒雅，文学让汉明帝刘庄和三国时的曹丕折服，学问超过了汉时的班固和郑玄：

> 惟天纵于副后，逾启、诵而惟首。既论儒于肃成，复断狱于长寿。岂止丕、庄屈膝，将令班、郑捧箒。譬衢樽而待酌，若悬钟之须扣。前逾《系》《象》之外，声高洙泗之右。

萧绎此时对自己的能力也是极其自信的。作为诸侯王，"岂连镳于分陕，羡追踪于二公"，萧绎希望成为周公、邵公一样的人物。在地方为政，立德立功，"景树德之风声"，希望有所作为。但萧绎在《玄览赋》中，对自己的政绩很少描写，他极力营造的是政务之余的登山临水、赋诗作文的悠闲气氛，此反而更显作者从容不迫的宏大气魄。如为南琅邪郡太守时，"无复鸾歌凤舞，唯对绿柳青松"。

---

① 袁行霈主编《中国文学史》第二册，高等教育出版社 1998 年版，第 165 页。

在会稽太守任上,"想真长之送别,怀思旷之还山"。① 在荆州刺史任上,"藉务隙于登临,乃纷吾之本志"。

萧绎在赋中向往的是一种淡泊优雅、笃靖自然的学者生活:

> 观进退于我生,每笃靖而居贞。羞为金谷之富,不矫石间之清。每鞠躬而遵节,藉王道之既平。贵静者人所便,予得之于自然。

萧绎虽历经宦途,却不改初心,要以学术为终身使命,希望以著述终老:"幼坟藉以自娱,迄方今而不渝","嗟今来而古往,方绝笔于获麟"。这是萧绎"玄览"之后对人生理想更坚定的表达。

太清三年(549)六月,雍州刺史萧詧为缓解萧绎和湘州刺史萧誉的矛盾,派蔡大宝至江陵窥探萧绎的意图。"梁元素知大宝,见之甚悦,乃示所制《玄览赋》,令注解焉。三日而毕。梁元大嗟赏之,赠遗甚厚。大宝还,白詧云:'湘东必有异图,祸乱将作,不可下援台城。'"蔡大宝判断萧绎有野心,其重要的依据就是《玄览赋》,这和《玄览赋》具有宏大的气势和赋中透出萧绎从容自信的王者气象不无关系。

四是《玄览赋》的语言优美。《玄览赋》的语言秀雅纤巧,为后世称道。阎本评"皦光未旭,更筹曙促;犹然阳燧之火,尚执骊龙之烛。或带桃花之绶,乍响玄山之玉"云:"琅琅之声,穿花而近。"评"伤兔走之依株":"巧致。"评"飞新梅于倡粉,拂轻絮于房绵":"忽如晓奁乍启。"如写经过鄂渚一节:②

---

① 真长,东晋刘惔字真长。惔,雅善清谈。《晋书》卷七五有传。思旷,东晋阮裕字思旷。裕,淹通有理识,官侍中。有肥遁之志,还居会稽剡山。征金紫光禄大夫,不就,卒。《晋书》卷四九有传。《世说新语·方正》:"阮光禄赴山陵,至都,不往殷、刘许,过事便还。诸人相与追之。阮亦知时流必当逐己,乃遄疾而去,至方山不相及。刘尹时为会稽,乃叹曰:'我入,当泊安石渚下耳,不敢复近思旷傍。伊便能捉杖打人,不易。'"

② 鄂渚即今湖北省鄂州市,三国时吴曾建都于此。

　　　　冬已谢而春辞，聊方舟而水嬉。看白沙而似雪，望却月而
　　成眉。临石渚其如镜，玩弱柳其犹丝。停赤壁而延伫，聊怆望
　　而方思。吴水乡之舟楫，魏陆产之皋貔，本吴长而魏短，况地
　　利与天时。结愤风而炎上，燎原火于惊飔。灰雾霏而击马，箭
　　参差而丽龟。

写景清新，明丽可爱；写人文典故笔端含情，自然感人。

四、萧绎与西府文士

　　作为文坛领袖，萧绎不仅提出了鲜明的文学主张，有丰富的文
学创作实践，还团结了一批文学创作人才，形成了西府文学集团。

　　自萧绎封为湘东郡王，就有侍读贺革、臧严陪侍左右。天监十
六年(517)，萧绎出为南琅邪、彭城两郡太守、宁远将军，更有大批
僚属跟随。① 如王筠，"兼宁远湘东王长史，行府、国、郡事"(《梁书》
卷三三《王筠传》)，王僧辩，"起家为湘东王国左常侍。王为丹阳
尹，转府行参军。王出守会稽，兼中兵参军事。王为荆州，仍除中
兵，在限内"(《梁书》卷四五《王僧辩传》)。随着官职的变迁，僚属
也越来越多，这批僚属大致可以分为文士和武臣两部分，"文士集
团乃指以各种形式聚集于萧绎幕府中进行文学创作或著述活动之
文人"。② 萧绎在《与萧挹书》中云："比暇日无事，时复含毫，颇有赋
诗，别当相简。但衡巫峻极，汉水悠长；何时把袂，共披心腹。"描写
的就是和属僚文士们诗酒唱和的情形。衡巫是衡山和巫山的并
称。由"衡巫"和"汉水"可知，时萧绎为荆州刺史。萧绎《落日射
罴》诗云："促宴引枚邹，中园观兽侯。"西汉枚乘、邹阳都曾为梁孝
王门客。萧绎用枚邹以喻自己的臣属。又，《太平御览》卷一九六

---

　　① 《隋书》卷二六《百官志》："亲王起家则为侍中。若加将军，方得有佐史，无将
军则无府，止有国官。"
　　② 名单参黄鼎叡撰《梁元帝萧绎研究》第三章第三节"萧绎王府僚属表"，台湾淡
江大学 2008 年硕士论文。

引《渚宫故事》曰:"湘东王于子城中造湘东苑……北有正武堂,堂前有射埘、马埒。其西有乡射堂,堂安行埘,可得移动。"则《落日射罴》也当作于萧绎为荆州刺史期间。而就在荆州刺史任上,围绕在萧绎周边,形成了著名的"西府文学集团"。① 所谓西府,"从广义上来说,则指江、荆、雍一带,因其都在建康以西,故称为西府。从狭义上说,'西府'就是萧绎任荆州刺史时的江陵藩府。"②据统计,参加西府文学集团的成员有:刘之遴、贺革、臧严、宗懔、周弘直、庾曼倩、刘孝绰、鲍泉、刘缓、刘毅、颜协、顾协、鲍几、庾乔、范胥、刘杳、江德藻、陆云公、刘之亨、王籍、褚沄、何思澄、刘孝胜、顾越、到镜、庾肩吾、徐君蒨、徐陵、江禄、孔奂、殷不害、鲍宏、张嵊、朱詹、沈众、阴铿、王冲、姚僧垣、鲍检、刘璠、萧贲、颜之推、许亨、沈炯、王褒、徐俭、颜之仪、张正见、刘孝先、张给、庾信、颜晃、鱼弘、徐绲、萧淑、王兢、虞预、丁规、王孝祀等人。③ "其中,萧绎、刘缓、鲍泉、周弘直、刘孝绰、徐君蒨、徐陵、宗懔、阴铿、颜之推以及后来的王褒、庾信等人都是集团的主要成员和集团文学活动的主要参与者。"④

西府文学集团的主要活动有三:一是日常唱和活动。如刘缓《杂咏和湘东王三首·秋夜》《杂咏和湘东王三首·寒闺》《看美人摘蔷薇花诗》、朱超道《奉和登百花亭怀荆楚》、阴铿《追和登百花亭怀荆楚》、鲍泉《奉和湘东王春日诗》、王褒《咏雾应诏诗》、庾肩吾《奉和药名诗》、何思澄《奉和湘东王教班婕妤》、孔翁归《奉和湘东王教班婕妤》等。此活动一直持续到梁代灭亡前。萧绎有《宴清言殿作柏梁体》,参与联句者除萧绎外,还有侍中尚书仆射王褒和吏部尚书刘毅。吴光兴《萧纲萧绎年谱》系此事于"承圣二年(553)"下,云:"帝宴清言殿,作柏梁体诗。……按,据

<hr>

① 《南史·梁本纪卷八·元帝纪》:"乃开镇西府,辟夫下士。"
② 胡大雷《宫体诗研究》认为"萧绎文学集团"人数达到了近四十人,商务印书馆2004年版,第214页。钟仕伦《萧绎与西府新文》认为这一集团人数可达七十多人,《四川师范大学学报(社会科学版)》1992年第4期。
③ 参刘海燕《萧梁西府文学研究》,河北大学2008年硕士学位论文。
④ 同上。

《梁书·元帝纪》：'（承圣二年正月）戊寅，以吏部尚书王褒为尚书右仆射，刘毅为吏部尚书。'姑系此次君臣诗歌活动于是岁。"①史载："褒曾作《燕歌行》，妙尽关塞寒苦之状，元帝及诸文士并和之，而竞为凄切之词。"（《周书》卷四一《王褒传》）今存有萧绎、王褒、萧子显、庾信之《燕歌行》。吴光兴《萧纲萧绎年谱》系此事于"承圣二年（553）"下。

除内部唱和外，西府文学集团和其他诸侯及其幕府成员也有诗文唱和往来，尤其是和萧纲文学集团互动频繁。萧绎有《对烛赋》，《艺文类聚》卷八〇引有梁简文帝《对烛赋》和庾信《对烛赋》；萧绎有《采莲赋》，《艺文类聚》卷八二引有梁简文帝《采莲赋》；萧绎有《鸳鸯赋》，《艺文类聚》卷九二引有梁简文帝《鸳鸯赋》和庾信《鸳鸯赋》；萧绎有《春别应令四首》，《玉台新咏》卷九有梁简文帝萧纲《和萧侍中子显春别四首》，萧绎当是奉萧纲令和萧子显而作。萧绎有《咏阳云楼檐柳》，《艺文类聚》卷八九引有梁简文帝《和湘东王阳云楼檐柳诗》。②又，梁鄱阳忠烈王萧恢卒于荆州，诏以世子萧范权监州任，以待新任刺史湘东王绎。萧范"虽无学术，而以筹略自命。爱奇玩古，招集文才，率意题章，亦时有奇致。尝得旧琵琶，题云'齐竟陵世子'。范嗟人往物存，揽笔为咏，以示湘东王，王吟咏其辞，作《琵琶赋》和之"（《南史》卷五二《梁宗室·鄱阳忠烈王传》附世子范传）。萧范作诗，萧绎和以赋，是使诗赋可以跨界交流了。

二是典籍的编撰。除自著书外，萧绎也和同僚一块著述。如《忠臣传》三帙三十卷，萧绎自注："金楼自为序。"《南史》卷七六《隐逸传·阮孝绪》："湘东王著《忠臣传》《集释氏碑铭》《丹阳尹录》《研神记》，并先简孝绪而后施行。"《艺文类聚》卷二〇引有梁王筠《答

---

①　吴光兴《萧纲萧绎年谱》，社会科学文献出版社 2006 年版，第 367—368 页。

②　萧绎和萧统等也偶有唱和。如《和弹筝人》二首，就是和昭明太子萧统《咏弹筝人诗》。萧绎有《去丹阳尹尹荆州》，而《艺文类聚》卷五〇引有徐勉《和元帝诗》和萧琛《和元帝去丹阳尹尹荆州》。

湘东王示忠臣传笺》。《研神记》一帙一卷,萧绎自注:"金楼自为序,付刘毂纂次。"刘毂,字仲宝。善辞翰,随湘东王在蕃十余年,当时文檄皆其所为。《南史》卷五〇《刘瓛传》有附传。《晋仙传》一帙五卷,萧绎自注:"金楼使颜协撰。"颜协,字子和,颜之推之父。释褐湘东王国常侍,又兼府记室。萧绎出镇荆州,转正记室。《梁书》卷五〇、《南史》卷七二有传。《梁书》本传:"协所撰《晋仙传》五篇、《日月灾异图》两卷,遇火湮灭。"唐僧皎然《杼山集》卷六《五言赋颜氏古今一事得〈晋仙传〉送颜逸》题下有自注云:"梁湘东王国常侍颜协著《晋仙传》五篇。"《繁华传》一帙三卷,萧绎自注:"金楼使刘缓撰。"《玉子诀》一帙三卷,自注:"金楼付刘缓撰。"刘缓,字含度。萧绎为荆州刺史时,缓为其府记室,时西府盛集文学,缓居其首。《梁书》卷四九、《南史》卷七二有传。《语对》三帙三十卷,《隋书》卷三四《经籍志》:"《语对》十卷,朱澹远撰;《语丽》十卷,朱澹远撰。"《直斋书录解题》卷一四类书类:"《语丽》十卷,梁湘东王功曹参军朱澹远撰。"《奇字》二帙二十卷,萧绎自注:"金楼付萧贲撰。"萧贲,字文奂。起家湘东王萧绎法曹参军。贲有文才,好著述。尝著《西京杂记》。《南史》卷四四有传。《长州苑记》一帙三卷,萧绎自注:"金楼与刘之亨等撰。"刘之亨,字嘉会。曾代兄刘之遴为安西湘东王萧绎长史。《梁书》卷四〇、《南史》卷五〇有传。《食要》一帙十卷,萧绎自注:"金楼付虞预撰。"虞预,萧绎僚属。《北齐书》卷四五《文苑·颜之推传》载之推《观我生赋》曰:"仗御武于文吏,以虞预为郢州司马,领城防事。"《碑集》十帙百卷,萧绎自注:"付兰陵萧贲撰。"《辩林》二帙二十卷,《隋书》卷三四《经籍志》著录为萧贲撰。姚振宗《隋书经籍志考证》:"此《辨林》大抵亦付萧贲撰,而独不注,岂转写佚失欤?"[①]《补阙子》一帙十卷,萧绎自注:"金楼为序,付鲍泉、东里撰。"鲍泉,字润岳。泉博涉史传,兼有文笔。少事萧绎,及萧绎承制,累迁信州刺史。萧绎以长子方诸为郢州刺史,泉为长

---

① 姚振宗《隋书经籍志考证》,清华大学出版社 2014 年版,第 1295 页。

史,行府州事。后为侯景所杀。《梁书》卷三〇、《南史》卷六二有传。东里,疑为任昉之第四子。《梁书》卷一四《任昉传》:"昉第四子东里,颇有父风,官至尚书外兵郎。"《谱》一帙十卷。萧绎自注:"金楼付王竞撰。"王竞,生平无考。《梦书》一帙十卷,萧绎自注:"金楼使丁觇撰。"丁觇,《颜氏家训》卷二《慕贤》:"梁孝元前在荆州,有丁觇者,洪亭民耳,颇善属文,殊工草隶;孝元书记,一皆使之。"《法书要录》:"丁觇与智永同时人,善隶书,世称'丁真永草'。"《法书会要》:"陈世丁觇亦工飞白。"《诗英》一帙十卷,萧绎自注:"付琅琊王孝祀撰。"王孝祀,《资治通鉴》卷一六三《梁纪十九》"简文帝大宝元年"二月:"绎遣舍人王孝祀等送子方略为质以求和,魏人许之。"《内典博要》三帙三十卷,疑此书为萧绎付虞孝敬撰。《旧唐书》卷四七《经籍志》:"《内典博要》三十卷,虞孝景(此当是避讳改字)撰。"《新唐书》卷五九《艺文志》:"虞孝敬《高僧传》六卷,又《内典博要》三十卷。"《通志》卷六七:"《内典博要》三十卷,虞孝恭(此当是避宋庙讳改字)撰。"《法苑珠林》卷一一九:"《内典博要》一部四十卷,右湘东王记室虞孝敬撰。"

又,《隋书》卷三五《经籍志》"集部·总集"著录:"《西府新文》十一卷,并《录》。梁萧淑撰。"《颜氏家训·文章篇》:"吾家世文章甚为典正,不从流俗。梁孝元在蕃邸时,撰《西府新文》,讫无一篇见录者,亦以不偶于世,无郑、卫之音故也。"可见《西府新文》实乃萧绎令萧淑编纂,疑成书于大同之初。吴光兴认为,《隋书·经籍志》列《西府新文》于诗类,则其可能是一部诗集选:"《颜氏家训·文章篇》以之为'郑卫之音',显然是一部类似《玉台新咏》的著作。可能就是为了配合《玉台新咏》而编。今传《玉台新咏》收有萧纲《和湘东王横吹曲三首》《和湘东王三韵二首》《和湘东王名士悦倾城》,武陵王萧纪《和湘东王夜梦应令》,庾肩吾《和湘东王春宵应令》,刘孝威《奉和湘东王冬晓应令》,鲍泉《杂咏湘东王三首》。仅从这些诗题,就可以看出,在大肆写作宫体诗的活动中,湘东王萧绎非常活跃与积极……事实上,梁中大通、大同之后的新文风,是由萧纲、萧绎兄弟连袂领导的。"①萧绎可称之宫体诗的副领袖。

三是江陵校书。侯景之乱中,萧绎占据的江陵局势比较稳定,"朝士多往归之"(《陈书》卷二一《萧引传》)。萧绎平侯景后,将建康之书运至江陵,并组织学士校书。颜之推《观我生赋》"或校石渠之文"自注云:"王司徒表送秘阁旧事八万卷,乃诏比校,部分为正御、副御、重杂三本。左民尚书周弘正、黄门郎彭僧朗、直省学士王珪、戴陵校经部,左仆射王褒、吏部尚书宗怀正、员外郎颜之推、直学士刘仁英校史部,廷尉卿殷不害、御史中丞王孝纪、中书郎邓荩、金部郎中徐报校子部,右卫将军庾信、中书郎王固、晋安王文学宗善业、直省学士周确校集部也。"②

可见,通过"业缘"关系,以萧绎为中心的西府文学集团,在创作上相互切磋砥砺,同时和萧纲文学集团遥相呼应,共同推进了当时文学的发展。而通过编撰书籍、校对典籍等活动,也推进了当时学术的发展。

---

① 参吴光兴《萧纲萧绎年谱》前言,社会科学文献出版社 2006 年版,第 21 页。
② 《北齐书》卷四五《文苑传·颜之推》。

第七章 "获麟于《金楼》之制"

　　《金楼子》是萧绎撰写的一部子书著作,也是萧绎众多著述中影响最大的一部。四库馆臣评价道:"其书于古今闻见事迹,治忽贞邪,咸为苞载。附以议论,劝戒兼资,盖亦杂家之流。"(《四库全书总目·金楼子》)清谭献以为:"自以为儒家之书,前则《鸿烈》《论衡》,后则《金楼》《家训》,皆志在立言,文采灿然者矣。"(谭献《复堂日记》卷五)日本学者兴膳宏则认为:"虽然《金楼子》长期以来未受到充分重视,但我认为,这部著作不仅对了解还有许多问题尚待解决的南北朝后期社会,而且对理解当时的文人代表人物萧绎,都是具有深远意义的宝贵资料。"①

一、金楼子

　　"金楼"是萧绎为湘东王时的自号。萧绎自号"金楼",当在其青少年时期。《金楼子·序》自称"年在志学",即撰《金楼子》。"志学"一词源自《论语·为政》:"吾十有五而志于学。"后世借指十五

---

　　① [日]兴膳宏《由儿子写的一篇母亲传——关于〈金楼子·后妃传〉》,收葛晓音主编《汉魏六朝文学与宗教》,上海古籍出版社2005年版,第8页。

岁。则此时萧绎即以"金楼"为号了。《金楼子·著书篇》《连山》三帙三十卷"下萧绎自注:"金楼年在弱冠著此书。""《金楼秘诀》一帙二十二卷"下自注:"金楼纂。"足证萧绎对此自号还是很喜欢和颇为自鸣得意的。

然萧绎何以自号金楼,其文章著述并未作过解释,此不禁引发了人们的诸多猜测。

"金楼"或许和萧绎的宗教信仰有关。

佛教典籍中有不少关于"金楼"的记载和传说。后秦佛陀耶舍共竺佛念译《佛说长阿含经》第三卷载,妙匠天造法殿,"法殿上有八万四千宝楼。其金楼者银为户牖"。同书卷四也记载:"王即升法殿,入金楼观,坐银御床。"西晋沙门法立、法炬译《大楼炭经》卷六云:"城中有金楼观宫殿,名阎浮清净。"金碧辉煌的宫殿,更显法相庄严,佛法无边。萧绎的父亲萧衍、母亲阮修容俱好佛法,萧绎受他们影响,亦喜好佛教。其用佛教"金楼"典故,不无可能。[①]

然在道教传说中,也有所谓真金装饰的楼台。如《抱朴子》内篇《杂应》载:老君"金楼玉堂,白银为阶"。而在萧绎之前,道家中已有号"金楼"的人物。《抱朴子》内篇《黄白》云:"金楼先生所从青林子受作黄金法。"《金楼子·志怪篇》亦载:"前金楼先生是嵩高道士,多游名山,寻丹砂。"萧绎小时即喜好占卜、诵咒,对道教之学十分好奇和热爱,其自号"金楼",也有受道教影响的可能性。除《金楼子》外,萧绎还撰有《金楼秘诀》一帙二十二卷,书下自注云:"即《连》杂事。"今人辛德勇认为:"'连'应指'连山',所以与《连山》同属一类。"[②]此论可信,则《金楼秘诀》就是一部辑录《连山》杂事的著作。而在萧绎看来,《连山》是一部夏朝产生的讲筮法的书,从性质

① 梁武帝《欢闻歌》一:"艳艳金楼女,心如玉池莲。持底极郎思,俱期游梵天。"此"金楼"亦有佛教意味。

② 辛德勇《由梁元帝著述书目看两晋南北朝时期的四部分类体系——兼论卷轴时代卷与帙的关系》,中华书局《文史》第四九辑,第52页。

上讲,它和道教讲道术一类的书籍更为接近。① 故其将自己纂集《连山》的杂事,名为《金楼秘诀》,此也可看出萧绎受到道家影响。

"金楼"和道教关系更为密切,还可以从《金楼子》书名的命名缘由得到证明。萧绎以自号命名子书著作,是受到了晋代皇甫谧和葛洪的影响。《金楼子》前序曰:"今纂开辟已来,至乎耳目所接,即以先生为号,名曰《金楼子》。盖士安之玄晏,稚川之抱朴者焉!"士安是西晋皇甫谧的字,谧自号玄晏先生。《晋书》卷五一《皇甫谧传》载:"(谧)沉静寡欲,始有高尚之志,以著述为务,自号玄晏先生。……又撰《帝王世纪》《年历》《高士》《逸士》《列女》等传、《玄晏春秋》,并重于世。"②东晋葛洪字稚川,号抱朴子,著有《抱朴子》。葛洪"自号抱朴子,因以名书"(《晋书》卷七二《葛洪传》)。皇甫谧和葛洪均以自号来命名自己的著作,萧绎亦仿效前人,以"金楼"来命名自己的子书著作。翻查《金楼子》全书,对皇甫谧和其著作少有提及,而对葛洪的著作和《抱朴子》则多有引用,如《著书篇》载:"又使孔昂写得《前汉》《后汉》《史记》《三国志》《晋阳秋》《庄子》《老子》《肘后方》《离骚》等。"《肘后方》原名《肘后救卒方》,是葛洪将其所著《金匮药方》撮要而成。《立言篇》云:"譬金舟不能凌阳侯之波,玉马不能偶骐骥之迹。"语即源自《抱朴子》外篇《用刑》:"金丹不能凌阳侯之波,玉马不任骋千里之迹也。"是篇还有多处源出《抱朴子》,如"是犹炙冰使燥,积灰令炽",源自《抱朴子》外篇《刺骄》:"欲望肃雍济济,后生有式,是犹之炙冰使燥,积灰令炽矣。""如轻埃之应风,似宵虫之赴烛也",源自《抱朴子》外篇《疾谬》:"慕之者犹宵虫之赴明烛,学之者犹轻毛之应飚风。"在《金楼子·自序篇》中,萧绎还直接引用葛洪《抱朴子》中的话语,表达对这位前辈的崇

① "梁元帝把《连山》一类书视同《周易》,列入甲部,只能看作是一个特例,并不能说明经部包含有占筮这样的类目。"辛德勇《由梁元帝著书目看两晋南北朝时期的四部分类体系——兼论卷轴时代卷与帙的关系》,中华书局《文史》第四九辑,第52页。

② 《文选》卷四五《三都赋序》李善注:"谧自序曰:'始志乎学,而自号玄晏先生。'玄,静也。晏,安也。先生,学人之通称也。"

敬和对自己的勉励。王利器认为:"《抱朴子》亦尝称引金楼先生,而道教典籍固有《金楼经》(见《酉阳杂俎·前集》卷二《玉检》),《金楼子》卷六《自序篇》曰:'昔葛稚川《自序篇》曰:"读书万卷,十五属文。"'则梁元帝不仅以金楼子自名,且以《抱朴子》自况矣。"①

以"金楼"而称子,可知萧绎是有意要创作一部子书的。可以说,《金楼子》是作者花费了一生时间去辛勤撰写,并且寄予最大期望的著作。萧绎希望此书传诸后世而使自己"不朽",甚至说:"生也有涯,智也无涯,以有涯之生,逐无涯之智,余将养性养神,获麟于《金楼》之制也。"(《金楼子·立言上》第 40 节)

二、躬自搜纂

萧绎年在"志学"即十五岁就开始"躬自搜纂",创作《金楼子》,期间历经艰辛,经过三十余载,终于成书。

南北朝时期,诸侯王闲暇之余,或诗酒聚会,或啸傲山林,亦有附庸风雅,编纂著述,留名后世者。但这些著作多是臣僚下属代笔之作,署以主事者或倡导者的名字。即使是萧绎,其在《金楼子·著书篇》中,亦不避讳请他人代为著述之事。《著书篇》著录了萧绎创作的 38 部著作,其中至少有 16 部明确注明是让他人代为撰写的或与人合撰的。在当时,这是一种很普遍的著述方式,达官贵人之著述多采用这种方式完成,如萧衍之《通史》、萧统之《文选》、萧纲之《法宝连璧》,均为人所认可和接受。但可以肯定的是,《金楼子》是由萧绎独立完成的著作。

首先,《金楼子·序》开篇即表达了对《吕氏春秋》和《淮南子》的鄙视轻蔑之情:"常笑淮南之假手,每嗤不韦之托人。"究其原因,就是因为二书均出自众人之手,而非吕不韦和淮南王刘安自己独立完成的。《史记》卷八五《吕不韦传》载:"是时诸侯多辩士,如荀

---

① 《金楼子与抱朴子》,见王利器著《葛洪论》,台湾五南图书出版公司 1997 年版,第 109 页。

卿之徒,著书布天下。吕不韦乃使其客人人著所闻,集论以为八览、六论、十二纪,二十余万言。以为备天地万物古今之事,号曰《吕氏春秋》。"《汉书》卷四四《刘安传》载:"淮南王安为人好书鼓琴,不喜弋猎狗马驰骋,亦欲以行阴德拊循百姓,流名誉。招致宾客方术之士数千人,作为《内书》二十一篇,《外书》甚众。又有《中篇》八卷,言神仙黄白之术,亦二十余万言。"萧绎自己独立完成了《金楼子》,当然可以在《序》中嗤笑吕不韦和刘安,以此表明自己著述的高明,颇有自得之意。

其次,萧绎的四知己之一裴子野曾经提议萧绎仿效《吕氏春秋》《淮南子》,让宾客僚属来帮助撰写此书,避免自己的辛劳:"子何不询之有识,共著此书,曷为区区自勤如此?"萧绎回答说:

> 夫荷旆被毳者,难与道纯绵之致密;羹藜含糗者,不足与论大牢之滋味。故服绨绤之凉者,不苦盛暑之郁烦;袭貂狐之暖者,不知至寒之凄怆。予之术业,岂宾客之能窥?斯盖以莛撞钟,以蠡测海也!予尝切齿淮南、不韦之书,谓为宾游所制;每至著述之间,不令宾客窥之也。

事实上,萧绎并不拒绝臣僚为自己撰写著作,且当时湘东府中,人才济济,尤多文学之士,除著述外,其文翰书信亦常常出自他人之手,如《南史》卷五〇《刘显传》载:"显从弟珏,字仲宝。形貌短小,儒雅博洽,善辞翰,随湘东王在蕃十余年,宠寄甚深。当时文檄皆其所为。"然何以《金楼子》就不让宾客合撰呢?此正说明《金楼子》是萧绎最看重的一部书,他对此书寄予了太多的希望,希望将此书写成"一家之言"而流传后世。萧绎对自己的学术是非常自信的,认为宾客无法了解和企及,而《金楼子》就是自己学术的终极体现,让宾客参与创作会降低此书的价值,故萧绎绝不让他们插手其间。

其三,在《金楼子》中,我们可以清楚地发现作者萧绎自始至终都亲自撰写的痕迹,甚至能够勾勒出该书创作的时间轨迹。《序》

称:"由是年在志学,以为一家之言。"萧绎十五岁,时在普通三年(522)已经萌发了撰写《金楼子》的想法,可算作此书创作的开始。后萧绎对裴子野袒露心迹,称"隆暑不辞热,凝冬不惮寒,著《鸿烈》"。① 裴子野卒于中大通二年(530),时萧绎二十三岁。

《杂记篇上》又载:"余作《金楼子》未竟,从荆州还都。"萧绎于普通七年(526)至大同五年(539)、太清元年(547)至承圣元年(552)两度出任荆州刺史。而"从荆州还都"是指大同五年(539)卸荆州刺史任返京时,因为547年后萧绎就没离开过荆州。此时萧绎三十二岁。

《立言篇上》载:"颜回希舜,所以早亡;贾谊好学,遂令速殒。扬雄作赋,有梦肠之谈;曹植为文,有反胃之论。生也有涯,智也无涯,以有涯之生,逐无涯之智,余将养性养神,获麟于《金楼》之制也。"此感慨生命短暂,将以《金楼子》作为自己的绝笔之作,文或写在萧绎生命的晚期。

《金楼子》的创作时间其实是非常漫长的,而其中各篇的完成时间也各有先后。我们可以笼统说《金楼子》的创作始于普通三年(522),而其完成时间则需要根据各篇透露出来的线索具体考证。如果我们能耐心的阅读完下文略显繁琐的考证,对萧绎始终不渝坚持创作《金楼子》的决心和毅力当生发出无限由衷的敬佩之情。

《序》。此序提到了《金楼子》的写作开始时间,即"年在志学"之十五岁。文中又说:"粤以凡庸,早赐茅社,祚土潇湘,搴帷陕服,

---

① 《金楼子·立言篇上》。《鸿烈》即《湘东鸿烈》。《隋书》卷三四《经籍志》"《鬼谷子》三卷"下注:"梁有《补阙子》十卷,《湘东鸿烈》十卷,并元帝撰。亡。"姚振宗《隋书经籍志考证》:"案此一篇《金楼子·立言》所引)似即《湘东鸿烈》之序文,《淮南》内篇号曰《鸿烈》,意盖仿其名称,以此为内篇欤? 而自为著述,不令宾客参预,则谓异于《淮南》也。称湘东则在未即位之前。此与《补阙子》两书虽曰'梁有'而皆非《七录》所载,其列于纵横家者,岂其文辩仿战国策士之所为,亦略如《补阙子》者欤? 诸书罕见引述,莫得而详。《金楼子·著书篇》未见记录,则残缺之余,不免遗漏也。"吴光兴《萧纲萧绎年谱》附录二《萧绎著述考·湘东鸿烈》:"萧绎既以《湘东鸿烈》与《吕氏春秋》《淮南子》相模拟,《湘东鸿烈》与《金楼子》卷数亦同,疑'湘东鸿烈'者,乃《金楼子》一书之初名。"社会科学文献出版社2006年版,第417页。

早摄神州，晚居外相。"所谓外相，是指朝廷重臣而都督诸军且主政方面者。如《晋书》卷六六《陶侃传》载：侃为使持节、侍中、太尉、都督荆江雍梁交广益宁八州诸军事、荆江二州刺史。史臣评价陶侃："超居外相，宏总上流。"此即是明证。《梁书》卷五《元帝纪》载：太清元年，萧绎为使持节、都督荆雍湘司郢宁梁南北秦九州岛诸军事、镇西将军，荆州刺史，"（太清）三年三月，侯景寇没京师。四月，太子舍人萧歆至江陵宣密诏，以世祖为侍中、假黄铖、大都督中外诸军事、司徒承制，余如故。"①这就是萧绎所谓的"晚居外相"，时在太清三年（549）。

《兴王篇》。文中称父亲梁武帝萧衍为"梁高祖武皇帝"，萧衍谥曰武，庙号高祖，可知《兴王篇》写作时萧衍已经去世，时在549年。② 又，《资治通鉴》卷一六三《梁纪十九》"大宝元年"载："绎自去岁闻高祖之丧，以长沙未下，故匿之。（夏四月）壬寅，始发丧，刻檀为高祖像，置于百福殿，事之甚谨，动静必咨焉。绎以为天子制于贼臣，不肯从大宝之号，犹称太清四年。"既然萧绎有意隐瞒父亲的死讯，当然不会在《金楼子》中提父亲为"梁高祖武皇帝"，故此篇完成在萧衍去世后的第二年以后，即550年以后。

《箴戒篇》。具体完成时间无可考。

《后妃篇》。文中最后写到萧绎母亲阮修容的去世："大同九年，太岁癸亥，六月二日庚申薨于江州之内寝，春秋六十七。"此文当作于大同九年（543）后。下文又提到"乙丑岁之六月，气候如平生焉。"乙丑岁为大同十一年（545）。据《礼记·三年问》："三年之丧，二十五月而毕。"阮修容大同九年（543）六月卒，至此二十五月，正是除服之时。值得注意的是，《后妃篇》所载有虞二妃、汤妃有㜪

---

① 余嘉锡《余嘉锡说文献学·目录学发微》卷三认为："考太清三年，侯景寇没京师，密诏以帝为侍中，假黄铖大都督中外诸军事，司徒承制，所谓'晚居外相'也。"上海古籍出版社2001年版，第100页。

② 《梁书》卷三《武帝纪》："（太清三年）冬十一月，追尊为武皇帝，庙曰高祖。乙卯，葬于修陵。"

氏女、光烈阴后丽华、汉明德马皇后,此五位实则是正妃或皇后,而阮修容生前并非皇后,无法和她们相提并论。而《梁书》卷七《高祖阮修容传》载:"世祖即位,有司奏追崇为文宣太后。"则此文应该是完成于萧绎登基后不久,即承圣元年(552)左右。

《终制篇》。萧绎曾大病,以至"气息绵微,虑不支久",正是考虑到自己可能不久于人世,故促发萧绎写作了《终制篇》,记载自己的遗嘱,表达薄葬的主张。《颜氏家训》卷二《风操》:"梁孝元在江州,尝有不豫。"萧绎疾笃是在江州刺史任上。据《梁书》卷三《武帝纪》及卷五《元帝纪》,萧绎大同六年(540)十二月为江州刺史,至太清元年(547)正月方改任荆州刺史。又,萧绎遗嘱云:"吾之亡也,可以王服周身,示不忘臣礼。"则此时萧绎尚未登基。可以推知《终制篇》完成在 540 年至 552 年间。

《戒子篇》。具体完成时间无可考。

《聚书篇》。文中说:"吾今年四十六岁,自聚书来四十年,得书八万卷,河间之侔汉室,颇谓过之矣。"河间,指河间王刘德。德,汉景帝第三子。修古好学,从民间得善书,必为好写与之,留其真,加赐金帛。由是四方有先祖旧书多奉送刘德,所得皆古文先秦旧书。《汉书》本传载河间献王"得书多,与汉朝等"。刘德喜聚书,萧绎和之颇为相似。庾肩吾《和刘明府观湘东王书诗》:"陈王擅书府,河间富典坟。"可见,以"河间"比萧绎,当时湘东王府僚间早有此拟。然承圣二年(553),萧绎四十六岁时,已经即位,似乎不该再比拟诸侯王河间刘德。余嘉锡以为《金楼子》文有误,曰:"其文自比河间之侔汉室,明是未即位时之语。'今年四十六岁'及'聚书四十年'句,必皆传写之误。"[1]吴光兴认为:"仍以汉诸侯河间王自喻,大概就自身多数生涯而言也。"[2]此篇当完成于 553 年。

---

① 余嘉锡《余嘉锡说文献学·目录学发微》,上海古籍出版社 2001 年版,第 100 页。

② 吴光兴《萧纲萧绎年谱》附录三《〈金楼子·聚书篇〉疏证》,社会科学文献出版社 2006 年版,第 434 页。

《二南五霸篇》。原文亡佚,具体完成时间无可考。

《说蕃篇》。文中载:"我高祖、王元长、谢玄晖、张思光、何宪、任昉、孔广、江淹、虞炎、何偁、周颙之俦,皆当时之杰,号士林也。"称父皇萧衍为"高祖",文章显然写在萧衍已经去世后,然萧绎发布父亲死讯是在其去世后的第二年,则此文完成于 550 年以后。

《立言篇上》。文中称:"而宗庙在都,匈奴未灭,拊心长叫,万恨不追。……先帝朔望,尽哀恸哭。……绎窃慕考妣之盛。"文中称父皇萧衍为先帝,又称父母为考妣,①显然此时均已经去世。然又称"匈奴未灭",②是指侯景之乱没有平定。则该篇完成于梁武帝萧衍去世第二年 550 年后至 552 年侯景之乱平定之前。

《立言篇下》。此篇应该和《立言篇上》完成的时间差不多,完成于 550 年至 552 年间。

《著书篇》。该篇著录:"《怀旧志》一帙一卷。金楼自撰。"《怀旧志》虽已亡佚,却仍有片段留存。《南史》卷四四《齐武帝诸子传·竟陵王子良》附孙贲传,载贲起家湘东王法曹参军,在侯景之乱中,因批评萧绎所撰檄文不合体制,萧绎怀恨在心,将其收狱饿死。"乃著《怀旧传》以谤之。"《怀旧传》即《怀旧志》。萧绎檄侯景文作于大宝二年(551)二月,则《怀旧志》当成于其后。而《著书篇》亦完成于 551 年后了。同时,值得注意的是,《著书篇》没有著录《金楼子》,如果不是原文有亡佚,则是萧绎有意不录,可能是《著书篇》写定时而《金楼子》全书还没有完成,所以作者不录。

《捷对篇》。具体完成时间无可考。

《志怪篇》。具体完成时间无可考。文中记载自己与徐妃结婚时的种种怪异,似在暗示徐妃的淫行。故《南史》卷一二《后妃·梁

---

① 《礼记·曲礼下》:"生曰父曰母曰妻;死曰考曰妣曰嫔。"
② 《史记》卷一一一《卫将军骠骑列传》:"骠骑将军为人少言不泄,有气敢任。天子尝欲教之孙吴兵法,对曰:'顾方略何如耳,不至学古兵法。'天子为治第,令骠骑视之,对曰:'匈奴未灭,无以家为也。'由此上益重爱之。"

元徐妃传》云："帝制《金楼子》述其淫行。"萧绎公开指责妻子徐妃，是在其生命后期。此前其母阮修容以为"妒妇不惮破家"，所以"馈人失礼，接之弥笃"，[1]有意掩盖徐妃的丑行。母亲去世后，萧绎才敢公开徐妃淫行，并记入《金楼子》中。阮修容大同九年（543）六月去世，而545年萧绎为母除服时还牢记母训（参《后妃篇》），应不会将徐妃淫行公之于众。又据《梁书》卷四四《世祖二子·方等传》载，侯景之乱中，萧绎宠爱的王氏死，疑为徐妃所为，故疏徐妃秽行榜于大阁。太清三年（549），萧绎逼死徐妃。《志怪篇》亦有可能完成于此时。

《杂记篇上》。文中说："庐陵威王之蓄内也，千门相似，万户如一。……及凶寇济江，而凭陵京邑。"庐陵威王即萧绎五兄萧续。萧续在武帝天监八年封庐陵郡王。中大同二年（547），薨于州，时年四十四。谥威。萧绎称萧续谥号，显然萧续已卒。文中又称"凶寇济江"，显然是指侯景之乱，时在梁武帝太清二年（548）。故《杂记篇上》完成在548年后。

《杂记篇下》。此篇应该和《立言篇上》完成的时间差不离，即在548年后。

《自序篇》。文中载："及以大儿为南征不复，继奉国讳，随念灰灭，万虑尽矣。"大儿，指萧绎长子萧方等。南征，指征讨湘州刺史萧誉，时在太清三年（549）。《梁书》卷四四《世祖二子传》载："忠壮世子方等字实相，世祖长子也。……时河东王为湘州刺史，不受督府之令，方等乃乞征之，世祖许焉。拜为都督，令帅精卒二万南讨。方等临行，谓所亲曰：'吾此段出征，必死无二；死而获所，吾岂爱生。'及至麻溪，河东王率军逆战，方等击之，军败，遂溺死，时年二十二。"又，文中提及的"国讳"即国丧，指太清三年（549）侯景之乱

---

① 《金楼子·后妃篇》。清李慈铭《越缦堂读书记·金楼子》："《四库提要》谓《南史·徐妃传》言元帝著《金楼子》以道其秽行，今此书无之。按今本既非完书，而其述宣修容事有云：'及馈人失礼，接之弥笃。每语绎曰："妒妇不惮破家，况复甚于此者也！"'所云馈人，犹今言室人，此即斥徐妃事。"

中,梁武帝萧衍饿死于台城事。① 则此篇当完成在 549 年后。

又,以常理推之,序言应写于全书完成后。《金楼子》其他各篇能考证最后完成的是《聚书篇》,写定于承圣二年(553)。则极有可能《金楼子》序、《自序篇》均完成在 553 年后。

今列《金楼子》各篇完成时间如下:

序号	篇　　名	完 成 时 间	备 　注
0	序	549 年后	或在 553 年后
1	《兴王篇》	550 年后	
2	《箴戒篇》	无可考	
3	《后妃篇》	552 年后	
4	《终制篇》	540 年至 552 年间	
5	《戒子篇》	无可考	
6	《聚书篇》	553 年	
7	《二南五霸篇》	无可考	
8	《说蕃篇》	550 年以后	
9	《立言篇上》《立言篇下》	550 至 552 年	
10	《著书篇》	551 年后	
11	《捷对篇》	无可考	
12	《志怪篇》	549 年后	
13	《杂记篇上》《杂记篇下》	548 年后	
14	《自序篇》	549 年后	或在 553 年后

① 《自序篇》又载:"自余年十四,苦眼疾沈痼,比来转暗,不复能自读书。三十六年来,恒令左右唱之。"清代朱文藻认为:"案元帝被戕,年止四十七,今以十四及三十六年合计,则已五十岁矣。疑三十六年或是二十六年之讹。"见知不足斋本《金楼子》前附。据此,《自序篇》完成于萧绎五十岁以后,而萧绎四十七岁即亡。故此条文字错讹,无从采信。

从上表可以发现,《金楼子》诸篇章,除《箴戒篇》《终制篇》《戒子篇》《二南五霸篇》《捷对篇》外,其他均可确定完成在 548 年后。且《终制篇》等也不能排除完成于侯景之乱爆发后的可能性。也就是说,《金楼子》虽然写作时间长达三十余年,但集中完成定稿应该是太清二年(548)侯景之乱爆发后的二三年间。侯景之乱爆发,梁王朝处于覆灭的边缘,萧绎感觉到时局动荡,不完成自己视为"获麟"之制的《金楼子》,则是书可能就此散逸,无法流传后世,故其在动乱中写定了该书。这也能解释为什么《金楼子》前、后序齐全了。

侯景之乱,使大梁早已失掉了安心读书治学的环境,萧绎处在荆州江陵,为众望所归,负有救国家于危难的重任,却于平乱之余,仍勤奋著述,让人不得不钦佩他的勤学精神,其立志以子书创作立名而不朽的毅力不可谓不坚韧。

三、三不朽

《梁书》卷二二《梁宗室下》有衡山侯萧恭传,载曰:"时世祖居藩,颇事声誉,勤心著述,厄酒未尝妄进。恭每从容谓人曰:'下官历观世人,多有不好欢乐,乃仰眠床上,看屋梁而著书,千秋万岁,谁传此者。劳神苦思,竟不成名,岂如临清风,对朗月,登山泛水,肆意酣歌也。'"萧恭是南平元襄王伟之子,乃萧绎的堂弟。此人"善解史事,所在见称。而性尚华侈,广营第宅,重斋步榈,模写宫殿。尤好宾友,酣宴终辰,座客满筵,言谈不倦",是典型的贵族公子。萧恭"广营第宅"、"酣宴终辰"、"言谈不倦"的生活当是南朝贵族日常生活的样板。而萧绎贵为王子,"联华日月,天下不贱"(萧绎《驰檄告四方》),却盛暑不避热,严冬不惧寒,勤勉著述,自苦如此,既让当时世人无法理解,也让后世困惑,作为湘东王的萧绎为何要如此执着勤奋的独立撰写《金楼子》呢?

萧绎撰写《金楼子》,和自身处境、时代氛围均有极大关系。

萧绎是梁武帝萧衍的第七子。从封建传统看,萧绎基本上没有继位登基的可能性,终其一生或许只能做个诸侯王。而作为诸侯王,萧绎的地位其实也是很尴尬的。

首先,萧绎的母亲阮修容出身不高,在"子以母贵,母以子贵"的封建王朝权力游戏中,母亲一族并不能给萧绎太多的帮助。阮修容本姓石,石氏家族此支在南朝并非显赫世家。萧绎封为湘东王,阮修容亦随萧绎前往封地,远离了梁武帝,得不到皇帝的宠爱。

其次,萧绎自身的形象也增添了他的苦恼。萧绎出生之后即因患眼疾,导致一眼失明,此缺陷使萧绎日后经常成为被人挖苦取笑的对象。萧绎和妻子徐妃关系不和,萧绎偶尔到徐妃房中。"妃以帝眇一目,每知帝将至,必为半面妆以俟,帝见则大怒而出。"(《南史》卷一二《后妃下·徐妃传》)萧绎六兄邵陵王萧纶更曾赋诗嘲弄他:"湘东有一病,非哑复非聋。相思下只泪,望直有全功。"[1]侯景部将王伟为侯景写檄文讨伐萧绎,其中有句云:"项羽重瞳,尚有乌江之败;湘东一目,宁为赤县所归?"(《南史》卷八〇《贼臣·王伟传》)对萧绎极尽挖苦之能事。萧绎颇在意自己的眼疾,他俘虏王伟,爱惜其才,本想释放他,后得知其檄文,大怒,"使以钉钉其舌于柱,剜其肠"(《南史》卷八〇《贼臣·王伟传》)。

其三,萧绎的婚姻生活也不太顺利,妻族未能给萧绎提供支持。天监十五年(516),萧绎与徐昭佩成婚。徐昭佩虽出身名门,却不守妇道,与人淫通,时人有"徐娘虽老犹尚多情"之讥。徐妃对婚姻的不忠在当时已经是公开的秘密,萧绎在《金楼子》中多次写到自己的婚姻,甚至不惜自污来记载徐昭佩的秽行,足见这段婚姻在萧绎心中留下了很深的阴影。

在南朝这样一个讲究门阀出身和名士风度的社会氛围中,萧绎作为皇室的第七子,基本上没有登基的可能性,母亲又得不到父皇的宠爱,自己皇子地位也不能和长兄萧统、三兄萧纲相比。[2] 没有强大外族的后援,也没有标致的外貌,更没有继位的可能,在皇

---

① 《太平御览》卷七四〇引《南史》。

② 萧统、萧纲、萧绎均是丁贵嫔之子。时萧衍后宫没有皇后,丁贵嫔实为后宫之主。而萧统出生不久即立为太子,萧统死后,萧纲又被立为太子。

室中自身处境是极为不利的,促使萧绎"希望通过自身的努力获取相貌以外的成功,并且希望通过自己在更多领域的成功来博取世人对他的肯定",从而忽略他生理和出身上的不足。① 追求学术上的成功,就成了萧绎努力的主要方向。此一方面和传统的"三不朽"思想相符,另一方面是当时"知识至上"的大的社会文化环境的鼓动,更迎合了父皇萧衍文化治国的策略方针。

在《金楼子序》中,萧绎称:

> 余于天下为不贱焉。窃念臧文仲既殁,其立言于世;曹子桓云,立德著书,"可以不朽";杜元凯言,"德者非所企及,立言或可庶几"。故户牖悬刀笔,而有述作之志矣。常笑淮南之假手,每嗤不韦之托人。由是年在志学,躬自搜纂,以为一家之言。

《左传·襄公二十四年》载鲁叔孙豹至晋国,晋范宣子问何谓"死而不朽"。叔孙豹回答说:"鲁有先大夫曰臧文仲,既没,其言立于世。其是之谓乎!豹闻之,大上有立德,其次有立功,其次有立言,虽久不废,此之谓不朽。"立德,"谓创制垂法,博施济众,圣德立于上代,惠泽被于无穷",诸如伏羲、神农、黄帝、尧、舜、禹、汤、文、武、周公与孔子等,皆可谓立德,此实则是成为大圣之人,以精神道德泽被后世。故周成王都不能算作立德之人了。立功,谓"拯危除难,功济于时","勤民定国,御灾捍患",凡此皆大贤之人,以建功立业留名后世。立言,"谓言得其要,理足可传记","老、庄、荀、孟、管、晏、杨、墨、孙、吴之徒,制作子书,屈原、宋玉、贾逵、扬雄、马迁、班固以后,撰集史传,及制作文章,使后世学习,皆是立言者也。"(参唐孔颖达疏)即著书立说,流传后代。

---

① 参洪卫中《从'吾于天下为不贱焉'到'拟迹桓、文'—关于梁元帝萧绎行为的心理学解释》,《扬州大学学报》社科版,2010 年第 1 期。

对于立德,萧绎虽以"五百年运"自许,①俨然上比周公、孔子,但立德作圣人以道德操守垂于后世毕竟太难太虚,需要事功业绩和著书立说以为支撑。② 而在处理立功、立言问题上,萧绎是既注重事功政绩又注重著书立说的。萧绎留心政事,自谓:"性颇尚仁,每宏解网。重囚将死,或许伉俪自看;城楼夜寒,必绨袍之赐。狴牢并遣,犴圄空虚。"③"刑狱决罪,多从厚降;大辟之时,必有不忍之色。多所捶扑,左右之间耳。"④在地方上为政,萧绎也颇有成就。在丹阳尹任上,萧绎"下车为政,振民育德,循名责实,举无遗虑",致丹阳搢绅立碑纪念,知己裴子野为写《丹阳尹湘东王善政碑》。在任荆州刺史期间,萧绎派兵大破蛮王文道期,稳固了荆、雍边界。又统帅诸军北伐,取得了阶段性的胜利。在江州刺史任上,萧绎平息了刘敬躬的叛乱。

然而在地方上做一名出色的官员,似乎没能引起父皇梁武帝的足够的注意,且那些功绩也还算不上伟大的功勋,不能看作三不朽之"立功"。故而萧绎梦想征战沙场,开疆拓土,建功立业以树立名节:

> 吾尝欲稜威瀚海,绝幕居延,出万死而不顾,必令威振诸夏,然后度聊城而长望,向阳关而凯入,尽忠尽力,以报国家,此吾之上愿焉。⑤

① 《金楼子·立言篇上》:"周公没五百年有孔子,孔子没五百年有太史公。五百年运,余何敢让焉?"
② 晚清魏源强调德与功、节、言之统一,可参考。魏氏《默觚》有四不朽之说:"立德、立功、立言、立节,谓之四不朽。自夫杂霸为功,意气为节,文词为言,而三者始皆不出于道德,而崇道德者又或不尽兼功、节言,大道遂为天下裂。君子之言,有德之言也;君子之功,有体之用也;君子之节,仁者之勇也。故无功、节、言之德,于世为不曜之星,无德之功、节、言,于身心为无原之雨;君子皆弗取焉。"《魏源集》,中华书局1976年版,第22页。
③ 《金楼子·立言篇上》。
④ 《金楼子·自序篇》。
⑤ 《金楼子·立言篇上》。

萧绎自述其最大的愿望就是驰骋沙场,立威边疆,尽忠竭力,报效国家。甚至读书著述,他也颇留心于军事著作。《金楼子·立言篇上》:"吾少读兵书,三十余年,搜纂数千,止为一帙。菁华领袖,备在其中。"此"一帙",当指《玉韬》——一本历代军事著作的"精华录"。萧绎觉得,自己所著之书,"唯《玉韬》最善"(《金楼子·著书篇》)。① 萧绎还注解过《孙子兵法》,今天尚有佚文留存。但梁武帝萧衍在位期间,南北朝政权相对比较稳定,情势无统一之可能。而当时真正在外统兵者多是武帝信任的弟弟萧宏、萧秀、萧伟及武将曹景宗、韦叡、陈庆之等,武帝子嗣少有领兵者。萧绎只是在长江中游江州、荆州一带为政,领兵打仗的机会不多,更遑论在边境上与敌军对垒了。萧绎只能自我安慰:"我韬于文士,愧于武夫。"②意谓自己论谋略强于文士,却没有机会上场杀敌,只能评阅圈点军书文告而已。

立功无望,萧绎不得不努力说服自己,立言和立功具有同等重要的地位,"文武二途,并得俦匹"(《金楼子·立言篇上》),只不过武乃"翼赞王室,宣威遐外",适用于乱世,而梁武帝之世,在萧绎看来是当然的文明盛世,其立言从文也就是必然的选择了。

萧绎以文学、学术为使命,既满足了自己青史留名、不朽于后世的愿望,更是迎合了其父萧衍提倡文化治国的策略,进而可以讨得父亲欢心。

前文已述齐梁萧氏家族本是次等士族,西晋末年过江定居于

---

① 章如愚《群书考索》后集卷五〇《兵门》"兵法"条:"自今观之,兵法以韬名者,如《太公之韬》,梁元帝《玉韬》,刘裕《金韬》,皆韬也。"王应麟《玉海》卷一四一《兵制·兵法》"梁《玉韬》"条:"《隋志》梁元帝《玉韬》十卷。"

② 《南史》卷八《梁纪·梁元帝纪》:"虽戎略殷凑,机务繁多,军书羽檄,文章诏诰,点毫便就,殆不游手。常曰:'我韬于文士,愧于武夫。'论者以为得言。"值得注意的是,和萧绎差不多同时的《刘子·文武》也说:"文武异材,并为大益。……文以赞治,武以凌敌,趋舍殊律,为绩平焉。"而《颜氏家训·文章》亦载:"齐世有席毗者,清干之士,官至行台尚书,嗤鄙文学,嘲刘逖云:'君辈辞藻,譬若荣华,须臾之玩,非宏才也;岂比吾徒千丈松树,常有风霜,不可凋悴矣!'刘应之曰:'既有寒木,又发春华,何如也?'席笑曰:'可哉!'"

晋陵武进一带。这些从北方流亡而来的流民,战斗力很强,成为当时著名的北府兵的主干。南朝宋、齐、梁三代的创建者,都是北府兵将领出生。①梁武帝登基后,注重对子侄文化素质的培养,萧氏家族逐渐由武力强宗转变为了文化家族。梁武帝自己带头著述,子萧统、萧纲、萧纪均勤学好文。即使顽劣如二子萧综,也能赋诗。史载萧综"有勇力,手制奔马",却"有才学,善属文",曾赋《听钟鸣》《悲落叶》,"当时见者莫不悲之"(《梁书》卷五五《豫章王综》)。故明王世贞称人主著作之盛,"无如萧梁父子"(《艺苑卮言》)。清人赵翼《廿二史札记》认为论才学,"萧梁父子间,尤为独擅千古"。②

萧绎生在这样的家族中,自然为浓厚的文学和学术氛围所包裹,他十分清楚父亲的看法和态度对自己的前途有直接的影响,也很在意父亲对自己的印象,时时都想在父亲面前有所表现,而学文著述就是最好的办法了。

《金楼子》就是萧绎"三不朽"之"立言"的代表作品!

四、言人事,陈政术

今本《金楼子》是四库馆臣从《永乐大典》中辑出,共 6 卷 14 篇,据称《永乐大典》的《金楼子》底本可能来自一部元至正三年的本子,篇目包括《兴王》《箴戒》《后妃》《终制》《戒子》《聚书》《二南五霸》《说蕃》《立言上》《立言下》《著书》《捷对》《志怪》《杂记上》《杂记下》《自序》,另有前序。四库馆臣辑出时,厘定为 6 卷,重新编订了篇目。然宋以前《金楼子》则著录为 10 卷,具体篇目不详。宋晁公武《郡斋读书志》所载为 15 篇,今本 14 篇,较晁氏所载,似乎尚脱 1 篇。而《杂说》,今本作《杂记》;《自叙》,今本作《自序》。且晁氏举其篇目仅七,尚有《兴王》《后妃》《终制》《二南五霸》《捷对》《戒子》《说蕃》7 篇未提及。四库馆臣抄辑的《金楼子》,其中多篇也存在

---

① 参曹道衡《兰陵萧氏与南朝文学》,中华书局 2004 年版。
② 赵翼《廿二史札记》卷一二"齐梁之君多才学"条,中华书局 1984 年版,246—248 页。

疑问,如《二南五霸篇》有目无书,四库馆臣曾说:

> 案此篇仅存三条,皆与《说蕃篇》同。疑《说蕃篇》中有"二
> 南五霸"之事,后人因误撰分之,非原有之目也。观晁氏《读书
> 志》亦无此目,可见。今存其目,而删其文。谨识于此。

四库馆臣将《二南五霸篇》仅剩的三条并入《说蕃篇》中,且在《说蕃
篇》中不作标明,使人无从辨识,致使《二南五霸篇》无存,彻底失掉
了其面目。惟《永乐大典》卷一八二〇七存《金楼子·二南五霸篇》
一条,文字与《说蕃篇》第5节大体相同,可以略窥《二南五霸篇》
一斑。

今本《金楼子》又有四库馆臣以己意分属篇目者,如《立言篇》
分上下,四库馆臣说:

> 案自"案《周礼》"以下四条,原本俱无。《太平御览》引《金
> 楼子》有之,无篇名。考文义,皆似应属此篇,谨附于此。

所谓"案《周礼》"以下四条,即今本《金楼子·立言下》第54、55、56、
57条,是四库馆臣根据文章内容分入此篇的,并没有特别的根据。

最让人疑惑不解的是《金楼子》的两序问题,今本《金楼子》开
篇即是《序》(《四库全书》本作《原序》),其口吻完全是萧绎所作,而
全书最后一篇是《自序篇》,这样《金楼子》就出现了两篇序言。《四
库全书总目》卷一四七《古今南华内篇讲录提要》说:

> 且古人一书无两序,其有序者必附于末,最可考者,《吕氏
> 春秋》之序在十二纪末,《史记自序》、《汉书序传》、扬雄《太玄》
> 《法言》、王符《潜夫论》、袁康《越绝书》,下至刘勰之《文心雕
> 龙》诸序,亦皆在书末。

"古人一书无两序",而《金楼子》却有《序》(《原序》)和《自叙》,颇让人生疑。或两序原本就是一篇,列在全书之末,因元代叶森抄写而拆裂分置,致使全书体例错乱。

今本《金楼子》在篇目数量和章节安排上,与原本似有不小的差异,内容也有亡佚,影响了该书的价值。但台湾学者张蓓蓓认为:"如果跳出《提要》预设的数字迷思,晁氏所说十五篇,或许根本并未遗佚。若将《二南五霸篇》摒去不计,十三篇中,《立言》上下、《杂记》上下均各计二篇,则适得十五之数。……元至正本《金楼子·序》列出篇目十六,即分列《立言上》《立言下》《杂记上》《杂记下》。十六目比晁氏反多一篇,或许元儒叶森也曾感到困惑,但他终究没有径自抹去读来可疑的《二南五霸篇》,正表现出传刻者的谨严态度。如果以上推论能够成立,则《金楼子》获存天壤间,实比原先想象的还要完整,其价值也可以更形提高。"①

如果张氏推论成立,则《金楼子》的完整性比我们想象的要高,至于《金楼子》全书之主旨,根据现有的版本分析的可信度也会大幅提高。

《金楼子·序》云:

> 窃重管夷吾之雅谈,诸葛孔明之宏论,足以言人事,足以陈政术,窃有慕焉。

春秋时管仲字夷吾,曾为齐桓公上卿。《史记》卷六二有传。今传有《管子》十九卷。诸葛孔明即诸葛亮,三国时蜀国刘备的重要谋臣,亦曾辅佐后主刘禅。管仲和诸葛亮二人均撰有著述,传管仲著有《管子》。刘向《管子书序》云:

> 太史公曰:"余读管氏《牧民》《山高》《乘马》《轻重》《九

---

① 张蓓蓓《金楼子榷论》,收 2008 年何佑森先生八秩冥诞纪念论文集。

府》,详哉言之也。"又曰:"'将顺其美,匡救其恶,故上下能相
亲爱。'岂管仲之谓乎?"《九府》书民间无有,《山高》一名《形
势》。凡管子书,务富国安民,道约言要,可以晓合经义。

《三国志·蜀志·诸葛亮传》注引《魏氏春秋》说:"亮作《八务》《七
戒》《六恐》《五惧》,皆有条章,以训厉臣子。"而史臣陈寿评论诸葛
亮曰:"其声教遗言,皆经事综物,公诚之心,形于文墨,足以知其人
之意理,而有补于当世。"今《管子》传于后世,而诸葛亮《八务》《七
戒》等书不存。然据前人论述可知,《管子》和诸葛亮著述的内容均
是讨论治国安邦的大道,以垂训后世。萧绎以二人所论为"雅谈"
"宏论",极尽溢美之词,同时亦希望自己的著作在内容上能像《管
子》和诸葛亮著述一样"言人事","陈政术"。同时,管仲、诸葛亮二
人在政治实践中均有建树,是实实在在的政治家。管仲为齐相,辅
佐齐桓公建立霸业,成为春秋五霸之首。"管仲既任政相齐,以区
区之齐在海滨,通货积财,富国强兵,与俗同好恶。故其称曰:'仓
廪实而知礼节,衣食足而知荣辱,上服度则六亲固。四维不张,国
乃灭亡。下令如流水之原,令顺民心。'故论卑而易行。俗之所欲,
因而予之;俗之所否,因而去之"(《史记》卷六二《管子列传》)。世
称管仲为贤臣,虽然孔子有些轻视之,亦不得不称赞道:"微管仲,
吾其被发左衽矣。"(《论语·宪问》)(如果没有管仲,我们恐怕要披
头散发穿左衽的衣服了! 朱熹注:"被发左衽,夷狄之俗也。")诸葛
亮辅助刘备,三分天下,建立了蜀汉,后又辅佐后主刘禅,鞠躬尽瘁
死而后已。陈寿赞道:"亮之器能政理,抑亦管、萧之亚匹也。"而六
朝时,多以"管葛"连称,以指定国安邦的将相之才。如刘义庆《世
说新语·赏誉》:"殷渊源在墓所几十年,于时朝野以拟管葛。"刘孝
标注引《续晋阳秋》:"陈郡殷浩素有盛名,时论比之管葛。"《南史》
卷三五《刘湛传》:"(湛)弱年便有宰物情,常自比管葛。"
　　萧绎"窃慕"此二人,似乎不仅仅指其著述,当亦慕其为人和事
功,故在《金楼子》中对二人推崇备至,模仿他们的著述来论说人间

世事,陈述政治方略也不不足为奇了。晁公武以为《金楼子》是"论历代兴亡之迹",四库馆臣以为"其书于古今闻见事迹,治忽贞邪,咸为苞载。附以议论,劝戒兼资",俱是确论,深得萧绎著述之旨。具体而论,《金楼子》十四篇就是围绕"言人事、陈政术"展开写作的。

《兴王篇一》记载了二十位励精图治、勤于王业的帝王,其中既有开基创业者,亦有励精图治者。起上古时代太昊帝庖牺氏,后承炎帝神农氏、黄帝有熊氏、少昊帝金天氏、帝颛顼高阳氏、帝颛顼高阳氏、帝喾高辛氏、帝尧、帝舜有虞氏、帝禹夏后氏、成汤、周武王发、汉高祖刘季、汉太宗恒、汉世祖文叔、魏武帝曹操、晋世祖司马安世、宋高祖刘德舆、宋太祖刘义隆,迄梁武帝萧衍,按照时间先后,依次排列。字数最少的帝颛顼高阳氏一节,59字,最多的是梁武帝一节,达800余字。其余则长短不等。每节内容突出了这些君王明于治乱、勤政俭朴之作风,但也记载了不少祥瑞灵异之事,如华胥踩到大脚印而生庖牺氏,神龙感女登而生神农氏,附宝孕二十月生黄帝。又如汉世祖文叔出生时,"有赤光照室,影如五麟七凤";梁武帝"生而灵异","有文在手曰武帝并上讳三字"。弥漫着浓厚的君权神授的天命气息。考各节取材,大抵夏禹以前,以皇甫谧《帝王世纪》为主;自夏禹至宋太祖,则多采自相关史书;梁武帝一节则参考了萧衍的《孝思赋》和当时的历史记载而创作的。

《箴戒篇二》记历代乱亡之君的劣迹,有淫侈奢靡者,有暴虐昏庸者,有非礼无法者。起夏桀,历殷帝乙、殷帝纣、周厉王、周幽王、西周君(西周武公)、秦始皇、秦二世、汉昌邑王贺、汉哀帝、汉桓帝、汉灵帝、魏明帝、魏齐王曹芳、晋惠帝司马衷、宋前废帝刘子业、宋苍梧王刘昱、齐武帝、齐郁林王,迄齐东昏侯,共二十人。材料大多是萧绎据历代相关正史删撰而成,集中展示了乱亡之君的种种恶德败行,颇具劝诫意味。

《后妃篇三》记历代贤明后妃六人:舜妃娥皇、女英,汤妃有㜪氏,后汉光武帝阴皇后,后汉明帝马皇后,梁武帝阮修容。均为辅助帝王的贤明嫔妃。其中阮修容乃萧绎之母,绎记其生平经历、德行才能以及自己与母亲之间的感情尤详。值得注意的是后汉光武帝阴皇后、后汉明帝马皇后均是皇后。舜妃娥皇、女英名为二妃,其实是二妻,尤其是娥皇,地位实际是帝后。① 汤妃有娎氏"统领九嫔"、"训正后宫",且子嗣继登帝位,实则亦是帝后。② 可以推知,标题所谓"后妃",应该是指帝后级别的人物。然萧绎母亲阮修容去世时亦仅为修容,非并未册封为后。今萧绎列其母亲传记在《后妃篇》,或有僭越之嫌疑。清王鸣盛则认为:"按元帝所撰《金楼子》第二卷《后妃篇》叙述其母梁宣修容事甚详,此书第一卷《兴王篇》述梁高祖武皇帝甚详,云即位五十年,似元帝已即位后语,而于太后仍称修容,不言尊号者,盖未及追改也。"③

《终制篇四》记载历代名士的丧葬礼仪。终制,就是帝王士大夫生前对丧葬礼制的遗嘱。萧绎认为像晋文公请求挖墓道安葬,桓司马制作石头棺椁,都是很没有意义的行为。"送终之礼,思以裁之",萧绎主张薄葬,反对厚葬,并对自己的丧事作了规定。据《梁书》卷三《武帝纪》及卷五《元帝纪》,萧绎大同六年(540)十二月为江州刺史,至太清元年(547)正月方改任荆州刺史,在江州刺史任上萧绎曾病危。疾笃之中,其偶感生命的易逝,故有立下遗嘱交代后事的行为。

《戒子篇五》共 14 节,分别引录了汉东方朔至梁任昉等人的言行事迹,多格言至训,以教导其子慎言慎交、谦约节俭、孝敬仁义、

① 汉刘向《列女传》卷一《母仪传·有虞二妃》:"有虞二妃者,帝尧之二女也。长娥皇,次女英。"尧以二女妻舜,"舜既嗣位,升为天子,娥皇为后,女英为妃。"

② 汉刘向《列女传》卷一《母仪传·汤妃有娎》:"汤妃有娎者,有娎氏之女也。殷汤娶以为妃,生仲壬、外丙,亦明教训,致其功。有娎之妃汤也,统领九嫔,后宫有序,咸无妒媚逆理之人,卒致王功。君子谓妃明而有序。"《太平御览》卷一三五引《列女传》曰:"汤妃,有莘之女也,德高而伊尹者为之胜(今按:当作'媵')臣,佐汤致王,训正后宫,嫔御有序,咸无嫉妒逆理之人。生三子:太丁、外丙、仲壬,教诲有成。太丁早卒,丙、壬嗣登大位。"

③ 王鸣盛《十七史商榷》卷五九"阮太后与《金楼子》互异"条,上海书店出版社2005 年版,第 457 页。

孝悌爱亲、勤学宽厚、笃实自修。

《聚书篇六》记载萧绎自己自天监十三年(514)初出内宫至承圣二年(553)在帝位期间聚书之经过。文中载萧绎聚书有四种途径。一是"蒙敕给书",即父王的赏赐,如"为琅琊郡时,蒙敕给书"。二是"写得书",即借书来抄,或者派人去抄,如"为东州时,①写得《史》《汉》《三国志》《晋书》;又写刘选部孺家、谢通直彦远家书;又遣人至吴兴郡,就夏侯亶写得书;又写得虞太中阐家书"。三是"下都,市得书",即购买,如"又遣州民宗孟坚下都,市得书"。四是"经饷书",即他人赠送,包括朋友馈赠和下属进献。如"张湘州缵经饷书,如樊光注《尔雅》之例是也。张豫章绾经饷书,如《高僧传》之例是也。范鄱阳胥经饷书,如高诱注《战国策》之例是也。隐士王瓛之经饷书,如《童子传》之例是也"。"又得鲍中记泉上书","又得州民朱澹远送异书"。经过四十余年的积累,萧绎聚书八万卷,时人比之西汉时以收集异书著称的河间献王刘德,萧绎则自认为藏书已经超过了他。

《二南五霸篇七》,此篇亡佚。

《说蕃篇八》述自周公旦至齐萧子响等五十二位诸侯王善恶之事,旨在扬善劝恶。其中各节有标目"昔蕃屏之盛德者"、"其功业无成者",亦有当标目而无者。或原文本分类标目,而后来有部分亡佚了。"昔蕃屏之盛德者",萧绎最推崇的是汉代河间献王刘德。刘德喜好古代文字,广泛搜集各种书籍。"每就人间求善书,必为好写与之,留其真本,加以金帛。士有不远千里而至者,多献其先祖旧书。"刘德还选择《周官》及诸子著作中有关音乐的事,作《乐记》,向皇上进献八佾乐舞,让弟子王定传授,并上表设立《毛诗》《左氏春秋》博士。汉武帝在位时,献王来朝拜,回答了武帝关于辟雍、明堂、灵台的提问,世称"三雍对"。他还回答了皇上诏策所问

---

① 东州,即东扬州,亦即会稽郡。据《梁书》卷一《武帝纪》及卷五五《武陵王传》,梁普通五年(524)以会稽郡为东扬州。萧绎出为会稽太守时间,时在天监十八年(519)。

的三十多件事。后献王撰写了《乐语》《周制》二十篇,向天子进献自己所集的雅乐。河间王作为诸侯王,"造次儒服,卓尔不群",收图书,勤著述,经术通明,积德累行,天下雄俊众儒皆归之(《史记》卷五九《五宗世家·河间献王》裴骃《集解》引《汉名臣奏》杜业奏)。萧绎也喜欢搜集图书,勤著述。二人之间有颇多相同之处。也许在萧绎心目中,修学问以备天子垂询,兴雅乐以助君王教化,既恪守王侯本分,又能修身立言,是诸侯王最好的生活了,足称得是有盛德的藩王了。故萧绎所挑选的盛德藩王,多是以文学著称,而非以武功见长。如汉楚元王刘游,"好书多才艺",好《诗》,诸子皆读《诗》。"元王亦次《诗传》,号曰'元王诗'"。汉东平王刘苍,好经史,博学多识,恭肃畏敬。"曾上世祖《受命中兴颂》,咸言类相如、扬雄,前世史岑也。"沛王刘辅,"深沉好经书,善说《京氏易》。论集经传及图谶文,作《五经通论》,儒者得以明事,世号之曰'沛王通论'"。广平王刘羡,"少好学,博通经传,有威严,与诸儒讲论于白虎殿"。北海王刘睦,"少好学,博通书传。光武爱之,数被延纳","能属文,作《春秋旨义》《终始论》及赋颂数十篇。又书史书,当时以为楷则。及寝疾,帝驿马令作草书尺牍十首"。魏中山王曹衮,"好学读书","每弟兄游娱,衮独覃思经典"。宋建平王刘休度,"少而闲素,笃好文籍"。宋临川王刘义庆,"性简素,寡嗜欲,爱好文义,为宗室之表"。"撰《徐州先贤传》,奏上之。又拟班固《典引》为《典序》,以述皇代之美"。南齐竟陵郡王萧子良,"礼才好士,居不疑之地,倾意宾客,天下才学皆游集焉。善立胜事,夏月客至,为设瓜饮及甘果。著之文教,士子文章及朝贵辞翰皆发教撰录。居鸡笼山西邸,集学士抄五经百家,依《皇览》列为《四部要略》千卷;招致名僧讲论佛法,造经呗新声,道俗之盛,江左未有也。好文学,我高祖、王元长、谢玄晖、张思光、何宪、任昉、孔广、江淹、虞炎、何倜、周颙之俦,皆当时之杰,号士林也"。由此可窥见萧绎心目中理想的藩王形象,也就不难理解何以萧绎自己要勤奋好学,勤于著述了。

《立言篇九》分上下。全篇 105 节,内容包涵人生哲理、人物品评、文章著述等多方面,颇为丰富繁杂。而资料主要来源于《老子》《墨子》《论语》《庄子》《荀子》《韩非子》《吕氏春秋》《淮南子》《列子》《扬子法言》《桓子新论》《论衡》《抱朴子》《世说新语》《文心雕龙》以及《汉书》《三国志》《南齐书》等,亦有孔融、曹植之文。虽是杂抄旧籍,缀合古人言行,但萧绎往往间下己意,由古人言行引申发挥其人生认识和见解。如在暗引了《淮南子》卷一七《说林》"明月之夜可以远视,不可以近书;雾露之朝可以近书,不通以远视"后,萧绎申论云:"人才性亦如是,各有不同也。"有时,萧绎的申论发挥显得并不圆满,如在暗引了《列子·汤问》两小儿辩日的故事后,萧绎从中悟到了为政之道,以为"日中天而小,落扶桑而大,为政亦如是矣,须日用不知,如中天之小也,虽赫赫然,此盖落日之治,不足称也",发挥就十分勉强。

《著书篇十》载萧绎平生所著书之目录以及部分著作的序言。书目按甲乙丙丁四部分类,且每目注明卷帙数量,自撰或由他人代撰者皆有说明,共计 38 部 666 卷,其中有很多是《梁书》《南史》本纪所未记载的。可见萧绎学问之博及著述之勤。序言部分述该著作撰述之缘由及内容,大都简明扼要、文采可观。

《捷对篇十一》共 18 节,首节似小序,以下 17 节记三国、晋、宋共十七人才思敏捷、巧于应对之事。萧绎还在所述一条或同类型之数条后皆加简评,以表明自己的看法。言语是名士风度的重要体现,应对敏捷,更能表现人物的才智修养,所谓"风流闲胜,实为美矣"。萧绎不仅主张应对要敏捷,还认为出语和对答都要很文雅可观。如果嘲弄的言语粗疏鄙陋,就不值得多称道,只能算作"滑稽"了,应对要"既学而又辨",才是最优秀的。如第 12 节刘宝与人以羊、猪相嘲;第 13 节祖士言与钟雅以锥、槌相调;第 14 节费祎嘲孙权群臣为"钝驴",诸葛瑾应之以"燕雀"。萧绎评曰:"诸如此例,合曰俳调,过为疏鄙也,不足多称。"

《志怪篇十二》共 59 节,辑录古来各种异事异闻,大多采自《管子》《皇览》《博物志》《玄中记》《抱朴子》等书,亦有萧绎亲历亲闻者。六朝志怪之作颇多,萧绎此篇亦其类也。《金楼子》虽有《志怪篇》,但从萧绎撰写此书的目的而言,乃是言人事,陈政术,提示定国安邦之道,是有其政治理想,而非简单的读书杂记或灵异事件簿。然萧绎于叙述后议论太少,故后世往往将其当作故事看了,此可能误解了萧绎的用心。①

《杂记篇十三》分上下,共 80 节。其文杂引子史众书,拾掇琐屑碎事,内容极其庞杂。今本每节述事后,或有萧绎简单断语,如第 2 节后云"可不戒哉",第 4 节后云"夫简子者,能善督责于臣矣";或无断语。疑各节原文皆有断语,以申劝诫之意,后世佚脱。

《自序篇十四》自述平生杂事,涉及兴趣爱好、日常生活等,亦见萧绎之行事性格。

总之,《金楼子》全书之内容,确实是言人事,陈政术,而其研习人事、政术的方式就是在前言往行中去寻求经验和借鉴。故全书多抄撰前代典籍,撷取典型故事,"今纂开辟已来,至乎耳目所接,即以先生为号,名曰《金楼子》"(《金楼子·序》)。如《兴王篇》以上古帝王开篇,直写到自己的父亲梁武帝,确乎是自开天辟地以来直至萧绎亲耳所闻亲眼所见之事,均汇于《金楼子》。其他如《箴戒篇》《后妃篇》等,均是按照时间顺序来排列材料的。

《金楼子》历来著录于子部杂家。班固《汉书·艺文文志》以为:"杂家者流,盖出于议官。兼儒、墨,合名、法,知国体之有此,见王治之无不贯,此其所长也。及荡者为之,则漫羡而无所归心。"即杂家一则能融合诸家,一而贯之;一则关乎治国之法,有益王治。《吕氏春秋》《淮南子》是典型的杂家著作。萧绎创作《金楼子》,就是以《吕氏春秋》《淮南子》为准的,从写作规划来说,其对于杂家的两个基本特点确实是有所体悟的:

_____

① 胡应麟(1551—1602)在《诗薮》外编卷二称:"武帝、简文、湘东制作,千不存一,似亦不在多也。诸书名俱载《梁史》,已录《卮言》中,此不列。今惟元帝《金楼子》尚行,小说易传,亦一验也。"胡氏以为《金楼子》是小说,所以流传易广。

世有习干戈者,贱乎俎豆;修儒行者,忽行武功。范宁以王
弼比桀纣,谢混以简文方趄献,季长有显武之论,文度有废庄之
说。余以为不然。余以孙吴为营垒,以周孔为冠带,以老庄为欢
宴,以权实为稻粮,以卜筮为神明,以政治为手足。一围之木持千
钧,五寸之楗制开阖:总之者明也。(《金楼子·立言篇上》)

萧绎主张文武并重,以为诸家思想均有其价值和意义,不可偏废。
为政者,居中执要,撷取精华,总而用之,则如同一围粗的木头可以
支起千钧,五寸长的门闩可以控制开阖。能将儒、墨、法、名、道等
融为一体,自然就是聪明通达之人了。《金楼子·立言篇上》又云:

天下一致而百虑,同归而殊途,何者? 夫儒者列君臣父子
之礼,序夫妇长幼之别;墨者堂高三尺,土阶三等,茅茨不剪,
采椽不斫,冬日以鹿裘为礼,盛暑以葛衣为贵;法家不殊贵贱,
不别亲疏,严而少恩,所谓法也;名家苛察缴绕,检而失真,是
谓名也;道家虚无为本,因循为务,中原丧乱,实为此风,何、邓
诛于前,裴、王灭于后,盖为此也。

萧绎此论虽源出汉初司马谈,然其对诸家优长短弊有着清醒的认
识,甚至于道家,亦有所批评。盖因西晋灭亡,学者屡归为清谈误
国,而东晋以来,士人多放浪形骸,违背礼制,行若庄子之旷达不
羁,为人所讥,故梁元帝以此为道家之失。值得注意的是,萧绎本
是极其喜好玄学尤其是《老子》之学,其指责道家,或是从其理国治
民方面而言,而非论其玄理。而萧绎主张"天下一致而百虑,同归
而殊途",有兼容并蓄之意。故《金楼子》中遍抄经史子集,杂糅百
家思想,也就不足为怪了。

《兴王篇》载贤明之君王要"克明俊德"、"以德化民",《戒子篇》
以为"孝敬仁义,百行之首",《立言篇下》以为"君子则唯仁义存而
已矣",全书提倡忠孝、节俭、勤学,处处闪耀着儒家思想的光辉。

而书中亦倡导法家的统御之术,以为"人君不可分权","人君当以江海为腹,林薮为心,使天下民不能测也"(《立言篇下》),"势者君之舆,威者君之策,臣者君之马,民者君之轮。势固则舆安,威定则策劲,臣从则马良,民和则轮利"(《立言篇上》)。同时,书中赞美魏武帝曹操,"用师大较依孙、吴之法,而因事设奇,量敌制胜,变化如神。自作兵书十余万言,诸将征伐,皆以新书从事"(《兴王篇》)。萧绎亦自云:"吾少读兵书,三十余年,搜纂数千,止为一帙,菁华领袖,备在其中。"以为"兵法军令,省而不烦,此言当矣",并制定了三条军法(《立言篇上》)。萧绎于兵家思想是颇为推崇的。于道家之老子、庄子思想,萧绎已有所征引,如《立言篇上》暗引《庄子·养生主》"生也有涯,智也无涯"之言佐证自己"养性养神"的思想,《立言篇下》明引老子"生之徒,十有三;死之徒,十有三"之论以叹息世人莫知向生。然《金楼子》中专谈玄理的地方并不多,张蓓蓓认为:"至于道家微言,萧绎似不深解,亦不深契,既不惬于'虚无为本,因循为用'的论旨,更不信'独任清虚可以致治',只随宜采取老庄的部分人生观。"①此论可信。而于墨家之兼爱,萧绎亦有所提及。《立言篇上》云:"楚王之食楚也,故爱楚四境之民;越王之食越也,故爱越四境之民。天子之食天下也,吾是以知兼爱天下之民矣。"文字即袭自《墨子·天志》。

综上所论,可知《金楼子》对于各家思想均有涉猎,而萧绎于儒家思想独有会心,其思想之基础仍然是儒家。然《金楼子》乃杂抄诸籍而成,"全书各篇大抵多由十数条到数十条片段的记叙构成,述多论少;虽然包罗各种各样的慧心慧见,也夹杂不少无谓的小事小虑;众家思想议论似乎都曾闪现于其笔下,却往往只是转引转述,缺乏自己的体会阐申,各种论调之间也不见统合调停。"②《金楼子》这种博而不一,杂而不贯的"大杂烩"面貌,和萧绎欲撰成"一家

---

① 张蓓蓓《金楼子榷论》,收 2008 年何佑森先生八秩冥诞纪念论文集。
② 同上。

之言"的初衷似乎相去甚远了。

五、一家之言

萧绎曾云:"由年在志学,躬自搜纂,以为一家之言。"(《金楼子·序》)他是希望独立将《金楼子》写成一家之言,并通过《金楼子》而使自己声名不朽。然阅读此书,给人的感觉却是该书文字多半剿袭自他书,和萧绎自己宣称的"一家之言"之间存在巨大差距。

《金楼子》今存 14 篇共 549 条,①现在可以寻得出处的共 345 条,剿袭比例高达 62.84%。这样,我们就在《金楼子》中看到了不同先秦诸子著作自出机杼的奇特的编述方式。

《金楼子》广泛收集材料,而编述方式主要就是"剿袭"。具体来说,《金楼子》编述材料的形式大致有以下几种:

1. 照录原文。这种方式是对原来的材料基本上不做任何处理,直接引用或抄录。但萧绎在抄录时并不忌讳材料来源,所以有的材料署上了原来的作者或书名。

(1) 具名。如《戒子篇》第 2 节:

①后稷庙堂《金人铭》曰:"戒之哉!无多言,多言多败;无多事,多事多患。勿谓何伤,其祸将长;勿谓何害,其祸将大。"②崔子玉《座右铭》曰:"无道人之短,无说己之长。施人慎勿念,受恩慎勿忘。"凡此两铭,并可习诵。③杜恕《家戒》曰:"张子台,视之似鄙朴人,然其心中不知天地间何者为美,何者为恶,敦然与阴阳合德。作人如此,自可不富贵,祸害何因而生?"(序号为笔者加)

此节来源有三,萧绎都一一作了交代:①《说苑》卷一〇《敬慎》:

---

① 此依据陈志平、熊清元撰《金楼子校注疏证》所编排条目统计,上海古籍出版社 2014 年版。

"孔子之周,观于太庙,右陛之前,有金人焉,三缄其口,而铭其背曰:'古之慎言人也。戒之哉! 戒之哉! 无多言,多言多败;无多事,多事多患。安乐必戒,无行所悔。勿谓何伤,其祸将长;勿谓何害,其祸将大。'"亦见《孔子家语》卷三《观周》《颜氏家训·省事》《艺文类聚》卷一九引《周太庙金人铭》《太平御览》卷三九〇引《孙卿子》及卷四五八引《家语》。

② 崔子玉《座右铭》,见《文选》卷五六。

③《三国志》卷一一《邴原传》"永宁太仆东郡张阁以简质闻"裴松之注:"杜恕著《家戒》称阁曰:'张子台,视之似鄙朴人,然其心中不知天地间何者为美,何者为好,敦然似如与阴阳合德者。作人如此,自可不富贵,然而患祸当何从而来? 世有高亮如子台者,皆多力慕,体之不如也。'"亦略见《太平御览》卷五九三引杜恕《家事戒》。

(2) 不具名。如《立言篇》第38节:

夫聪明疏通者戒于太察,寡闻少见者戒于壅蔽,勇猛刚强者戒于太暴,仁爱温良者戒于无断也。

此节源自《汉书》卷八一《匡衡传》:"匡衡复上疏曰:'盖聪明疏通者戒于大察,寡闻少见者戒于壅蔽,勇猛刚强者戒于大暴,仁爱温良者戒于无断,湛静安舒者戒于后时,广心浩大者戒于遗忘。'"但萧绎并没有直接交代。

2. 删略剪取。此种方式就是对来源材料进行了加工处理,使它更符合《金楼子》的体例和作者萧绎的口吻。如《兴王》第21节:

永明十年,太祖登遐。上始承不豫,便即言归。轻舟仍发,州府赠遗,一无所受。齐随郡王苦留一宿,不许。得单艇,望星上路,犯风冒浪,兼行不息。虽狂飙地发,高浪天涌,船行平正,常若安流,舟中之人皆称神异。及舟漏临没,叫不辍声,鹊头戍主周达奉上一船,奔波就路,至京不逾二旬。自在途便不盥栉,寝食俱废,焦忧易形,视人不识。望宅奉讳,气绝良久。既葬,呕血数升,水浆不入口者四日。忧服之内,不复尝米,所资粗麦,日中二溢。再拜山陵,杖而后起,涕泪所洒,松为变色。及号思庐室,未尝见齿,仍留山陵,因欲隐遁,太傅宣武王苦谏乃止。

此节源自梁武帝萧衍《孝思赋序》:"先君体有不安,昼则辍食,夜则废寝,方寸烦乱,容身无所,便投刺解职,以遵归路。于时齐隋郡王子隆镇抚陕西,频烦信命,令停一夕,明当早出,江津送别。心虑迫切,不获承命,止得小船,望星就路。夜冒风浪,不遑宁处。途次定陵,船又损坏。于时门宾周仲连为鹊头戍主,借得一舸,奔波兼行。屡经危险,仅而获济。及至庋止,已无逮及,五内屠裂,肝心破碎,便欲归身山下,毕志坟陵。长兄哀愍,未许独行。"①原文是萧衍以自己的口吻写父亲去世后的悲痛之情,今萧绎以儿子的身份要将父亲的这段历史写出,自然不能照搬,故事实记载大体未变,但口吻已改。如原文"于时门宾周仲连为鹊头戍主,借得一舸",萧衍父萧顺之亡时,萧衍尚未称帝,多年后登上皇位的萧衍写此事时用"借",仍有心存感激之意,且是十分符合当日情形的;《金楼子》作"鹊头戍主周达奉上一船",萧绎早已习惯了父亲的皇帝身份,用"奉"字,以今日的高人一等回视于往昔,心态与其父自是不同。

删略剪取有时也表现为借鉴熔铸,即对别人的同题材文章从内容、结构和用典上进行模仿,如在《金楼子·后妃篇》第7节中,萧绎亦模拟了《孝思赋》并序。萧绎将父亲萧衍怀念已经去世的双亲的文章《孝思赋》中的文字、典故打乱重新组合,模拟撰写了一篇表达对母亲深情怀念的文章:

---

① 见唐释道宣《广弘明集》卷二九录梁高祖《孝思赋序》。

① 绎闻玄獭有祭,丹乌哺粮,翃乃禽鱼,犹能感动,况禀含灵之气者也。东入禹川,西浮云梦,冬温夏清,二纪及兹。昏定晨省,一朝永夺,几筵寂寞,日深月远,触目屠殒,自咎自悼。昔沂淮涘,侍奉舟舻;今还宫寺,仰瞻帷幌。顾复之恩,终天莫报;陟屺之心,鲵慕何已。② 树叶将夏,弥切风树之哀;③ 戒露已濡,倍萦霜露之戚。过隙难留,川流不舍。④ 往而不还者,年也;逝而不见者,亲也。献年回斡,恒有再见之期;就养闱闱,无复尽欢之日。拊膺屠裂,贯裁心髓。日往月来,暑流寒袭,仰惟平昔,弥远弥深。烦冤拔愤,⑤ 肝心屠裂,攀号脇臆,贯截骨髓,窃深游张之感,弥切苍舒之报。(序号为笔者加)

①《孝思赋》:"灵蛇衔珠以酬德,慈乌反哺以报亲。在虫鸟其尚尔,况三才之令人?"

②《孝思赋》:"仲由念枯鱼而永慕,丘吾感风树而长悲。"

③《孝思赋》:"念过隙之倏忽,悲逝川之不停。践霜露而凄怆,怀燧谷而涕零。"

④《孝思赋》:"年挥忽而莫反,时瞬睒其如电。想慈颜之在昔,哀不可而重见;痛生育之靡答,报顾复而无片。"

⑤《孝思赋序》:"五内屠裂,肝心破碎。"

3. 概述大意。有时萧绎也会对材料作大刀阔斧的处理,甚至是用自己的话语将原材料重新概述一遍。如《立言篇上》第42节:

或说人须才学,不资矜素。余谓不然。① 昔孔文举有言:"三人同行,两人聪隽,一夫底下。饥年无食,谓宜食底下者,譬犹蒸一猩猩,煮一鹦鹉耳。"此盖悖道之言也,宁有是乎?② 祢衡云:"荀或强可与语,余人皆酒瓮饭囊。"③ 魏时刘陶语人曰:"智者弄愚人,如弄一丸于掌中。"(序号为笔者加)

本节来源有三：

①《意林》卷五引《物理论》曰：“汉末有管秋阳者，与弟及伴一人，避乱俱行。天雨雪，粮绝，谓其弟曰：‘今不食伴，则三人俱死。’乃与弟共杀之，得粮达舍，后遇赦无罪。此人可谓善士乎？孔文举曰：‘管秋阳爱先人遗体，食伴无嫌也。’荀侍中难曰：‘秋阳贪生杀生，岂不罪邪？’文举曰：‘此伴非会友也。若管仲啖鲍叔，贡禹食王阳，此则不可。向所杀者，犹鸟兽而能言耳。今有犬啮一狸，狸啮一鹦鹉，何足怪也？昔重耳恋齐女而欲食狐偃，叔敖怒楚师而欲食伍参，贤哲之忿，犹欲啖人，而况遭穷者乎。’”

②《抱朴子》外篇《弹祢》：“祢游许下，自公卿国士以下，祢初不称其官，皆名之云阿某，或以姓呼之为其儿，呼孔融为大儿，呼杨修为小儿，苟或犹强可与语，过此以往，皆木梗泥偶，似人而无人气，皆酒瓮饭囊耳。”

③《三国志》卷一四《刘晔传》裴松之注引《傅子》曰：“陶字季冶，善名称，有大辩。曹爽时为选部郎，邓飏之徒称之以为伊吕。当此之时，其人意陵青云，谓玄曰：‘仲尼不圣。何以知其然？智者图国；天下群愚，如弄一丸于掌中，而不能得天下。’”

显然萧绎对三份材料均作了概括处理，以说明人不可恃才傲物的道理。

4. 缀合论断。萧绎采取缀合文句和加论断的办法，是为了将材料处理得为己所用。所谓缀合，就是将不同的文段组合在一起，形成一个新的整体，来为自己的观点服务。此又可以分为两种。

（1）同一作者、作品的缀合。即将同一作家的不同作品中的文段或一部作品中本不相属的文段，组合成一个新的文段。如《立言篇上》第 2 节：

　　① 与人善言，暖于布帛；伤人以言，深于矛戟；② 赠人以言，重于金石珠玉；观人以言，美于黼黻文章；听人以言，乐于钟鼓琴瑟。（序号为笔者加）

此节来源有二：

①《荀子》卷二《荣辱》："与人善言，暖于布帛；伤人之言，深于矛戟。"

②《荀子》卷三《非相》："故赠人以言，重于金石珠玉；观人以言，美于黼黻文章；听人之言，乐于钟鼓琴瑟。"

作者巧妙地将《荀子》中不同篇目的文字组合在一起，却是表达了自己对"言语"的看法，使人觉得萧绎确实在组织编排上下了一番功夫。

又如《立言篇上》第30节：

①成瓦者炭，而瓦不可以得炭；润竹者水，而竹不可以得水。②蒿艾有火，不烧不燃；土中有水，不掘无泉。③百梅能使百人酸，一梅不足成味也。（序号为笔者加）

此节虽同源自《淮南子》卷一七《说林》，但其原在《说林》是并不相连的三个段落：①"瓦以火成，不可以得火；竹以水生，不可以得水。"②"槁竹有火，弗钻不然；土中有水，弗掘无泉。"③"百梅足以为百人酸，一梅不足以为一人和。"

（2）不同作者作品的拼合。即将不同作家作品中本不相属的文段组合成的一个新文段。如《立言篇上》第9节：

①晋平公问师旷曰："吾年已老，学将晚耶？"对曰："少好学者如日盛阳，老好学者如炳烛夜行。"追味斯言，可为师也。②《淮南》言："萧条者，形之君；寂寞者，音之主。"③又云："教者生于君子，以被小人；利者兴于小人，以润君子。"④孟子言："禹恶旨酒而乐善言。"⑤又云："若我得志，不为食前方丈，侍妾数百人。"斯言至矣。⑥故原宪之缊袍，贤于季孙之狐貉；赵宣之肉食，旨于智伯之刍豢；子思之银佩，美于虞公之垂棘。娇淫之理，岂可恣欤！人非有柳下、延陵之才，蒙庄、柱

史之志,其以此者,盖有以焉。虽复拔山盖世之雄,回天倒地之力,玉几为尊,金汤设险,骊山无罪之囚,五岭不归之戍,一有骄奢,三代同灭。⑦镌金石者难为力,摧枯朽者易为功,居得其势也。(序号为笔者加)

此节来源比较多:①《说苑》卷三《建本》:"晋平公问于师旷曰:'吾年七十,欲学,恐已暮矣。'师旷曰:'何不炳烛乎? ……臣闻之,少而好学,如日出之阳;长而好学,如日中之光;老而好学,如炳烛之明。炳烛之明,孰与昧行乎?'"

②《淮南子》卷一一《齐俗》:"故萧条者,形之君;而寂寞者,音之主也。"

③《淮南子》卷一〇《缪称》:"教本乎君子,小人被其泽;利本乎小人,君子享其功。"亦见《文子》卷下《微明》。

④《孟子·离娄下》:"孟子曰:'禹恶旨酒而好善言。'"

⑤《孟子·尽心下》:"孟子曰:'说大人,则藐之,勿视其巍巍然。堂高数仞,榱题数尺,我得志,弗为也。食前方丈,侍妾数百人,我得志,弗为也。般乐饮酒,驱骋田猎,后车千乘,我得志,弗为也。在彼者,皆我所不为也;在我者,皆古之制也,吾何畏彼哉?'"

⑥《盐铁论》卷四《贫富》:"原宪之缊袍,贤于季孙之狐貉;赵宣孟之鱼食,甘于知伯之刍豢;子思之银佩,美于虞公之垂棘。"

⑦《汉书》卷一三《异姓诸侯王表》:"镌金石者难为功,摧枯朽者易为力,其势然也。"

这些材料之所以能缀合在一起,是因为萧绎发现他们都论述同一事情,或说明同一道理。如《立言篇上》第 2 节,所引用的两则材料记述的都是关于"言"的格言。《立言篇上》第 9 节通过七则材料论述了学习的重要性。

所谓论断,就是在引用了大量材料后,萧绎往往在最后用自己的言语发表简单的看法,通过此议论将诸材料连贯在一起。如《立言篇上》第3节：

> 俭约之德，其义大哉！齐之迁卫于楚丘也，卫文公大布之
> 服、大帛之冠，务材、训农、敬教、劝学。元年，有车三十乘；季
> 年，三百乘也。岂不弘之在人。

第4则：

> 明月之夜可以远视，不可以近书；雾露之朝可以近书，不
> 通以远视。人才性亦如是，各有不同也。

前者抄自《左传·闵公二年》，①后者袭自《淮南子》卷一七《说林
训》。② 但前者"岂不弘之在人"，后者"人才性亦如是，各有不同也"
即是作者萧绎的断语。《金楼子·杂记篇上》篇题下有小字注
曰：③"此篇杂引子史，疑皆有断语。"通过断语，剿袭的材料变成了作
者观念的佐证，而非是资料的简单转录。又如《立言篇下》第48节：

> 曹植曰："汉之二祖，俱起布衣。高祖阙于微细，光武知于
> 礼德。……故曰建武之行师也，计出于主心，胜决于庙堂。故
> 窦融因声而景附，马援一见而叹息。"诸葛亮曰："曹子建论光
> 武，将则难比于韩、周，谋臣则不敌良、平。时人谈者亦以为
> 然。吾以此言诚欲美大光武之德，而有诬一代之俊异。何
> 哉？……"黄琼言："光武创基于冰泮之中，用兵于积棘之地，
> 有奇功也。"或曰："光武之时，敌宁有若项羽者？"余应之曰：

---

① 《左传·闵公二年》："僖之元年，齐桓公迁邢于夷仪。二年，封卫于楚丘。邢
迁如归，卫国忘亡。卫文公大布之衣、大帛之冠，务材、训农，通商、惠工，敬教、劝学，授
方、任能。元年，革车三十乘；季年，乃三百乘。"

② 《淮南子》卷一七《说林训》："明月之光可以远望，而不可以细书；甚雾之朝可
以细书，而不可以远望寻常之外。"

③ 此小注疑为四库馆臣所加。

"昔马援见公孙述,自修饰作边幅,知无大志。推羽之行,皆较然可见,而胡有疑也?仲长公理言世祖文史为胜,晋简文言光武雄豪之类,最为规检之风。世诚以为子建言其始,孔明扬其波,公理导其源,简文宏其说。则通人之谈,世祖为极优矣。"

文中"世诚"就是萧绎的字。文中引用了曹植、诸葛亮、黄琼对于汉高祖刘邦、光武帝刘秀谁优谁劣的看法,[①]最后,以"余应之曰"表达了自己的观点,萧绎是在充分阅读了前代典籍,了解比较昔人议论的基础上提出他的看法的,可谓有源有流,有根有据。

对于《金楼子》的这种著书方式,前人多有批评。宋黄伯思《东观余论》卷下《跋金楼子后》指出:"及观其书,但哀萃传记,殊无衿臆语,恐所著诸书类若是。"清李慈铭《越缦堂读书记·金楼子》云:"此书大半剿袭子史中语。"清谭献《复堂日记》卷五说:"自谓切齿于不韦、淮南之倩人,而杂采子史,取《淮南者》尤多,又与《文心雕龙》《世说新语》相出入,未免于稗贩也。"民国时刘咸炘《旧书别录》卷四(乙二)论《金楼子》则曰:

至于梁元《金楼》,遂成类书矣。其人本无学术,非有立言之旨,而猥慕著书之名,自言"笑淮南之假手,嗤不韦之托人",恃其聚书之富,抄纂陈说,杂记近事,以充篇幅。……书今存者凡十四篇,其曰《兴王》,曰《箴戒》,曰《后妃》,曰《说蕃》,皆抄古事,或末加数语;其曰《戒子》,曰《立言》,则杂抄古言,与己作混列。子史文篇无所不录,大氐抄八而作二,叙次无理,传写又乱之。其曰《捷对》,曰《志怪》,曰《杂记》,则记琐屑谐戏甚多,亦有几条古言;其曰《终制》,曰《自序篇》,则自述;曰

---

① 曹植之论见《艺文类聚》卷一二引魏陈王曹植《汉二祖优劣论》,诸葛亮、黄琼之论今仅见萧绎所引,原书亡佚。

《著书》,则自载所著之书及其序跋。统观全体,竟是书抄文集,陈言累累,绝少胸中之造,谓之纂言可耳,何谓立乎?……观其立意,盖亦欲以和会群言,仿《吕览》《淮南》之所为,而学识不逮,既无统宗,又无鉴别,智小谋大,故并类书而不成,仅与当时抄词之书(笔者注:原阙)之流校其长短。[①]

萧绎在《金楼子》中,"躬自搜纂",引用的书籍多达 120 余部,足见其学识渊博,但是全书却是"抄八而作二",能否称为"一家之言",颇让人怀疑?余嘉锡就指出:

杂家者"兼儒墨,合名法,知国体之有此,见王治之无不贯",故必杂取各家之长,入《吕览》《鸿烈》而后可。后世杂家,若《抱朴子外篇》《刘子新论》之兼道家,《金楼子》《颜氏家训》之兼释家,《长短经》之兼纵横家,此特于儒家之外,有所兼涉耳,未尝博综以成一家之学也。[②]

在后世研究者看来,"成一家言"与杂取诸家著作汇为一编者之间存在着巨大矛盾,《金楼子》是不能成为"一家之言"的。但问题是,对于《金楼子》这么一部"剿袭"的书,何以作者萧绎自己能视之为"一家之言"呢?

从前文对《金楼子》编纂形式的分析来看,萧绎对自己这种抄撰的著述方式并不避讳,因为他在许多章节中对材料来源的作者和篇名交代得非常清晰。显然在他看来,"剿袭"和"一家言"之间并不存在矛盾。究其原因,是因为从著述传统来看,《金楼子》确实也可以算作"一家之言"。而从南北朝的著述成例看,《金楼子》采取的乃是当时流行的著述体例之一。

---

① 黄曙辉编校《刘咸炘学术论集》,广西师范大学出版社 2007 年版,第 458 页。
② 余嘉锡《余嘉锡说文献学·古书通例》,上海古籍出版社 2001 年版,第 225 页。

最早提出“一家之言”说法的是西汉司马迁,他在其著作中两次提到此语:“序略,以拾遗补艺,成一家之言,厥协六经异传,整齐百家杂语,藏之名山,副在京师,俟后世圣人君子。”①“仆窃不逊,近自托于无能之辞,网罗天下放失旧闻,考之行事,稽其成败兴坏之理,凡百三十篇,亦欲以究天人之际,通古今之变,成一家之言。”②后来东汉明帝曾专门撷出“一家之言”以评价司马迁;③班固《汉书》卷一〇〇下《叙传》云:“乌呼史迁,熏胥以刑!幽而发愤,乃思乃精,错综群言,古今是经,勒成一家,大略孔明。”刘宋裴骃《史记集解序》谓《史记》:“虽时有纰缪,实勒成一家,总其大较,信命世之宏才也。”《宋书》卷一一《历志》:“司马迁制一家之言,始区别名题。”可见对于《史记》的“一家之言”,不仅司马迁自己有所期许,后世也是十分认同。

然关于“一家之言”的涵义,古人并没有给出具体解释。分析汉魏晋南北朝有关“一家之言”的评论,范围并不限于史学,而是涉及经学、子学、医学、宗教、绘画等诸多领域,且多是指将前人的著作材料进行整理加工,以自己的著述形式表现出来,重点在“一家”上。“一家”是相对“众家”而言,即将众家言论进行总结归纳,以勒成一部著述。《隋书》卷三三《经籍志》“史部”论古代史书之作,尤其是《史记》如何撰述的,就明确指出是据遗文古事、前代著述而成一家之言的:“谈乃据《左氏》《国语》《世本》《战国策》《楚汉春秋》,接其后事,成一家之言。谈卒,其子迁又为太史令,嗣成其志。上自黄帝,讫于炎汉,合十二本纪、十表、八书、三十世家、七十列传,谓之《史记》。”

对于司马迁《史记》的材料来源,学界早有研究,认为源自政府的档案、现成的书篇、父亲的旧稿、实际的见闻和自己的推断等方

---

① 《史记》卷一三〇《太史公自序篇》。
② 《汉书》卷六二《司马迁传》录司马迁《报任安书》。
③ 《文选》卷四八班孟坚《典引》载永平十七年,班固与贾逵等,召诣云龙门。汉明帝诏曰:“司马迁著书,成一家之言,扬名后世。”

面。"认真说起来,他在《史记》中根据已成的东西处是远超过于自己的摸索的。""他著述既已依据前人为多,所以他的工作乃是整理剪裁(这就是他所谓"整齐"),乃是对已有文献而寻出或赋予一种意义。"①对于《史记》的写作体例,司马迁自己也曾解释道:"余所谓述故事,整齐其世传,非所谓作也。而君比之于《春秋》,谬矣。"②司马迁自认《史记》是"述",而非"作"。《礼记·乐记篇》说"作者之谓圣,述者之谓明"。"作"有发明创造之意,"人未知而己先知,人未觉而己先觉,因以所先知先觉者教人,俾人皆知之觉之,而天下之知觉自我始",故谓之"圣"。"述"则是整理阐述前人成说,即"已有知之觉之者,自我而损益之;或其意久而不明,有明之者,用以教人,而作者之意复明"。③《论语·述而》云:"子曰:述而不作,信而好古,窃比于我老彭。"朱熹集注:"述,传旧而已。作,则创始也。故作非圣人不能,而述则贤者可及。"孔子尚不敢称自己为"作",因为"作"是圣人的事。而司马迁撰写《史记》,亦不敢称为"作"。显然司马迁所说的"成一家之言"并没有独创之意。在司马迁看来,"成一家之言"和材料的来源之间并无直接关系,所谓"厥协六经异传,整齐百家杂语",关键是如何处理材料,即通过"整齐"赋予已有文献一种新的意义。

这种依托旧有材料,重新整理裁剪的著述方式得到了南北朝时学者的认同,甚至是推崇。《晋书》卷八二《王隐传》提供了一个很极端的例子:

> 太兴初,典章稍备,乃召隐及郭璞俱为著作郎,令撰晋史。豫平王敦功,赐爵平陵乡侯。时著作郎虞预私撰《晋书》,而生长东南,不知中朝事,数访于隐,并借隐所著书窃写之,所闻渐广。是后更疾隐,形于言色。预既豪族,交结权贵,共为朋党,

① 李长之《司马迁之人格与风格》,天津人民出版社,第109—110页。
② 《史记》卷一三〇《太史公自序篇》。
③ 清焦循《雕菰集》卷七《述难篇》。

以斥隐，竟以谤免，黜归于家。贫无资用，书遂不就，乃依征西将军庾亮于武昌。亮供其纸笔，书乃得成，诣阙上之。隐虽好著述，而文辞鄙拙，芜舛不伦。其书次第可观者，皆其父所撰；文体混漫义不可解者，隐之作也。

王隐（字处叔）撰《晋书》，书为虞预（字叔宁）所窃，结果是王隐《晋书》虽成，却因"文辞鄙拙"，"芜舛不伦"，"文体混漫义不可解"，故不足观。虞预虽是窃写，却成了一家之言：

> 处叔区区，励精著述，混淆芜舛，良不足观。叔宁寡闻，穿窬王氏，虽勒成一家，未足多尚。①

今人以为"成一家之言"是指材料到观点均需具有完全的独创性，乃是受到清代顾炎武的影响。顾氏认为著书立说要"古人之所未及就，后世之所不可无"才有价值："子书自孟、荀之外，如老、庄、管、商、申、韩，皆自成一家言。至《吕氏春秋》《淮南子》，则不能自成，故取诸子之言汇而为书，此子书之一变也。"②章太炎在《学变》中也说："著书莫易以杂说援比诸家，故季汉而降，其流不绝。"③均是对剿袭他文以成书者表示不满。罗根泽在对诸子进行了一番研究后，并不同意顾炎武的看法：

> 顾炎武诋毁《吕览》《淮南》的"取诸子之言，汇而成书"。是的，这有很多的因袭成分。但或则诸人之言，零碎散乱，隐霾不彰，汇而总述，形成学说；或则诸人之言，各照一隅，罕观通衢，左右采获，蔚为宏议；或则诸人之言，互有短长，取长弃短，别构体系。……第三种的例证，就是《吕览》《淮南》的"诸

① 《晋书》卷八二史臣论。
② 顾炎武《日知录》卷十九《著书之难》，岳麓书社 1994 年版，第 678 页。
③ 傅杰编校《章太炎学术史论集》，中国社会科学出版社 1997 年版，第 273 页。

子之言,汇而为书"。近代的研究者,有的推为系统哲学家,因为虽无发明,却能"兼儒墨,合名法",构一新体系,也便是"以述为创"了。①

罗氏认为创造有四种形式:(1)纯粹的创造;(2)综合的创造;(3)演绎的创造;(4)因革创造。综合也可以是一种创造,同样可以产生优秀的著作。"综合的创造",就是古人说的"述",也就是"编述"。而在传世作品中,编述著作是最多:"'编述'是在许多可以凭借的材料的基础上,加以提炼制作的功夫,用新的义例,改编为另一种形式的书籍出现。尽管那里面的内容,不是作者的创造而是从别的书内取来的;但是经过了细密的剪裁、熔铸,把旧材料变成更适用的东西,这便是'编述'。"②"编述"工作包括书籍的改编,文献的取舍,以及一切有关提炼制作的功夫。没有高才卓识,自然谈不上对别人的原著有所"损益"。所以成功的编述作品,其价值并不在著作之下。张舜徽认为:"编述工作的极则,在能改造旧资料成为新的适时的书籍。"③一部编述性的著作不在于引用它书的多少,关键在于它对旧材料的改造融合程度,即是否能将这些材料融入自家的著作中,形成一部有完整体系的新著作。成功的编述作品,其价值并不在著作之下,④更不损其为一家之言。

重回魏晋南北朝的历史语境,可知此时"成一家之言"乃是要求作者对材料的编排要有自己的体例,对其处理要有自己的方法,论述要有统一的语调。这从此时的其他著述也可以得到证明。如:

(1)三国魏曹植《与杨德祖书》云:"若吾志未果,吾道不行,则

① 罗根泽《中国文学批评史》,上海书店出版社 2003 年版,第 26—27 页。
② 张舜徽《中国古代史籍校读法·认识古人著述体要》,中华书局 1962 年版,第199 页。
③ 同上书,第 199—202 页。
④ 参张舜徽著《中国文献学》,华中师范大学出版社 2004 年版,第 26—29 页。

将采庶官之实录,辩时俗之得失,定仁义之衷,成一家之言。虽未能藏之于名山,将以传之于同好。"①曹氏所谓"采庶官之实录,辩时俗之得失",乃是模仿司马迁,即以前人的材料为基础,创作自己的一家之言。

（2）东晋干宝《搜神记》序云:"今之所集,设有承于前载者,则非余之罪也。若使采访近世之事,苟有虚错,愿与先贤前儒分其讥谤。及其著述,亦足以发明神道之不诬也。"干宝交代《搜神记》的材料来源是"前载"和"近世之事",可见这种采纳他书材料的著述方式在当时十分流行。

（3）与萧绎同时代的刘勰的子书《刘子》也带有明显的兼采众书之言以成一书的著述特点。《刘子》在著述体例上兼采众书的数量和比例也是非常高,全书二万九千多字,其中有八千多字的语句段落可以在前代典籍中找到相同或近似的表述,约占全部篇幅的36％。《刘子》在材料的"剿袭"上和《金楼子》有惊人的相似之处。这种广采成言旧说,既是杂家类子书如《吕氏春秋》《淮南子》的传统写法,也是魏晋以来子书著述体例的一种发展趋势,乃时代风气使之然。

《金楼子》的这种撰述体例,与南朝的社会文化氛围也有极大关系。

南朝社会博学成风,梁武帝时尤甚,故史载"大同中,学者多涉猎文史,不为章句"（《陈书》卷三三《儒林·沈洙传》）。要博学就得有书籍,齐梁时,官私聚书都达到了高潮。齐永明中,秘书丞王亮、监谢朏造《四部书目》,载书一万八千一十卷。梁初,朝廷有书二万三千一百六卷,这还不包括佛典。私人聚书更是惊人。沈约,"聚书至二万卷,京师莫比"（《梁书》卷一三《沈约传》）。任昉,"坟籍无所不见,家虽贫,聚书至万余卷,率多异本"（《梁书》卷一四《任昉传》）。王僧孺,"好坟籍,聚书至万余卷,率多异本,与沈约、任昉家

---

① 见《文选》卷四二曹子建《与杨德祖书》,《金楼子·杂记上》亦引有此文。

书相埒。少笃志精力,于书无所不睹。其文丽逸,多用新事,人所
未见者,世重其富"(《梁书》卷三三《王僧孺传》)。张缅,"性爱坟
籍,聚书至万余卷。抄《后汉》《晋书》,众家异同,为《后汉纪》四十
卷,《晋抄》三十卷。又抄《江左集》,未及成"(《梁书》卷三四《张缅
传》)。梁宗室吴平侯萧景子劢,"聚书至三万卷,披玩不倦,尤好
《东观汉记》,略皆诵忆。刘显执卷策励,酬应如流,乃至卷次行数
亦不差失"(《南史》卷五一《梁宗室》)。①

　　藏书数量大增,然而人的精力和记忆力是有限的,无法浏览阅
读所有的书籍,更无法全部记忆。如萧绎自称藏书七万卷,日夜奋
读,一辈子四十余年也只泛览了万卷。故在当时,抄书之风盛行。
常见的做法就是分门别类摘抄辑录旧籍,做成简本或选本,以为隶
事炫博的知识储备,既方便翻阅记诵,又节省了时间。如上文之沈
约藏书二万卷,撰有《子抄》;张缅藏书万卷,有《晋抄》《江左集》等
抄录著作。其他如庾仲容抄诸子书三十卷,众家地理书二十卷,
《列女传》三卷。另萧统撰《文选》,徐陵撰《玉台新咏》,刘孝标编撰
《类苑》,徐僧权等撰《华林遍略》,萧绎撰《内典博要》,都是资料选
编。《金楼子》同样受到了此种抄书之风的影响:

　　　　诸子兴于战国,文集盛于二汉,至家家有制,人人有集。
　　其美者足以叙情志,敦风俗;其弊者只以烦简牍,疲后生。往
　　者既积,来者未已。翘足志学,白首不遍。或昔之所重,今反
　　轻;今之所重,古之所贱。嗟我后生,博达之士,有能品藻异
　　同,删整芜秽,使卷无瑕玷,览无遗功,可谓学矣。(《金楼子·
　　立言篇上》)

　　萧绎就是感觉到人生有限,而书籍太多,无法"览无遗功",故
摘其精华,以成著述。但和其兄昭明太子萧统《文选》对前人文章

全篇照录不同，①萧绎是"品藻异同，删整芜秽"，即是"一边抄写，一边断章取义，借古典来表达自己思想感情"，其主观倾向性更明显，而"如此断章取义、编辑成书，正是六朝式的方法"，是基于时代变化而产生的新批评标准来编的现代的选集。②

正是受到时代著述风潮的影响，同时继承了传统的"一家言"的做法，萧绎才觉得自己撰写的《金楼子》是一家之言。

六、"私人化"写作

从内容上看，《金楼子》比较庞杂凌乱，似不成体系。在体例上，《金楼子》取材多援据旧籍，缺乏系统的观点和思想体系。这些都极大地影响了它的学术价值。

但如果从子书发展史的角度看，《金楼子》又是一部极其有价值的书。

《金楼子》是一部"私人化和个人化"的作品。③ 首先，萧绎极力保持此书的独撰性，尽管有《吕氏春秋》《淮南子》等"集体性"著作的先例和下属"共著"的好心建议，萧绎依然坚持独立完成此书。

其次，萧绎在书中屡屡谈及有关自己个人生活的细节，表达自己的喜怒哀乐，如对父母的思念、婚姻的不幸、学习的好奇、藏书的乐趣等，甚至一些一般人会回避的"敏感内容"也载入其中。在《金楼子》中的文字，"所呈现出来的，也不再是那个以理智控制感情的传统子书的作者，而是一个充满野心、欲望、焦虑、嫉妒，性格缺点重重，一生被身体残疾所苦，甚至被身体残疾所定义的个人。就这样，萧绎用一部既沿袭传统又改造了传统的子书，宣告了子书的黄

---

① 萧统《文选·序》："余监抚余闲，居多暇日。历观文囿，泛览辞林，未尝不心游目想，移晷忘倦。自姬、汉以来，眇焉悠邈，时更七代，数逾千祀。词人才子，则名溢于缥囊。飞文染翰，则卷盈乎缃帙。自非略其芜秽，集其清英，盖欲兼功太半，难矣！"

② ［日］兴膳宏著，戴燕译《梁元帝萧绎的生涯和〈金楼子〉》，收《异域之眼——兴膳宏中国古典论集》，复旦大学出版社 2006 年版。

③ 田晓菲《诸子的黄昏：中国中古时代的子书》，载《中国文化》第二十七期。

昏"。①

可见,从子书发展历程看,《金楼子》无论是编撰体例还是内容选择,均表现出不同于传统子书的特点。它因其剿袭体例而宣告了传统子书的末路,但又因其"个性化和私人性"而暗示了日后全新的形式——笔记——的兴起。

(一) 个人化

萧绎在《金楼子》中敞开了心扉,尽情表达了自己的喜怒哀乐,甚至还显露了他隐隐约约的野心。

在《金楼子》中,萧绎会因为父亲偶尔的青眼相加就喜出望外,"上诸子之中,特垂慈爱,赐赍相接。其日赋诗,蒙赏其晚。道义被称,左右拭目,朋友改观。此时天高气清,炎凉调适,千载一时矣"。② 也会因父母的去世而痛苦伤心,以至于"触目屠殒,自咎自悼","拊膺屠裂,贯裁心髓","烦冤拔懊,肝心屠裂。攀号膈臆,贯截骨髓","拊膺哽恸","废书而泣血","肝胆糜溃。贯切痛绝"。③ "不厌丁年之内,遭此百忧,一同见似,甘心殒越。……忽忽穷生,百年之内,曷由复如此矣。痛矣过隙,哀哉逝川,泪尽而继之以血,不知复何从陈也"。④ 对于家仇国恨,萧绎长叹"宗庙在都,匈奴未灭,拊心长叫,万恨不追"(《立言篇上》)。对于疾病的侵袭,萧绎焦虑痛苦,"吾企及推延,岂能及病。偶属炎夏,流金煎石,气息绵微,心用惘恍,虑不支久,方从风烛"(《终制篇》)。对于时间的流逝,萧绎伤感生命的脆弱,忧虑功业无成,"吾假延晷漏,常虑奄忽"(《立言篇下》)。"人间之世,飘忽几何,如凿石见火,窥隙观电。萤睹朝而灭,露见日而消"(《自序篇》)。

在子书中,如此表达情感是少见的,因为此前的子书多以议论为主,文字冷静而理性,而《金楼子》文字感性,情感热烈,是将叙

① 参田晓菲《诸子的黄昏:中国中古时代的子书》,载《中国文化》第二十七期。
② 《金楼子·杂记篇上》。
③ 《金楼子·后妃篇》。
④ 《金楼子·立言篇上》。

事、抒情散文的写法带进了子书创作。

除了抒情外,《金楼子》中还出现了极其私人化的写作内容,甚至成了萧绎的私密记事录。如自己的病痛,妻子的不忠。为了教子,《金楼子》单列有《戒子篇》;为了身后之事,《金楼子》单列《终制篇》,记下了自己的遗嘱。

在《金楼子》中,萧绎还会对事实进行隐瞒歪曲。如《说蕃篇》第52节载齐萧子响在荆州私造器仗,为人所告发,"竟被诛"。而事实是萧绎祖父顺之奉齐武帝长子文惠太子之私命,将萧子响缢死。萧绎称萧子响为朝廷所杀,乃是为祖父避讳,故意曲写了这段历史。

萧绎甚至还偷偷利用《金楼子》来丑化报复别人,发泄自己的不满情绪。《杂记篇》第39节记载:

> 庐陵威王之蓄内也,千门相似,万户如一。斋前悉施木天以蔽光景,春花秋月之时,暗如深夜撤烛。内人有不识晦明者,动经一纪焉。所以然者,正以桑中之契,奔则难禁;柳园之下,空床多怨。所以严其制而峻其网,家人譬之廷尉,门内同于苦庐。虽制控坚严,而金玉满室,土木缇屩,不可胜云。及凶寇济江,而凭陵京邑,王之邸第,迩于路左,重门自启,无复击柝之声;春服初成,遂等阆氏之饰。黄金满匮,前属九虎;白璧千双,后输六郡。向之所闭,今之所开;向之所聚,今之所散。屏去三惑,可不戒乎?

庐陵威王萧续是萧绎的五哥。史载萧续在荆州,"多聚马仗,畜养骁雄,金帛内盈,仓廪外实"(《梁书》卷二九《庐陵威王续》)。续死于中大同二年(547),此时侯景之乱尚未爆发。所谓"凶寇济江","重门自启"完全是萧续死后之事。何以在五兄死后,萧绎还要在《金楼子》中揭露自己的哥哥蓄内好色、残酷无情呢?原来萧绎、萧续早就关系不和。当年因"西归内人"事,致使"二王书问不通"

《南史》卷五三《萧续传》,亦参本书第二章第四节"西归内人")。
而造成萧绎和"西归内人"李桃儿分离的人正是五兄萧续,萧绎对
萧续怀恨在心,故在《金楼子》中载萧续闺门不谨以报复之。

侯景之乱爆发,萧续王府被毁,姬妾失散,钱财被抢夺,萧绎对
此多少有些幸灾乐祸。在《金楼子》中记载此事时,表面看起来公
正客观,但却对兄弟间矛盾只字不提,反而煞有介事地要以萧续聚
敛财富、喜好女色的行为为戒,显得很不厚道。其实,萧续临死前
早就悔悟了自己的行为:

> 续多聚马仗,蓄养趫雄,耽色爱财,极意收敛,仓储库藏盈
> 溢。临终有启,遣中隶事参军谢宣融送所上金银器千余件,武
> 帝始知其富。以为财多德寡,因问宣融曰:"王金尽于此乎?"
> 宣融曰:"此之谓多,安可加也。夫王之过如日月蚀,欲令陛下
> 知之,故终而不隐。"(《南史》卷五三《萧续传》)

萧绎睚眦必报,连自己的兄弟也不原谅,于萧续死后仍纠缠不休,
甚至以文字著述对其进行丑化,则有借机报复之嫌。

虽然《金楼子》不如先秦两汉子书那样关注政治现实,但如果
仔细分析《金楼子》的编排,可以发现萧绎还是有很浓的政治情怀
的。其首篇是《兴王》,次篇是《后妃》,可见作者是想以史为鉴,通
过历代帝王、后妃的成败事例给人以经验借鉴,其后《说蕃》诸篇,
均是"言人事,陈政术"的。全书夹叙夹议的叙事策略也让作者的
观点时时凸显,萧绎实则也不仅仅是想抄抄书,罗列罗列史实,而
是要通过精心的篇目安排、历史人物前言往行的选择来"通古今之
变",最终"成一家之言"。所以,当我们读《金楼子》时,可以发现作
者在炫耀才学的文字背后,还隐藏着一颗躁动不安的政治野心,只
不过这个野心掩盖在文学性而非理论性的话语之下。

在《南史》卷八《梁本纪·元帝纪》中记载了一段很有意思
的话:

> 与裴子野、刘显、萧子云、张缵及当时才秀为布衣交。常
> 自比诸葛亮、桓温,惟缵许焉。

萧绎自比诸葛亮、桓温,似乎并没得到时人的普遍认可。但萧绎为何还要"常"将自己比之呢? 在此,结合《金楼子》的有关记载,对这个问题略作讨论,也许能让我们更深入的了解萧绎。

在《金楼子》中,将诸葛亮、桓温并载只出现了一次。《立言篇上》说:

> 周公没五百年有孔子,孔子没五百年有太史公。五百年运,余何敢让焉! 但水至清则无鱼,人至察则无徒,斯言至矣。正当不穷似智,正谏似直,应谐似优,秽德似隐。尝谓人曰:诸葛武侯、桓宣武并翼赞王室,宣威遐外,此鄙夫之所以慕也;董仲舒、刘子政深精《洪范》,妙达《公羊》,鄙夫之所以希也;荣启期击磬纵酒行歌,斯为至乐,鄙夫之所以重也。何者? 请试论之:夫以武侯之贤,宣武之智,自天佑之,盖有以然也。假使逢文明之后,值则哲之君,不足为鄙夫扶毂,岂青紫之可望邪? 东方鼠虎之谕,斯得之矣。及仲舒之学术,子政之探微,见重元光之初,声高建始之末,通宵忘寐,终日下帷,不有学术,何以成器? 川溜决石,可不勉乎? 驰光不留,逝川倏忽。尺璧非宝,寸阴可惜。文武二途,并得俦匹。启期击磬,彼独何人? 宁止伯鸾之诗,将同威辇之咏。一以我为马,一以我为牛,庄周往矣,嗣宗长逝。吾知宇宙之内,更有人哉!

萧绎直截了当地提出:"五百年运,余何敢让焉!"四库馆臣以为:"至于自称'五百年运,余何敢让',俨然上比孔子,尤为不经。是则瑕瑜不掩,亦不必曲为讳尔。"(《四库全书总目·金楼子》)清李慈铭更称:"《立言篇》有云:'周公没五百年有孔子,孔子没五百年有太史公。五百年运,余何敢让焉?'几于病狂之言。"(《越缦堂读书

记·金楼子》)其实萧绎何止是上比孔子,他还有意自许为周公,如出封为湘东郡王时,他就暗自下定决心要有所作为:"岂连镳于分陕,羡追踪于二公"(《玄览赋》)。二公就是西周时周公和召公。清姚振宗亦云:"帝又数言'余于天下为不贱也',则在蕃时居然以周公自命。"①显然,此时萧绎雄心万丈,信心满满,以自己为"五百年运"的承接者。

"五百年运"最早是先秦孟子提出的。孟子曾指出,从尧舜至于汤五百年,从汤至于文王五百年,由文王至于孔子亦五百年,故五百年必有圣王出现。②然"五百年运"有两种,从尧舜而来的是王权,从孔子而来的则是道统,因为孔子只是"素王"。后世有作为的思想家,不敢奢望王权的传承,故而每每以五百年道统传承相许。司马迁就曾以"五百年运"的道统自许。《史记》卷一三〇《太史公自序篇》载:"太史公曰:'先人有言:'自周公卒五百岁而有孔子。孔子卒后至于今五百岁,有能绍明世,正《易传》,继《春秋》,本《诗》《书》《礼》《乐》之际?'意在斯乎!意在斯乎!小子何敢让焉。'"萧绎希望承接的"五百年运"从表面上似乎是道统。因为下文萧绎袒露心扉,告诉世人自己要学董仲舒、刘子政潜心学术,而不能学诸葛亮、桓温辅佐王事,建功立业。

然萧绎对于学董仲舒、刘子政潜心学术似乎又心有不甘。只是因自己身逢文明之世,没有像诸葛亮、桓温一样有建功立业的机会。面对时间的流逝,才像董仲舒、刘子政一样埋首于学术。最后,萧绎自我安慰,建功立业和著书立说是一样的:"文武二途,并得俦匹。"并且以潇洒的庄子和不羁的阮籍为知音,想像他们一样

---

① 姚振宗《隋书经籍志考证》卷三〇杂家类《金楼子》案语,清华大学出版社 2014 年版,第 1235 页。

② 《孟子·尽心下》:"孟子曰:'由尧舜至于汤,五百有余岁。若禹皋陶,则见而知之;若汤,则闻而知之。由汤至于文王,五百有余岁,若伊尹、莱朱,则见而知之;若文王,则闻而知之。由文王至于孔子,五百有余岁,若太公望、散宜生,则见而知之;若孔子,则闻而知之。由孔子而来至于今,百有余岁,去圣人之世若此其未远也,近圣人之居,若此其甚也,然而无有乎尔,则亦无有乎尔。'"

追求洒脱的生活和精神的自由,此实则均是建功无望后的自我安慰。显然《金楼子·立言篇上》中对于诸葛亮、桓温不是否定,乃是羡慕而不得的无奈。

萧绎两次出为荆州刺史,在荆州待了二十余年。这里是诸葛亮和桓温建立功业的地方,无疑给了萧绎强烈的刺激和无穷的遐想。《三国志》卷三五《诸葛亮传》载亮为刘备谋划,以为荆州乃"用武之国",后来诸葛亮在赤壁之战中从孙权手中借得荆州数郡,①以此为根据地,才建立了三分天下的功业。《晋书》卷九八《桓温传》载:"温与庾翼友善,恒相期以宁济之事。翼尝荐温于明帝曰:'桓温少有雄略,愿陛下勿以常人遇之,常婿畜之,宜委以方召之任,托其弘济艰难之勋。'翼卒,以温为都督荆梁四州诸军事、安西将军、荆州刺史、领护南蛮校尉、假节。"永和元年(345),桓温出为荆州刺史,代替庾氏镇守荆州,进而进军蜀中,灭掉了成汉政权,为自己赢得了巨大的声誉。荆州的这些历史人物,作为爱好文史的萧绎肯定是非常清楚的。《金楼子》中对诸葛亮推崇备至,如《杂记篇下》载:

> 诸葛、司马二相,诚一国之宗师,霸王之贤佐也。孔明起巴蜀之地,蹈一州之土,省任刑法,整齐军伍,步卒数万,长驱祁山,慨然有河、洛饮马之志。仲达据天下十倍之地,仗兼并之众,据牢城,拥精锐,无擒敌之意。若此人不亡,则雍、凉败矣。方之司马,理大优乎!

而《金楼子》中关于桓温的记载并不多,其中最重要的一条恰是记载桓温在荆州的事迹。《立言篇下》:

> 桓元子在荆州,耻以威刑为政。与令史杖,上梢云根,下拂地足,余比庶几焉。《诗》云:"宜民宜人,受禄于天。"

---

① 参《三国志》卷三二《先主传》裴松之注。

中大通三年(531)萧绎长兄太子萧统去世,三兄萧纲被立为太子。"废嫡立庶"事件,彻底搅乱了梁代的政局。而此后几年,萧绎在荆州刺史任上,隐隐约约也看了自己前途的新希望,其常以三国时以荆州为基地而辅佐刘备的诸葛亮和东晋时曾为荆州刺史后大权在握的桓温自比,不无可能。萧绎以诸葛亮、桓温自比,是怀有建功立业的强烈政治抱负,甚至有争夺太子之位的政治野心的。而此种野心之生发,原因之一就是荆州历史和地理给予萧绎的种种刺激和心理暗示。①

以此心境来反观《金楼子·立言篇上》中文字,就可以发现所谓"五百年运",似乎就不仅仅是道统的传承了,应该还有王权的继承。而萧绎之所以对东方朔的"鼠虎之喻"颇有感触,②恐怕是将自身处境较之于哥哥萧纲而发出的不平之声。只因为父亲的偏爱,萧纲就从昨天还和自己一样的诸侯王变成了太子,而自己依然还是湘东王,依然没有建功立业的机会,只能以著述终老,以庄子、阮籍等贤人来做一点精神上的自我安慰。

从这个角度来说,裴子野、刘显、萧子云都只是萧绎的文学知己,③而张缵才是萧绎政治上的知己。而正是因为侯景之乱中张缵的一封书信,开启了萧绎大杀子侄,争夺天下的序幕。

---

① 《南史》卷八《梁本纪·元帝纪》载:"初,承圣二年三月,有二龙自南郡城西升天,百姓聚观,五采分明。江陵故老窃相泣曰:'昔年龙出建康淮,而天下大乱,今复有焉,祸至无日矣。'帝闻而恶之,逾年而遘祸。又江陵先有九十九洲,古老相承云:'洲满百,当出天子。'桓玄之为荆州刺史,内怀篡逆之心,乃遣凿破一洲,以应百数。随而崩散,竟无所成。宋文帝为宜都王,在藩,一洲自立,俄而文帝篡统。后遇元凶之祸,此洲还没。太清末,枝江杨之阁浦复生一洲,群公上疏称庆,明年而帝即位。承圣末,其洲与大岸相通,惟九十九云。"此可略窥荆州地域和历史人物对萧绎的心理暗示。

② 《汉书》卷六五《东方朔传》赞:"然朔名过实者,以其诙达多端,不名一行,应谐似优,不穷似智,正谏似直,秽德似隐。"正是在亦庄亦谐的智慧中,汉代的东方朔生存了下来。因为东方朔意识到皇权的威力:"故绥之则安,动之则苦;尊之则为将,卑之则为虏;抗之则在青云之上,抑之则在深泉之下;用之则为虎,不用则为鼠;虽欲尽节效情,安知前后?"

③ 《金楼子·序》:"老生有言:'知我者希,则我者贵矣。'有是哉,有是哉!裴几原、刘嗣芳、萧光侯、张简宪,余之知己也。伯牙之琴,嗟绿绮之长废;巨卿之骥,驱白马其安归?"裴几原即裴子野,刘嗣芳即刘显,张简宪即张缵,萧光侯即萧劢。

《金楼子》中的此种文字,其实乃是作者萧绎矛盾焦虑心境的无意流露,而使这部子书更加的私人化和感性化,有别于先秦两汉的子书了。

(二) 谈论学问

相较于前代的子书,《金楼子》虽然也在"言人事、陈政术",但凸显人事、政术的方式乃是前言往行的摘抄,既缺乏理论的系统性,又缺乏对现实的关照。在《金楼子》中,萧绎摘抄历代帝王、后妃的逸事,更多关注的是其灵异怪诞的身体特征,如"尧眉八采,日角方目,足有玄武之字,手有三河之文,丰下锐上"。"帝舜有虞氏,龙颜大口,圆天日角,出额重鼻,足履龟文,目重瞳子,身长九尺一寸,常梦击天鼓"。大禹,"虎鼻大口,两耳参镂,首戴钩铃,身长九尺九寸,胸有黑子如玉斗焉,手长至膝,胫无毛,左手中十七黑子"。(《兴王篇》)虽然也辑录了不少帝王、诸侯王成败的故事,却对他们成败的原因、得失的经验缺乏总结。读完《金楼子》,只见一堆书本材料的排列组合,读者会感叹作者读书的广泛、学识的渊博,却看不到作者自己的高明识见。书中《立言篇》上下、《志怪篇》《杂记篇》上下占了很大的篇幅,这几篇均无理论价值,仅仅是书本文字的摘抄。《志怪篇》前有小序,明确说:"夫耳目之外,无有怪者。余以为不然也,水至寒而有温泉之热,火至热而有萧丘之寒。……谅以多矣,故作《志怪篇》。"因为世上奇怪的事很多,所以将其搜集在一起。这已经和《搜神记》等六朝志怪小说创作没有区别了。故四库馆臣亦云:"梁元帝《金楼子》,体侪说部。"(《四库全书总目》卷九四《御制日知荟说提要》)

作为一部"私人化"的著作,萧绎在《金楼子》中大量地谈论学术,发表自己的独特学术发现,然而作者更感兴趣的也不是学理探讨,而是文献知识的讨论。在《金楼子》的有关章节的讨论中,萧绎如同一介老儒,视野局限于典籍的文句异同之间,如《杂记篇上》第22节:

　　《太史公书》有时而谬。《郑世家》云子产郑成公子,而实子国之子也。《尚书·顾命》卫实侯爵,《卫世家》则言伯爵,斯又乖也。《尚书》云启金縢是周公东征之时,《史记》是姬旦薨后,又纰缪焉。其余琐碎亦不为少。

《史记》卷四二《郑世家》:"子产者,郑成公少子也。"《左传·襄公八年》:"郑人皆喜,唯子产不顺。"晋杜预注:"子产,子国子。"萧绎指出《史记》此处记载的错误,足见其读史的认真仔细。其读史,抑或是将不同书籍的相同人物或事件记载比勘,故能发现问题。如下文所云周成王开启金縢的时间,萧绎就是将《尚书》和《史记》比对。但萧绎有时也有读书粗疏,过责古人之毛病。如卫国的封爵问题,萧绎以《尚书》所载来衡量《史记》,以为《史记》所载是伯爵有误。此实际是萧绎自己读书之误。《尚书·顾命》确称"卫侯",《史记》卷三七《卫康叔世家》载卫为"伯":"成王长,用事,举康叔为周司寇,赐卫宝祭器,以章有德。康叔卒,子康伯代立。康伯卒,子孝伯立。"然《史记》中此处"伯"并非五等爵位之一,而是指方伯,即诸侯之长,卫之爵位仍为侯。故唐司马贞《索隐》云:"《康诰》称命尔侯于东土,又云'孟侯,朕其弟,小子封',则康叔初封已为侯也。比子康伯即称伯者,谓方伯之伯耳,非至子即降爵为伯也。故孔安国曰'孟,长也。五侯之长,谓方伯'。方伯,州牧也,故五代孙祖恒为方伯耳。至顷侯德衰,不监诸侯,乃从本爵而称侯,非是至子而削爵,及顷侯赂夷王而称侯也。"起萧绎于地下,使读司马贞此说,或可解惑矣。

在《金楼子》中,萧绎对博学之士赞赏有加。《杂记篇上》第51节记载的就是丘迟、任昉(卒,谥敬子)、沈约(卒,谥隐)、傅昭(官金紫光禄大夫)等人谈论学术的风流雅事:

丘迟出为永嘉郡,群公祖道于东亭。任敬子、沈隐侯俱至。丘云:"少来搜集书史,颇得诸遗书,无复首尾,或失名。凡有百余卷,皆不得而知。今并欲焚之。"二客乃谓主人云:

"可皆取出共看之。"傅全紫末至,二客以向诸书示之,傅乃发擿剖判,皆究其流,出所得三分有二,宾客咸所悦服。

本是探索天人秘密、研寻社会规律、讨论国家大事的子部著作,在萧绎这里已经转变为文籍间的较长论短的学术笔记了。至此,子书创作已经严重脱离了现实,而被局限在一个狭小的范围内,成为书斋里的智力游戏和文化身份的象征。

萧绎没能跳出书本知识学术讨论的狭隘范围,相较于先秦两汉子书和子家,萧绎的《金楼子》格局太小。诸子学术的产生,本是周代天子衰微、王官解体、社会动荡之际,思想界为解决社会现实政治问题而产生的,每一家学术的产生均是有一定的现实针对性。《汉书·艺文志》云:"诸子十家,其可观者九家而已。皆起于王道既微,诸侯力政,时君世主,好恶殊方,是以九家之术,蜂出并作,各引一端,崇其所善,以此驰说,取合诸侯。"《淮南子·要略》也探讨了诸子兴起的原因,以为:"文王之时,纣为天子,赋敛无度,杀戮无止,康梁沉湎,宫中成市,作为炮烙之刑,剖谏者,剔孕妇,天下同心而苦之。文王四世累善,修德行义,处岐周之间,地方不过百里,天下二垂归之。文王欲以卑弱制强暴,以为天下去残除贼而成王道,故太公之谋生矣。……晚世之时,六国诸侯,溪异谷别,水绝山隔,各自治其境内,守其分地,握其权柄,擅其政令。下无方伯,上无天子,力征争权,胜者为右,恃连与国,约重致,剖信符,结远援,以守其国家,持其社稷,故纵横修短生焉。"然魏晋以来,王权日益集中,中央集权化加强,学人渐渐在学术上疏离"政治",缺乏谈论和探讨现实问题的动力和勇气,"迄至魏晋,作者间出,谰言兼存,琐语必录,类聚而求,亦充箱照轸矣"。[1] 至南北朝时期,这种局面并没有改变。聪明的学人,为了求新求变,只得在子书内容形式上拓展,于是就有了像《颜氏家训》这种以"家训"面目出现的子书著作,而

---

① 《文心雕龙·诸子》。

《金楼子》也是这种新变中一部代表性的作品。

从思想史的角度看,《金楼子》因思想深度不够,尚不足以占有一席之地;而从子学史的角度看,《金楼子》因其"私人化"的写作而开启了子书写作的新模式,很值得重视。同时,《金楼子》剿袭的体例虽然颇为后世讥讽,但许多六朝及以前的典籍片段有赖是书而存,或可补充史籍,或可校勘文字,故具有很高的文献价值。

首先,书中所记之事多有作者萧绎之亲闻亲历者,可以补史籍之不足。

书中记载了梁武帝、梁代后妃和诸侯王、贵族、官吏的大量史实,如萧绎母亲阮修容的生平事迹、①萧贲"忌日拜官"和偷祖母物件事、②庐陵威王好内事③等,均为正史所无。同时,《金楼子》是作者自撰,记载的这些亲身经历的事件可信度还是很高的,可以校后代史籍记载之误。如《后妃篇》载:阮修容"大同九年,太岁癸亥,六月二日庚申薨于江州之内寝,春秋六十七"。大同"九年",《梁书》卷七《阮修容传》作"六年",中华书局点校本《南史》卷一二《后妃传·阮修容》作"九年"。王鸣盛《十七史商榷》卷五九云:"阮太后生于宋顺帝升明元年丁巳,薨于大同九年癸亥,年六十七。自丁巳至癸亥正六十七年。"朱季海校:"案《梁书》及《南史》阮修容传俱作大同六年,谨据下文云'太岁癸亥',则是'九年',非'六年';且云'六月二日庚申',考《武帝本纪》六年六月有丁未,则其月二日无庚申,此可证《梁书》之误。"④是《梁书》作"六年"误。

《金楼子》也记载了一些不见于他书的传说、轶闻。这些记载一则可以补充其他史书未记载之憾,二则可佐证史书之记载。故四库馆臣称:"当时周秦异书未尽亡佚,具有征引,如许由之父名,兄弟七人,十七而隐,成汤凡有七号之类,皆史外轶闻,他书未见。

---

① 见《金楼子·后妃篇》。
② 见《金楼子·立言篇上》。
③ 见《金楼子·杂记篇上》。
④ 朱季海《南齐书校议》,中华书局 1984 年版。

又《立言》《聚书》《著书》诸篇,自表其撰述之勤,所纪典籍源流,亦可补诸书所未备。"(《四库全书总目·金楼子》)如《箴戒篇》载"齐东昏侯以青油为堂"、"齐东昏侯初于宫中取空輂行之"、"齐东昏侯尝为潘妃御车"、"齐东昏侯潘妃尝着裲裆袴"诸事均不见正史记载。又如载:"齐武帝内殿则张帷,杂色锦复帐。帐之四角为金凤凰衔九子铃,形如二三石瓮,垂流苏珥羽,其长拂地。施画屏风、白紫貂皮褥、杂宝枕、金衣机,名香之气充满其中。外宴既毕,则环而卧。"而《南齐书》卷三《武帝纪》云:"上刚毅有断,为治总大体,以富国为先。颇不喜游宴、雕绮之事,言常恨之,未能顿遣。临崩又诏:'凡诸游费,宜从休息。自今远近荐献,务存节俭,不得出界营求,相高奢丽。金粟缯纩,弊民已多,珠玉玩好,伤工尤重,严加禁绝,不得有违准绳。'"《金楼子》似乎与《南齐书》所载矛盾。其实,萧绎所述此数事虽不载于今本《南齐书》《南史》,然今本《南齐书》于齐武帝奢侈亦有涉及,如卷二〇《皇后传》载:"世祖嗣位,运藉休平,寿昌前兴,风华晚构,香柏文㮰,花梁绣柱,雕金镂宝,颇用房帷,赵瑟吴趋,承闲奏曲,岁费傍恩,足使充牣,事由私蓄,无损国储。"正可与《金楼子》参证,能更全面地了解齐武帝的为人。

《金楼子》"剿袭"的前代典籍,或存其佚文,或可和今流传本互勘。如《立言篇下》载河上公《老子》序言:"周道既衰,老子疾时王之不为政,故著《道德经》二篇,西入流沙。"此文就不见于其他典籍。而如果所引典籍尚存,《金楼子》亦可与之对勘。《序》云:"窃念臧文仲既殁,其立言于世。"四库全书本《左传》云:"臧文仲既没,其言立。"唐陆德明《音义》:"言立,今俗本皆作'其言立于世',检元熙以前本,[①]则无'于世'二字。"《金楼子》明载有"于世"二字,可知所谓《左传》"俗本"在六朝时就已经流传了,此"俗本"或亦是一古老的版本。又,《金楼子·箴戒篇》载:"汉灵帝尝藏寄小黄门、常侍钱,累数千万。"此事亦见《后汉书》卷七八《宦者列传·张让》:"(灵

---

① 元熙为东晋恭帝司马德文年号,从公元 304 年十月至 308 年九月。

帝)复臧寄小黄门、常侍钱各数千万。"中华书局点校本《后汉书》校勘记云:"臧,据李慈铭说删。按:李云《治要》无下'臧'字,是也,当据删。"臧,即藏。而据《金楼子》本篇,"臧"字不衍,中华书局校勘记有误。清李慈铭曾指出:

> 惟其时古书多存,偶一引用,亦足以证佐见闻。如云:"居家治理,可移于官,何也?治国须如治家,所以自家刑国。"此可证《孝经》旧本"居家理"下无"故"字,"理治"与"治理",传写偶异耳。元行冲疏言"故"字明皇所加,信而有征。云:"菁茅,薪草也,《书》尊其贵;王雎,野鸟也,《诗》重其辞;羊、雁,贱畜也,《礼》见其质;蓁棘,鄙木也,《易》以定刑。"此足见古"赞"字只作"质"。又如《世说》载杨氏子答孔坦夫子家禽语,此作扬子州答孔永。《晋书》载习凿齿、释道安"四海""弥天"之语,此作习语云:"四海习凿齿,故故来看尔。"道安应曰:"弥天释道安,无暇得相看。"盖皆以韵语取胜,截去下两句在,则无谓也。《颜氏家训》载江南一权贵误读《蜀都赋注》"蹲鸱,芋也"为羊字,此作王翼于宋孝武坐呼羊肉为蹲鸱,翼即向谢超宗求观凤毛者。(《越缦堂读书记·金楼子》)[1]

总之,《金楼子》是研究萧绎生平、思想和梁代历史的直接材料,同时对于研究六朝以前历史和文献,也有重要史料价值。故学者称:"《金楼子》一书对研究生活在南北文化和中外文化大交流、南北民族大融合前夕的萧绎的思想、生平、著述和齐梁社会历史都是不可多得的直接材料之一。"[2]

---

[1] 清李慈铭《越缦堂读书记·金楼子》,中华书局 2006 年第 2 版,第 42 页。
[2] 钟仕伦《金楼子研究》引言,中华书局 2004 年版,第 2 页。

第八章　亡国之君，多有才艺

《梁书》称赞萧绎，"既长好学，博综群书，下笔成章，出言为论，才辩敏速，冠绝一时"（卷五《元帝纪》），《南史》也赞美他"于伎术无所不该"（卷八《梁本纪·元帝纪》），此非虚言！

一、著述

萧绎勤于著述。其《玄览赋》云：

> 笑彭聃之下士，聊重义而自欣。凿户牖而长望，混木雁而兼陈。① 嗟今来而古往，方绝笔于获麟。

彭祖、老聃皆以长寿著名，萧绎认为他们只不过是下士，《颜氏家训》卷四《名实》："上士忘名，中士立名，下士窃名。"萧绎自我欣

---

① 《庄子·山木》："庄子行于山中，见大木，枝叶盛茂，伐木者止其旁而不敢也。问其故，曰：'无所可用。'庄子曰：'此木以不材得终其天年。'夫子出于山，舍于故人之家。故人喜，命竖子杀雁而烹之。竖子请曰：'其一能鸣，其一不能鸣，请奚杀？'主人曰：'杀不能鸣者。'明日，弟子问于庄子曰：'昨日山中之木，以不材得终其天年；今主人之雁，以不材死；先生将何处？'庄子笑曰：'周将处乎材与不材之间。'"

慰的是"贵德而贱利,重义而轻财"(汉桓宽《盐铁论·错币》)。梦想能越世高谈,自开户牖,开创学术流派,更想处于材与不材之间以全身远祸,埋首著述也许就是最好的选择,故其要以著述作为自己的终身追求了。其虽然享寿不长,但勤奋好学,博综群书,除文学创作外,还擅长绘画、书法、占卜,甚至相马等。生前有著作多种,《梁书》卷五《元帝纪》、《南史》卷八《梁纪·元帝》及萧绎自撰《金楼子》中有《著书篇》,皆有著录。今人吴光兴《萧纲萧绎年谱》附《萧绎著述考》更有考述。① 现以《金楼子·著书篇》为基础(《金楼子·著书篇》分甲乙丙丁,附以《内典博要》,今甲乙丙丁之书依从《金楼子·著书篇》,《内典博要》和《金楼子·著书篇》未著录之萧绎著作则入"其它之书"),参以有关资料,统计萧绎著述如下:

部类	序号	书 名	卷 数	实际撰写人	备注
甲部	1	《连山》	三帙三十卷	萧绎	
	2	《金楼秘诀》	一帙二十二卷	萧绎	
	3	《周易义疏》	三帙三十卷	萧绎	奉述制义
	4	《礼杂私记》	十七卷	萧绎	五帙五十卷,未成
乙部之书	5	《注前汉书》	十二帙一百一十五卷	萧绎	
	6	《孝德传》	三帙三十卷	萧绎	合众家《孝子传》成此
	7	《忠臣传》	三帙三十卷	萧绎	金楼自为序;阮孝绪审阅
	8	《丹阳尹传》	一帙十卷	萧绎	
	9	《仙异传》	一帙三卷	萧绎	

① 吴光兴《萧纲萧绎年谱》,社会科学文献出版社 2006 年版。

部类	序号	书 名	卷 数	实际撰写人	备注
乙部之书	10	《黄妳自序篇》	一帙三卷	萧绎	
	11	《全德志》	一帙一卷	萧绎	
	12	《怀旧志》	一帙一卷	萧绎	
	13	《研神记》	一帙一卷	刘毅	萧绎为序，付刘毅纂次
	14	《晋仙传》	一帙五卷	颜协	萧绎使颜协撰
	15	《繁华传》	一帙三卷	刘缓	萧绎使刘缓撰
丙部之书	16	《孝子义疏》	一帙十卷	萧绎	奉述制旨
	17	《玉韬》	一帙十卷	萧绎	作于萧绎为荆州刺史时
	18	《贡职图》	一帙一卷	萧绎	有序，有绘画，有题词
	19	《语对》	三帙三十卷	朱澹远	朱澹远曾为梁湘东王功曹参军，或为萧绎使朱撰
	20	《同姓同名录》	一帙一卷	萧绎	
	21	《式苑》	一帙三卷	萧绎	
	22	《荆南志》	一帙二卷	萧绎	
	23	《江州记》	一帙三卷	萧绎	
	24	《奇字》	二帙二十卷	萧贲	萧绎付萧贲撰
	25	《长州苑记》	一帙三卷	萧绎、刘之亨	萧绎与刘之亨等撰
	26	《玉子诀》	一帙三卷	刘缓	萧绎付刘缓撰
	27	《宝帐仙方》	一帙三卷	萧绎	

部类	序号	书　　名	卷　数	实际撰写人	备　注
丙部之书	28	《食要》	一帙十卷	虞预	萧绎付虞预撰
	29	《辩林》	二帙二十卷	萧贲	《隋书》卷三四《经籍志》著录为萧贲撰，或为萧绎使之撰
	30	《药方》	一帙十卷	萧绎	
	31	《补阙子》	一帙十卷	鲍泉、东里	萧绎为序，付鲍泉、东里撰
	32	《谱》	一帙十卷	王竞	萧绎付王竞撰
	33	《梦书》	一帙十卷	丁觇	萧绎使丁觇撰
丁部之书	34	《安成炀王集》	一帙四卷	萧绎	《梁书》卷二二《萧机传》："所著诗赋数千言，世祖集而序之。"
	35	《集》	三帙三十卷	萧绎	
	36	《碑集》	十帙百卷	萧贲	萧绎付兰陵萧贲撰
	37	《诗英》	一帙十卷	王孝祀	萧绎付琅琊王孝祀撰
其他之书	38	《内典博要》	三帙三十卷	萧绎	
	39	《王籍集》	十卷	萧绎	《南史》卷二一《王籍传》："湘东王集其文为十卷。"
	40	《梁史》		萧绎	
	41	《湘东鸿烈》	十卷	萧绎	或即《金楼子》

部类	序号	书　　名	卷　数	实际撰写人	备注
其它之书	42	《金楼子》	十卷	萧绎	
	43	《锦带》	一卷	萧绎	
	44	《纂要》		萧绎	
	45	《山水松石格》	一卷	萧绎	
	46	《洞林》	三卷	萧绎	
	47	《筮经》	十二卷	萧绎	
	48	《西府新文》	十一卷	萧淑	《颜氏家训》卷四《文章篇》："梁孝元在蕃邸时，撰《西府新文》。"《隋书·经籍志》：《西府新文》十一卷（并录。梁萧淑撰。"此书或为萧绎使萧淑撰
	49	《玉菀丽文》	一卷	萧绎	
	50	《玉菀》	五卷	萧绎	
	51	《汉武洞冥记》	一卷	萧绎	余嘉锡考证为萧绎撰
	52	《孙子兵法》注		萧绎	《长短经》《通典》引
	53	《相马经》	一卷	萧绎	
	54	《诗评》	六卷①	萧绎	《文镜秘府论·南卷·论文意》引

---

① 藤原佐世《日本国见在书目录》收录《诗评》六卷，或是萧绎之作。

　　另,《隋书》卷三三《经籍志》载:"《忠臣传》三十卷,梁元帝撰;《显忠录》二十卷,梁元帝撰。"而据清章宗源、姚振宗考证,《显忠录》乃北魏清河王宇文怿所撰。《隋书·经籍志》题梁元帝,"因上下文而写误也"。①

　　萧绎实际著书 54 种,共计 709 卷(原无卷数者姑且算作 1 卷)。其中甲部 4 部 99 卷,乙部 11 部 202 卷,丙部 18 部 159 卷,丁部 4 部 144 卷,其他之书 16 部 105 卷。这 54 部书中,14 部(《研神记》《晋仙传》《繁华传》《语对》《奇字》《玉子诀》《食要》《辩林》《补阙子》《谱》《梦书》《碑集》《诗英》《西府新文》)是萧绎使他人撰写的,1 部(《长州苑记》)是萧绎和他人合撰的,1 部(《忠臣传》)特别点明是自为序,很让人怀疑亦是他人所撰。另《安成炀王集》,应该算作萧机作品,《王籍集》应该是王籍作品,萧绎只是编撰者。如果将这 18 部作品合计 290 卷全部去掉,则萧绎的作品为 36 部 419 卷。以享寿仅四十七岁,且有眼疾,尚能完成如此著述,让人不得不钦佩萧绎的著述毅力。

　　萧绎的著作中有多部是让他人撰写的或与人合撰的,而《金楼子·著书篇》所列 38 部中就明确记载有 16 部是由他人代劳撰写完成,萧绎对此并不回避。如《补阙子》一帙十卷,其实是萧绎为序,而交付鲍泉、东里完成的。东里,疑为任昉之第四子,其与萧绎关系无从考证。而鲍泉却与萧绎关系密切。泉,少事萧绎,及萧绎承制,累迁信州刺史。萧绎以长子方诸为郢州刺史,泉为长史,行府州事。又如《碑集》十帙百卷,此书卷数颇多,萧绎自注:"付兰陵萧贲撰。"所谓《碑集》,应该是萧绎喜好佛典,"顷常搜聚,有怀著述"(《内典碑铭集林序》),而自己无暇完成,故请萧贲完成。萧贲,起家湘东王萧绎法曹参军,也是萧绎的属僚。② 在萧绎的著作中,

　　① 《魏书》卷二二《孝文五王》:"怿以忠而获谤,乃鸠集昔忠烈之士,为《显忠录》二十卷,以见意焉。"参章宗源《隋书经籍志考证》,清华大学出版社 2012 年版,第 244 页。姚振宗《隋书经籍志考证》,清华大学出版社 2014 年版,第 818 页。
　　② 参《南史》卷四四《萧贲传》。

还有《奇字》《辩林》是萧贲代劳的。

日本学者清水凯夫认为，《金楼子·著书篇》中记作萧绎的撰著大体有五种类型。（1）金楼自撰；（2）金楼撰；（3）金楼付某撰；（4）金楼自为序，付某撰；（5）金楼为序。"特别是既然有明记'自撰'的，则单记作'撰'的大概是'自撰'以外的撰著，可能是由他人协助的撰著。如果'撰'是这种意义的话，则（3）、（4）、（5）的撰著当然是金楼完全没有实际参加的撰著。"①那么萧绎为何要将这些著述著录在自己的名下，同时却又明确表明书为别人代写呢？这和南北朝时期对著作权的理解有关，并非萧绎有意攫取别人成果。

魏晋南北朝时期，古人的著述权并不是特别严格，学生给老师捉刀，属僚代上司撰文是常有的事。老师或上司构思著作主旨或框架，而让门生或僚属具体行文，著作权则归老师或上司所有。如著名的《出三藏记集》，著者为僧祐，但根据日本学者兴膳宏的研究，其中有部分文章出自刘勰和沈约之手：

> 具有讽刺意味的是僧祐自己在此书中暗示了这样一种可能性，即用他自己名字发表的著述不一定由他本人执笔。例如卷十二《经序》部末尾有"僧祐编"《法集杂记铭》七卷，列记了序和篇目，其中除僧祐自己的著述外还有刘勰撰《钟山定林上寺碑铭》一卷、《建初寺初创碑铭》一卷、《僧柔法师碑铭》一卷及沈约撰《献统上碑铭》一卷。僧祐在序中说："其山寺碑铭、僧众行记，文自彼制，造自鄙衷"。也就是说，以上所举四篇文章虽出自刘勰、沈约之笔，而内容却是僧祐自己的；可以理解为僧祐向刘沈二人叙述了自己的旨趣，而委托他们走笔成文。②

---

① 《〈文选〉撰（选）者考——昭明太子和刘孝绰》，收《六朝文学论文集》，[日]清水凯夫著，韩基国译，重庆出版社1989年版，第14页。
② 《文心雕龙》与《出三藏记集》，收《文心雕龙论文集》，兴膳宏著，彭恩华译，齐鲁书社1984年版，第20—21页。

　　僧祐所谓"文自彼制,造自鄙衷"与萧绎以《晋仙传》《繁华传》《奇字》《长州苑记》《玉子诀》《食要》《谱》《梦书》《碑集》《诗英》等书付他人撰写何其相像。著述的主旨框架是萧绎设计的,而具体执笔撰写的是别人,正如兴膳宏所说"叙述了自己的旨趣,而委托他们走笔成文"。但兴膳宏说"具有讽刺意味",其实是大可不必如此,因为此种做法在南北朝时期极为流行,也为时人所认可,尤其是在集体编撰大型书籍时,位高权重者往往充当主编,而实际操作者则是僚属。我们从《文选》的编撰过程中就可以看到这种"代劳"现象。

　　据清水凯夫考证,昭明太子萧统文学集团的刘孝绰才是《文选》编辑的中心人物。"一言以蔽之,《文选》是刘孝绰以沈约在《宋书·谢灵运传论》(《文选》卷四十九所收)中阐述的文学论为标准撰录的。"①同时,清水凯夫指出:

　　　　一般在史书中,即使有所谓帝、太子、王撰的记载,实际上也是帝、太子、王只下达编辑的命令,而把编辑委任给臣下,完成后或只冠以代表者之名,或只书以序文,这种情况居多,所以不足为可靠的根据。就当时史官的心理来说,由于是命令他们担任编辑工作的主持者,所以无论是谁实际"撰"的,史书记载帝、太子、王是"撰者"也是理所当然的。②

清水凯夫举出了一系列的证据来证明这种现象是普遍的。如《梁书,武帝纪下》记述梁武帝"又造《通史》,躬制赞序,凡六百卷",《隋书·经籍志》也明确记载:"《通史》四百八十卷,梁武帝撰。"而《梁书·吴均传》清楚记载,"寻有敕召见,使撰《通史》",故吴均等人才是实际的撰者。《梁书·简文帝纪》记述梁简文帝萧纲撰《长春义

　　① ［日］清水凯夫著,韩基国译《〈文选〉撰(选)者考——昭明太子和刘孝绰》,收《六朝文学论文集》,重庆出版社1989年版,第15页。
　　② 同上书,第12页。

记》一百卷，但据《南史·许懋传》记载："皇太子召与诸儒录《长春义记》。"可知，此书是许懋等人撰，简文帝并未从事实际的编辑。《梁书·简文帝纪》又记述梁简文帝萧纲撰《法宝联璧》三百卷，而据《南史·陆罩传》载："初，简文在雍州，撰《法宝联璧》，罩与群贤并抄掇区分者数岁。中大通六年而书成，命湘东王为序。其作者有侍中、国子祭酒、南兰陵萧子显等三十人。"此书实际撰录者是萧子显等三十人。而湘东王萧绎的《法宝联璧序》，还保存在《广弘明集》卷二十中，其中列出了参与撰写的 37 人的名字、爵位和年龄。

可以说，南朝僚属或弟子代劳创作或编撰书籍是一种普遍现象。萧绎将自己主编或自己委托他人代笔的作品列在自己名下，是一种时代的著述风气使然而已。而这些代笔之作，或是和主编者思想相合，故得到主编者的默许，或是主编者设计了具体的主旨和行文构架，代笔者具体查阅资料撰写成文，或是双方合写。但无论如何，从中依然可以见出主编者的思想。故列在萧绎名下的代笔之作，仍应视作萧绎作品，为其学术文艺思想之体现者。

二、经学

萧绎从小受到的就是正统的传统教育，曾饱读《孝经》《论语》《毛诗》等经典。五岁就能诵《曲礼》，七岁得到的人生中第一部藏书，就是父皇萧衍送给他的《五经》。萧绎主张读书以五经为本（《金楼子·戒子篇》）。故其对经典十分推崇，也有一定的研究，今留存关于经学的著作四部，共九十九卷。

1.《连山》三帙三十卷

《金楼子·著书篇》萧绎自注："金楼年在弱冠著此书，至于立年其功始就，躬亲笔削，极有其劳。"《礼记·曲礼上》："二十曰弱，冠。"孔颖达疏："二十成人，初加冠，体犹未壮，故曰弱也。"立年即而立之年。则此书乃萧绎花费了十年时间完成，是一部研究三《易》之一《连山》的著作。《周礼·春官·大卜》："掌三易之法，一曰《连山》，二曰《归藏》，三曰《周易》。"贾公彦疏："其卦以

229

纯艮为首,艮为山,山上山下是名连山,云气出内于山,故名《易》为《连山》。"

萧绎此书今不存,故其内容不知。然在《金楼子·立言篇下》中,萧绎讨论了《连山》的产生时代:"按《周礼》:'筮人氏掌三《易》,夏曰《连山》,殷曰《归藏》,周曰《周易》。'解此不同。按杜子春云:'《连山》伏羲也,《归藏》黄帝也。'予曰:'按《礼记》曰'我欲观殷道,得《坤》《乾》焉',今《归藏》先以《坤》,后《乾》,则知是殷明矣。推《归藏》既则殷制,《连山》理是夏书。'"而唐段成式《酉阳杂俎续集》卷四《贬误篇》记载:"梁元帝《易连山》每卦引《归藏》《斗图》《立成》《委化》《集林》及焦赣《易林》。"段成式所载《易连山》或就是萧绎《连山》一书。《隋书·经籍志》有《归藏》十三卷,晋太尉参军薛贞注。《易斗图》一卷,郭璞撰。《易立成林》二卷,郭氏撰。《易立成》四卷。《周易立成占》三卷,颜氏撰。《周易委化》四卷,京房撰。《周易集林》十二卷,京房撰。《易林》十六卷,焦赣撰。萧绎所著《连山》很可能就是广引此众家之说之作。

2.《金楼秘诀》一帙二十二卷

《金楼子·著书篇》萧绎自注:"金楼纂,即《连》杂事,无奇也。"并将此书列在甲部,则其应该和"经"有一定的关联。联系《金楼子·著书篇》上下文,排在此书前的是《连山》三帙三十卷,其后的是《周易义疏》三帙三十卷和《礼杂私记》五帙五十卷。《周易义疏》《礼杂私记》均是解经之作,无需多论。今人辛德勇认为:"'连'应指'连山',所以与《连山》同属一类。"①此论可信,则《金楼秘诀》就是一部辑录《连山》杂事的著作,其和《连山》并排在甲部也就不足为奇了。② 只不过这是一些杂事汇编,萧绎自己似也不太满意。此

---

① 辛德勇《由梁元帝著述书目看两晋南北朝时期的四部分类体系——兼论卷轴时代卷与帙的关系》,中华书局《文史》第四九辑,第52页。
② "梁元帝把《连山》一类书视同《周易》,列入甲部,只能看作是一个特例,并不能说明经部包含有占筮这样的类目。"辛德勇《由梁元帝著述书目看两晋南北朝时期的四部分类体系——兼论卷轴时代卷与帙的关系》,中华书局《文史》第四九辑,第52页。

书《梁书》卷五《梁元帝纪》《南史》卷八《梁本纪·元帝》《隋书·经籍志》无著录,或在梁末即已亡佚。

3.《周易义疏》三帙三十卷

《金楼子·著书篇》萧绎自注:"金楼奉述制义,私小小措意也。"《梁书》卷五《梁元帝纪》《南史》卷八《梁本纪·元帝》俱载有"《周易讲疏》十卷",不知是否即此书。《隋志》卷三四《经籍志》著录"梁武帝《周易讲疏》三十五卷",姚振宗《隋书经籍志考证》认为,萧绎《周易义疏》乃"因此《疏》触类而长者。"①萧绎本亦爱好玄学,撰写此书也可能受玄风影响。同时,萧绎喜好方术,"余将冠,方好《易》卜"。《金楼子·自序篇》中多次记载他用《易》占卜,如:

又有人名裹褙纸中,射之,得 ䷱ 《鼎》卦,余言曰:"《鼎》卦上离为日,下巽为木,日下安木,呆字也。"此是典签裴重欢疏潘呆名与? 余射之他验,皆如此也。

萧绎能用《易》卜得人名,其对《周易》确有深入研究。

4.《礼杂私记》五帙五十卷

《金楼子·著书篇》萧绎自注:"十七卷,未成。"此书《梁书》卷五《梁元帝纪》、《南史》卷八《梁本纪·元帝》、《隋书·经籍志》无著录,已经亡佚,内容不详。

南朝时,礼学兴盛。"朱文公谓六朝人多精于礼。当时专门名家有此学,朝廷有礼事,用此等人议之"(王应麟《困学纪闻》卷五)。"天监初,则何佟之、贺蒨、严植之、明山宾等覆述制旨,并撰吉凶军宾嘉五礼,凡一千余卷,高祖称制断疑。于是穆穆恂恂,家知礼节"(《梁书》卷三《武帝纪》)。萧统有讨论"东宫礼绝傍亲"之令(见《梁书》卷八《昭明太子传》),萧纲撰有《礼大义》二十卷。萧绎五岁能

---

① 姚振宗《隋书经籍志考证》卷一"经部一",清华大学出版社 2014 年版,第 82 页。

诵《礼记》中的《曲礼》篇,而在《金楼子·立言篇》中又讨论了祭祀之法:"案《祭法》,天子诸侯宗庙,皆月祭之。又有《月令》'皆荐新',并云'先荐寝庙'。此皆是月祭正文。《国语》云:'古者先王月祭日祀,虽诸侯不得祖天子。'"《祭法》《月令》都是《礼记》篇名。萧绎还曾立下遗嘱,自己死后,要以《曲礼》一卷陪葬。而前文论其关于《连山》的时代辨析,萧绎即引用了《周礼》和《礼记》为证,其对《礼记》似更情有独钟和崇信一些。

三、史学

在史学方面,萧绎对《汉书》有一定的研究,同时撰写了《孝德传》《忠臣传》《丹阳尹传》《仙异传》《全德志》《怀旧志》《研神记》《晋仙传》《繁华传》等人物传记,也撰写有《荆南志》《江州记》《长州苑记》等地志类著作,另还可能撰写有《梁史》和《汉武洞冥记》。

1.《注前汉书》十二帙一百一十五卷

萧绎非常喜爱《汉书》,并且颇有研究。《梁书》卷五《梁元帝纪》《南史》卷八《梁本纪·元帝》并著录:"《注汉书》一百一十五卷。"《隋书》卷三三《经籍志》"《汉疏》四卷"下有小注:"梁元帝注《汉书》一百一十五卷。"而《金楼子·聚书篇》云:"又于江州江革家,得元嘉《前汉书》五帙,又就姚凯处得三帙,又就江录处得四帙:足为一部,合二十帙,一百一十五卷,并是元嘉书,纸墨极精奇。"此前后相加仅得十二帙,疑"合二十帙"之"二十"为"十二"之倒误。梁元帝萧绎所注或即其所聚元嘉写本《汉书》一百一十五卷。《颜氏家训·书证》载:"《汉书》:'田肎贺上。'江南本皆作'宵'字。沛国刘显,博览经籍,偏精班《汉》,梁代谓之《汉》圣。显子臻,不坠家业。读班史,呼为田肎。梁元帝尝问之,答曰:'此无义可求,但臣家旧本,以雌黄改"宵"为"肎"。'元帝无以难之。"简文帝萧纲《答湘东王书》亦称萧绎:"注《汉》功夫,转有次第。"而《金楼子》中也多次引用《汉书》,如《说蕃篇》第33节:"刘端为人贼螫,又阴痿,一近妇人,病数月。"《汉书》卷五三《景十三王·胶西于王传》载:"胶西于王端，孝景前三年立。为人贼盭，又阴痿，一近妇人，病数月。"《史记》卷五九《五宗世家》也有相同记载，二者文字也大体一致。"贼盭"，《史记》卷五九《五宗世家》作"贼戾"，《汉书》卷五三《景十三王·胶西于王传》作"贼盭"，颜师古注："盭，古戾字也，言其性则害而狠戾也。"今按：盭，当是"盭"形误，据《汉书》卷五三《景十三王传》改。此足证《金楼子》本文源自《汉书》而非《史记》。

2.《孝德传》三帙三十卷

《金楼子·著书篇》萧绎自注："金楼合众家《孝子传》成此。"《梁书》卷五《梁元帝纪》《南史》卷八《梁本纪·元帝》并著录："《孝德传》三十卷。"《隋书》卷三三《经籍志》著录："《孝德传》三十卷，梁元帝撰。"同卷又著录的众家《孝子传》有："《孝子传赞》三卷，王韶之撰；《孝子传》十五卷，晋辅国将军萧广济撰；《孝子传》十卷，宋员外郎郑缉之撰；《孝子传》八卷，师觉授撰；《孝子传》二十卷，宋躬撰；《孝子传略》二卷。"萧绎或就是在这些书的基础上再编纂，撰成《孝德传》。今《孝德传》略有残存：《艺文类聚》卷二○引《孝德传序》及《孝德传·皇王篇赞》《孝德传·天性篇赞》；《初学记》卷一七引《天性篇赞》；《太平御览》卷五一○引《孝德传》"缪斐"事，卷六一六引"张楷"事；《太平广记》卷二九二引《孝德传》"阳雍"事。全书序云"原始要终，莫逾孝道"，此书记载孝子言行，竭力表彰孝道。如"张楷"事云："张楷字公超，河南人也。至孝自然，丧亲哀毁，每读《诗》见《素冠》'棘人'，未尝不掩泗焉。"（《太平御览》卷六一六引《孝德传》曰云云）

萧绎撰写此书，或有迎合梁武帝萧衍之意。史载，"高祖生知淳孝"（《梁书》卷三《武帝纪》），登基后，更倡导以孝治天下，并写有思念双亲的《孝思赋》。《孝思赋序》云："每读《孝子传》，未尝不终轴辍书悲恨，拊心呜咽。"（唐释道宣《广弘明集》卷二九）此或触动萧绎撰写《孝德传》。《孝德传序》云："能使甘泉自涌，邻火不焚，地出黄金，天降神女：感通之至，良有可称。"梁武帝萧衍《孝思赋》："刘镇就养而不暇，常远汲而力寡。苦节感于幽灵，醴泉生于灶下。"此实是"甘泉自涌"。又云:"顾长沙之临湘,有古初之道始。时父殁而末葬,遇邻火之卒起。乃伏棺而长号,雨暴至而火死。又何琦其亦然,独枢屋而全止。"此当是"邻火不焚"。故萧绎写《孝德传》当和梁武帝有关。

3.《忠臣传》三帙三十卷

《金楼子·著书篇》萧绎自注:"金楼自为序。"《南史》卷七六《隐逸传·阮孝绪》:"湘东王著《忠臣传》《集释氏碑铭》《丹阳尹录》《研神记》,并先简孝绪而后施行。"则《忠臣传》《集释氏碑铭》《丹阳尹录》《研神记》等书,并曾请阮孝绪审阅。又,《玉海》卷五八《艺文类》录《梁孝德忠臣传》,云:"元帝为湘东王时,常记录忠臣义士及文章之美者,笔有三品。忠孝全者,用金管书之;德行精粹者,用银管书之;文章赡逸者,以班竹管书之。"此可能只是传闻。

《忠臣传》今有残文留存。《艺文类聚》卷二〇引有《忠臣传》之《记托篇赞》《谏争篇赞》《执法篇赞》《死节篇序》《忠臣传序》,卷二四引《谏争篇序》;《初学记》卷一七引《受托篇赞》《谏争篇赞》《忠臣传序》,卷二一还引有"刘弘"事。又,《艺文类聚》卷二〇引梁元帝《上〈忠臣传〉表》、梁王筠《答湘东王示〈忠臣传〉笺》,《初学记》卷一七引梁元帝《上〈忠臣传〉表》。《忠臣传序》云:"忠为令德,窃所景行。且孝子、烈女、逸民,咸有别传,至于忠臣,曾无述制。今将发箧陈书,备加论讨。"则萧绎是以忠臣作为榜样,且以当时尚无收集忠臣事迹的书籍,为表彰历代忠臣故,撰写了此书。该书体例和《孝德传》颇为相似,都是某一类人物的传记合辑,又依据人物不同特点而分篇,全书有序,每篇有赞。萧绎编写的人物传记类书籍如《丹阳尹传》一帙十卷、《仙异传》一帙三卷、《黄妳自序篇》一帙三卷、《全德志》一帙一卷、《怀旧志》一帙一卷、《晋仙传》一帙五卷、《繁华传》一帙三卷等可能都是这种写作模式。

4.《丹阳尹传》一帙十卷

此书是萧绎在丹阳尹任上,"颇多暇景",遂收集曾为丹阳尹的英贤的事迹而成书,今存有《丹阳尹传序》。

5.《黄妳自序》一帙三卷

此书是萧绎小时作品，自认为"不经"。黄妳，《金楼子·杂记篇上》云："有人读书，握卷而辄睡者。梁朝有名士呼书卷为黄妳，此盖见其美神养性如妳媪也。"故《黄妳自序》可能是一部收集书籍或读书故事的书。

6.《全德志》一帙一卷

此书是一部记录言行无亏的前贤事迹的书。今存《全德志序》，云："此《志》陆大夫为首。"陆大夫即西汉初年的陆贾。其从刘邦平定天下，"既令公侯踞掌，复使要荒蹑角"，晚年居家，"雍容卒岁，驷马高车，优游宴喜"。萧绎认为的全德者，其实就是功成身退者，其在功成后的身退，实是"止足为先"，身退后人生行乐，"使樽酒不空，坐客恒满"，在萧绎看来就是人生的圆满，就是"全德"（《全德志序》）。

7.《怀旧志》一帙一卷

萧绎自注："金楼撰。"《梁书》卷五《梁元帝纪》著录为《怀旧志》一卷，《南史》卷八《梁本纪·元帝》作二卷。《隋书》卷三三《经籍志》："《怀旧传》九卷，梁元帝撰。"《日本国见在书目录》："《怀旧志》九卷，梁元帝撰。"《史通》卷一〇《杂述》："普天率土，人物弘多，求其行事，罕能周悉，则有独举所知，编为短部，若戴逵《竹林名士》、王粲《汉末英雄》、萧世诚《怀旧志》、卢子行《知己传》：此之谓小录者也。"浦起龙《通释》："此谓私志之书，各录知交，而非正史。"又，萧绎《与刘孝绰书》："近在道务闲，微得点翰，虽无纪行之作，颇有怀旧之篇。"《颜氏家训》卷四《文章篇》："王籍《入若耶溪》诗云：'蝉噪林逾静，鸟鸣山更幽。'江南以为文外断绝，物无异议。……孝元讽味，以为不可多得，至《怀旧志》载《籍传》。""吾家世文章，甚为典正，不从流俗，梁孝元在蕃邸时，撰《西府新文》，讫无一篇见录者，亦以不偶于世，无郑卫之音故也。有诗赋铭诔书表启疏二十卷，吾兄弟始在草土，并未得编次，便遭火荡尽，竟不传于世。衔酷茹恨，彻于心髓！操行见于《梁史·文士传》及孝元《怀旧志》。"《周书》卷四〇《颜之仪传》："父协……梁元帝为湘东王，引协为其府记室参军。协不得已，乃应命。梁元帝后著《怀旧志》及诗，并称赞其美。"《南史》卷四四《齐武帝诸子传·竟陵王子良》附孙贲传载萧绎不喜萧贲，将其付狱饿死后："追戮贲尸，乃著《怀旧传》以谤之，极言诬毁。"

　　除收集历史人物和亲朋故旧的事迹编纂成书外，萧绎对神仙怪异之事也很兴趣，撰写有《仙异传》一帙三卷、《研神记》一帙一卷、①《晋仙传》一帙五卷。今仅《研神记》有残篇留存。② 萧绎还有《繁华传》一帙三卷。《文选》卷二三阮嗣宗《咏怀》："昔日繁华子，安陵与龙阳。"唐吕廷济注："繁华，喻人美盛如春华之繁。"则所谓《繁华传》，盖历代娈童的传记。

　　《金楼子·著书篇》中《荆南志》《江州记》《长州苑记》入"丙部之书"，③实际这三部书应该是史部中的地志类书籍。

　　《荆南志》一帙二卷。《南史》卷八《梁本纪·元帝》《隋书》卷三三《经籍志》均著录为"《荆南地记》一卷"。今仅存佚文数条，如《太平御览》卷四九引《荆南志》"华容方台山"云云、卷六六"高沙湖"云云、卷六九"枝江县界内洲大小凡三十七"云云。《太平寰宇记》卷一引《荆南志》"此州北江呼为蔷薇江"云云；又"翠泽平晶，水陆弥旷，芰荷殷生，鳞羽滋阜"云云；又"县界内洲大小凡三十"云云；又"荆潭以上为渥水，荆潭以下为漕水"；又"楚地以北，山东有层台。昔楚庄王筑之，延袤百里，砥石千里。时有诸卿士谏王，王从而毁也"。《山堂肆考》卷一八引《荆南志》"方台山"云云。《天中记》卷

---

　　① 唐释道宣《律相感通传》："《搜神》《研神》《冥祥》《冥报》《旌异》《述异》《志怪》《录幽》，曾经阅之。"则《研神》和《搜神》等是同一性质的书籍。

　　② 元潜说友《咸淳临安志》卷二五："华石山，在县西二里，高二十五丈，有洞穴在水中，深不可测。按《研神记》云：'秦时山人移来镇此。'""安国山，在县北二里，高七十丈，周二十五里，本名曰匡山。按梁孝元帝《研神记》云：'吴兴山墟，名曰临安匡瞻山，青松盖岭，余无杂木，望之可爱，时人呼为安国山。'"

　　③ 丙部，中国古籍四部分类法中四部之一。晋荀勖分群书为四部，以史类和杂著为丙部；东晋李充重分四部，以诸子为丙部。《金楼子·著书篇》中的"丙部之书"就是诸子之书。

五一引《荆南志》"娑罗"云云。萧绎曾两作荆州刺史，故其留心荆楚地理风物，撰写此书也在情理之中。

《江州记》一帙三卷。此应该是萧绎出为江州刺史后的著作。

《长州苑记》一帙三卷。长洲苑为春秋时吴王阖闾游猎之所。故址在今江苏苏州市西南、太湖北。此书很可能是萧绎出为丹阳尹时的作品。

萧绎还撰有《古今同姓名录》。此书《梁书》卷五《元帝纪》、《南史》卷八《梁本纪·元帝》均有著录。《隋书》卷三三《经籍志》、《宋史》卷二〇四《艺文志》《书目答问》卷二等著录于史部，《郡斋读书志》卷一四著录于"类书类"，并云："纂类历代同姓名人，成书一卷。……齐梁间士大夫之俗，喜征事以为其学浅深之候，梁武帝与沈约征栗事是也。类书之起，当在是时，故以此录为首。"《四库全书总目》著录于子部类书类，提要云："类事之书，莫古于是编矣。《史记·淮阴侯列传赞》称两韩信，此辨同姓名之始。然刘知几《史通》犹讥司马迁全然不别，班固曾无更张。至迁不知有两子我，故以宰予为预田恒之乱；不知有两公孙龙，故以坚白同异之论傅合于孔门之弟子。其人相混，其事俱淆，更至于语皆失实。则辨析异同，殊别时代，亦未尝非读书之要务，非但缀琐闻、供谈资也。……然发凡起例，终以此本为椎轮之始焉。"此书是第一部收集同姓名人物的书籍，明代余寅曾撰《同姓名录》十二卷，周应宾又补一卷，清代王廷灿又补八卷，都是仿照萧绎此书而创作。今有《四库全书》本《古今同姓名录》上下卷，虽经唐陆善、元叶森续补，但原书之大体面目依然可见。如："三伯夷：一《舜典》作秩宗，一颛顼师，一孤竹君之子。二唐叔：一虞之季世，一周武王用其名。二南宫适：一周之十人，一孔子时。"这些辨析对于读史颇有用处。如《古今同姓名录》载："二羿：一尧时射十日者，一有穷之君。"清代赵翼《陔余丛考》卷四有"羿、奡非夏时人"条，云："按古来名羿而善射者不一人。"依然是在辨析同姓名之人的问题。萧绎首创此种体例，很便于历史研究。

另萧绎可能还撰有《梁史》。《周书》卷四二《萧大圜传》:"(北朝周)建德四年,除滕王迪友。迪尝问大圜曰:'吾闻湘东王作《梁史》,有之乎? 余传乃可抑扬,帝纪奚若? 隐则非实,记则攘羊。'对曰:'言者之妄也。如使有之,亦不足怪。'"

又据余嘉锡《四库提要辩证》卷一八考证,《汉武洞冥记》为萧绎所作。是书旧本题后汉郭宪撰。宪字子横。宋晁载之《续谈助》卷一录《洞冥记》廿余条载之,跋云:"张柬之言随其父在江南拜父友孙义强、李知续,二公言似非子横所录。其父乃言后梁尚书蔡天宝《与岳阳王启》,称湘东昔造《洞冥记》一卷,则《洞冥记》梁元帝所作。"余嘉锡据此认为:"据其所考,则此书出于六朝人依托,非郭宪所撰。唐人已言之矣。其所引蔡天宝《与岳阳王启》,唐去六朝不远,必无舛误。惟蔡天宝应作蔡大宝,《周书》《北史》均附见《萧詧传》,尝为詧使江陵见元帝,令注所制《玄览赋》。岳阳王即詧也。大宝叙其耳目所闻见,其言最可征信,然则此书实梁元帝作也。"①

值得注意的是,萧绎史部诸著述虽然均是资料汇编,似乎并没有多少创获。然很多领域却是萧绎首先涉足,如《忠臣传》《丹阳尹传》《黄妳自序》《怀旧志》《古今同姓名录》等,充分体现了萧绎的求新求变的开拓精神。

四、玄学

梁以来,玄学复盛。当时以《庄》《老》《周易》,总谓"三玄"。梁武帝、梁简文帝、梁元帝均好谈玄。《梁书·武帝纪》载武帝萧衍著有《周易讲疏》《老子讲疏》。梁武帝萧衍还撰有《老子义》,"大同六年,(朱)异启于仪贤堂奉述高祖《老子义》,敕许之。及就讲,朝士及道俗听者千余人,为一时之盛"(《梁书》卷三八《朱异传》)。《梁书·简文帝纪》则载简文帝萧纲著有《老子义》《庄子义》。而梁元帝萧绎第一次为荆州刺史期间,兴办府学,就邀请处士庾承先来荆

---

① 余嘉锡《四库提要辩证》,中华书局 2007 年第 2 版,第 1135—1137 页。

州讲《老子》，"亲命驾临听，论议终日，深相赏接"（《梁书》卷五一《处士·庾承先传》）。为江州刺史时，更是大扬玄风。时颜之推时就在萧绎门下，亲眼目睹了梁代玄学的复兴和萧绎谈玄的盛况：

> 洎于梁世，兹风复阐，《庄》《老》《周易》，总谓"三玄"。武皇、简文，躬自讲论。周弘正奉赞大猷，化行都邑，学徒千余，实为盛美。元帝在江、荆间，复所爱习，召置学生，亲为教授，废寝忘食，以夜继朝。（《颜氏家训·勉学》）

萧绎《金楼子·序》亦云：

> 粤以凡庸，早赐茅社，祚土潇湘，寒帷陕服，早摄神州，晚居外相，文案盈前，书幌未辍，俾夜作昼，勤亦至矣。其间屡事玄言，亟登讲肆。外陈玉铉之文，内宏金牒之典。从乎华阴之市，废乎昌言之说。

萧绎在著述之余，还"屡事玄言，亟登讲肆"，多次亲自登堂当众讲论玄学。更有甚者，当承圣三年（555）北魏大军压境时，梁元帝萧绎居然还在为群臣讲论《老子》，"九月辛卯，世祖于龙光殿述《老子》义，尚书左仆射王褒为执经。乙巳，魏遣其柱国万纽于谨率大众来寇。冬十月丙寅，魏军至于襄阳，萧詧率众会之。丁卯，停讲，内外戒严，舆驾出行都栅"（《梁书》卷五《元帝纪》）。"丙子，续讲，百僚戎服以听"（《南史》卷八《梁本纪》）。

　　具体而言，对于《周易》，萧绎是有一定研究的，著有《周易义疏》三帙三十卷。而萧绎研究《周易》，似乎主要是将之应用于玄言和《易》卜，而在其眼中，两者似又可以合而为一。《南史》卷三一《张嵊传》载湘东王萧绎暇日与张嵊玄言，并为之卜筮事，曰："王暇日玄言，因为之筮，得《节卦》，谓嵊曰：'卿后当东入为郡，恐不得终其天年。'"后张嵊为吴兴太守，死于侯景之乱中。故史称萧绎"凡

所占决皆然"。(《南史》卷八《梁本纪》)

萧绎对《老子》则是特别喜爱。唐陆德明《经典释文·叙录》云:"《老子》,近代有梁武帝父子及周弘正《讲疏》,北学有杜弼注,世颇行之。"而《金楼子·著书篇》"丙部书籍"著录有"《孝子义疏》一帙十卷",萧绎自注:"奉述制旨,并自小小措意。"下有四库馆臣按语:"案《梁书》本纪武帝有《老子讲疏》,元帝有《老子讲疏》四卷。今自注云'奉述制旨',则'孝'字即'老'字之讹,'义'字即'讲'字之讹。但卷数不同,未敢辄改,附识于此。"清姚振宗《隋书经籍志考证》"梁武帝《老子讲疏》"条:"《金楼子·著书篇》:'《孝子义疏》一帙十卷。奉述制旨。'案所奉述者,即述此书也。"①四库馆臣和姚氏所云有理,《孝子义疏》当为《老子讲疏》。《梁书》卷五《梁元帝纪》、《南史》卷八《梁本纪·元帝》并著录:"《老子讲疏》四卷。"萧绎撰此书,乃受其父萧衍的诏命。然由于《老子讲疏》已经亡佚,萧绎研究《老子》的具体学说已经不得而知。而今存《金楼子》中多次引用《老子》,可为萧绎喜《老子》之证。如《序》引《老子》之言:"知我者希,则我者贵矣。"《立言篇下》引《老子》:"生之徒,十有三;死之徒,十有三。"而其所引的河上公《老子》序言仅见于此,是研究《老子》不可多得的资料。萧绎《又答齐国双马书书》亦云:"老生不云乎,'虽有拱璧,以先驷马'。"老生即老子也。萧绎《玄览赋》,"玄览"即源自《老子》"涤除玄览"之语。另,萧绎生前所写的遗嘱,要以"《曲礼》一卷,《孝经》一帙,《孝子传》并陶华阳剑一口以自随"(《金楼子·终制篇》)。而此有异文,一说要以"一卷《孝经》,一帙《老子》,陶华阳剑一口以自随"(《山堂肆考》卷一五六"《孝经》一卷"条)。以萧绎对《老子》的喜爱,以《老子》陪葬不无可能。

萧绎对于《庄子》的研究并没有专著流传,但其在为江州刺史期间曾公开讲论过《庄子》,《金楼子》中也有不少地方引用到该书,如《立言篇上》云:"生也有涯,智也无涯,以有涯之生,逐无涯之智,

---

① 姚振宗《隋书经籍志考证》,清华大学出版社 2014 年版,第 1124 页。

殆已。"萧绎由此而萌生"养性养神"之志，将以《金楼子》作为自己的绝笔之作。"生也有涯"之说即源自《庄子》内篇《养生主》。《杂记篇上》以妻死，庄子箕踞鼓盆而歌之行为为通达。《晋书》卷七五《王坦之传》载："坦之有风格，尤非时俗放荡，不敦儒教，颇尚刑名学，着《废庄论》。"而萧绎对《废庄论》颇不以为然（《立言篇上》）。实际上，萧绎是以庄子为知音的，其在建功立业无望痛苦之时，曾想从庄子那里寻求安慰：

> 一以我为马，一以我为牛，庄周往矣，嗣宗长逝。吾知宇宙之内，更有人哉！

而萧绎《全德志序》更云："老子言'全德归厚'，庄周云'全德不刑'，《吕览》称'全德之人'，故以'全德'创其名也。"则老子、庄周提出的"全德"人格深得萧绎认可，对其影响颇深。

萧绎喜好玄学，北魏大军入侵之时，居然还讲述《老子》不辍，至百官戎服以听。此似乎重蹈了西晋末年"清谈误国"的覆辙。其实不然，梁元帝萧绎本来对"清谈"危害是有清醒认识的，在《金楼子·立言篇上》中，他就曾严厉批评何晏、邓飏、王衍、裴颁清谈误国：

> 道家虚无为本，因循为务，中原丧乱，实为此风，何、邓诛于前，裴、王灭于后，盖为此也。①

---

① 何、邓，指何晏、邓飏。何晏字平叔，三国魏南阳宛人。齐王芳正始中，累官散骑侍郎、尚书，典选举，赐爵列侯。坐曹爽同党，为司马懿所杀。好《老》《庄》，与夏侯玄、王弼等倡玄学，事清谈，形成一时风气。撰有《论语集解》等。《三国志》卷九有传。邓飏字玄茂，三国魏南阳人。少有士名。明帝时为中书郎，以"浮华"被黜。齐王芳立，曹爽辅政，倚为心腹。后与曹爽、何晏等同为司马懿所杀。生平详《三国志》卷九裴松之注引《魏略》。裴、王，指裴颁、王衍。裴颁字逸民，西晋河东闻喜人。晋惠帝时，累迁侍中。后被杀。颁善清言，时称"言谈之林薮"。著有《崇有论》。《晋书》卷三五有传。王衍字夷甫，西晋琅邪临沂人。妙善玄言，唯谈《老》《庄》。仕晋，累居显职，不以经国为念，专谋自保。后为石勒所俘，被杀。《晋书》卷四三有传。

魏晋玄学兴起重要的原因是逃避现实,人生命的短暂、政治生活的无常,让一批有抱负和责任感的知识分子为保全自己而从《周易》《老子》《庄子》中寻找寄托。到西晋后期,玄学承担的现实功能已经逐步消失,更多的成为贵族消遣时光、炫耀才学、标识身份的智力游戏。西晋灭亡,有人认为即是"崇饰华竞,祖述虚玄"所致(《晋书》卷九一《儒林序》),故玄学之风略减,与政治关联渐弱。时至萧梁,梁武帝提倡文治,带头研习经典,这其中就包括《老子》《庄子》等玄学著作。上有所好,下必从之。玄学在梁代的复兴也不是偶然,梁元帝虽认识到何晏等清谈的危害,但同时以为学习《老子》《庄子》等是一种贵族高雅行为,不是玄学本身有误,而是何晏等人运用不当。故萧绎一方面批评何晏因清谈误国,另一方却又迷恋玄学,以清谈为儒雅高尚的文化活动,至大敌当前还讲论不已,以此显示自己的镇定自若,从容娴雅,其或模仿淝水之战中尚从容与人对弈的谢安亦未可知?[①]

五、佛学

萧绎对于佛学也有一定的研究,他曾命湘东王记室虞孝敬编纂《内典博要》三帙三十卷,一说一百卷。佛教徒称佛经为内典,则《内典博要》是一部摘录佛经精华的类书。《续高僧传》卷一《译经篇·僧伽婆罗传》附《道命传》云:"逮太清中,湘东王记室虞孝敬,学周内外,撰《内典博要》三十卷。该罗经论,条贯释门,诸有要事,备皆收录。颇同《皇览》《类苑》之流。"

萧绎另有《释氏碑文》三十卷、《内典碑铭集林》三十卷,都是有关佛教碑文的。《内典碑铭集林序》云:

予幼好雕虫,长而弥笃,游心释典,寓目词林,顷常搜聚,

---

① 《世说新语·雅量》:"谢公与人围棋,俄而谢玄淮上信至,看书竟,默然无言,徐向局。客问淮上利害,答曰:'小儿辈大破贼。'意色举止,不异于常。"

有怀著述。譬诸法海，无让波澜；亦等须弥，归同一色。故不择高卑，唯能是与。傥未详悉，随而足之。名为《内典碑铭集林》，合三十卷。庶将来君子，或裨观见焉。(《广宏明集》卷三〇)

萧绎收集此类作品的目的并非是研习佛法，而是玩习词章。钱锺书指出："元帝《内典碑铭集林序》。按此集'合三十卷'，据《金楼子·著书篇》，尚有《碑集》十帙百卷'付兰陵萧贲撰'，吾国编集金石，肇始斯人。观'幼好雕文'、'寓目词林'等语，集碑之旨，出于爱玩词章。"[1]

萧绎还为萧纲编纂的佛教类书《法宝联璧》写过序言，为梁安寺写过刹下铭，也写过香炉铭，为善觉寺、庄严寺、扬州梁安寺、钟山飞流寺、旷野寺、摄山栖霞寺、归来寺、郢州晋安寺、荆州长沙寺阿育王像写过碑文，为僧旻法师、光宅寺大僧正法师写过墓碑文，在这些文章中，萧绎展现了一定的佛教修养。如《和刘尚书侍五明集》中云：[2]"法王唯一法，无生信不生。因因从此见，果果自斯明。"诗对佛教词语法、生、因、果等使用非常纯熟。《与萧咨议等书》云："岂不有机则感，感而遂通；有神则智，智而必断。故碧玉之楼，升堂未易；紫绀之殿，入室为难。必须五根之信，以信为首；六度之檀，以檀为上。故能舍财从信，去有即空。"文中对感、神、智和信、檀、空等佛教概念的认知和一般佛经并无二致，只不过表达的更文学化一些而已。

应该说，萧绎对佛典很熟悉，对释迦牟尼的历史比较了解，如《荆州长沙寺阿育王像碑》用了"变海成苏"、"移山入芥"、"针锋广说"、"藕丝见道"、"惠音八种、面门五色"、"脱屣双林"、"示表金棺"、"现焚檀椁"等一系列关于佛陀的典故。而其中"境无引汲，智生浅深；明同一体，惑起十重。七地初刃，方称变易；三达后心，因

---

① 钱锺书《管锥编》第四册一九九"全梁文卷一六"条。
② 五明，梵语意译。佛教所说的古印度声明、工巧明、医方明、谓因明、曰内明五种学问。

穷智种"，论去惑明智，佛义却并不深奥。

萧绎《法宝联璧序》云萧纲学习佛典，"远命学徒，亲登讲肆，词为宪章，言成楷式"，其注意的或许仅仅是言语的优雅华美，对佛典精义并没有深入研究。故其虽以为"涅盘为万德之宗"，却像学习写诗一样，无非是"酌其菁华，撮其旨要，采彼玟鳞，拾兹翠羽，润珠隋水，抵玉昆山"，将佛典的精华语句摘抄成类书。这种学习佛典的方法大约也为萧绎自己所使用，故其能编纂大部头的佛教著作，能熟练地使用佛教概念，但对佛法其实并无多少深入研究，因为其研习佛典更多的是"爱玩词章"而已。

六、方术

萧绎"爱奇重异"（《南史》卷五二《梁宗室》），对于方术之学兴趣尤其浓厚。其所撰的《洞林序》云：

> 余幼学星文，多历岁稔。海中之书，略皆寻究；巫咸之说，偏得研求。虽紫微迢递，如观掌握；青龙显晦，易乎窥览。美门五将，巫经玩习；韩终六壬，常所宝爱。至如周王白雉之筮，殷人飞燕之卜；著名聚雪，非关地极之山；卦有密云，能拥西郊之气。爻通七圣，世经三古。山阳王氏，直解谈玄；河东郭生，才能射覆。兼而两之，窃自许矣。（《艺文类聚》卷七五）

《晋书》卷七二《郭璞传》："璞撰前后筮验六十余事，名为《洞林》。"萧绎也模仿郭璞，撰《洞林》三卷。除《洞林》外，萧绎还撰有《筮经》十二卷。另《金楼子·著书篇》著录有："《式苑》一帙三卷。金楼自撰。"《梁书》卷五《梁元帝纪》《南史》卷八《梁本纪·元帝》并著录："《式苑》三卷。"《式苑》也是一部记载占卜的类书。《文心雕龙·书记》："式者，则也。阴阳盈虚，五行消息，变虽不常，而稽之有则也。"陆侃如、牟世金《译注》："式，同栻，古代占时日用的器具，后世称星盘。这里指占时日的记载。《周礼·春官·大史》：'大师抱天时与大师同车。'郑玄注引郑司农云：'大出师，则大史主抱式以知天时，处吉凶。'贾公彦疏：'抱式者，据当时占文谓之式，以其见时候有法式，故谓载天文者为式。'"①辛德勇认为："《式苑》也未见《隋志》著录，但以'苑'名篇，正是萧梁类书的通行习惯。……梁元帝《式苑》应当是与此相类似的类书。"②

萧绎在《洞林序》中颇为自豪的称自己既能谈玄，又能占卜，超过了王弼、郭璞。其在《金楼子·序》亦云：

> 常贵无为，每嗤有待。闲斋寂寞，对林泉而握谈柄；虚宇辽旷，玩鱼鸟而拂丛著。爱静之心，彰乎此矣。

则谈玄和占卜是萧绎打发闲暇时光的主要方式。萧绎的玄学前文已经论述，此不再赘述。而其对方术之学的喜爱研习，则贯穿终生，故明叶绍泰编《增订汉魏六朝别解·梁元帝集》在此文后评曰："艺能博学，言大而非夸。"

萧绎八岁时，就喜好念咒术。《金楼子·自序篇》："吾龀年之时，③诵咒受道于法朗道人，诵得《净观世音咒》《药上王咒》《孔雀王咒》。中尉何登善能解作外典咒痈疽、禹步之法，余就受之。"至十岁时，梁武帝下旨劝其向正道，学习阐释经典的著作，萧绎并未接受。至十二三岁时，侍读臧严也劝诫他。萧绎答曰："只诵咒自是佳伎俩，请守此一隅。"这年末，萧绎才不再讲咒语了，因为他又喜欢上了《易》卜。

"余将冠，④方好《易》卜，及至射覆，十中乃至八九"。并且其后在郢州，用《易》卜射覆金玉、琥珀、三指环三物和人名，皆中。初到

---

①　陆侃如、牟世金《文心雕龙译注》下册，齐鲁书社 1981 年版，第 73 页。
②　辛德勇《由梁元帝著述书目看两晋南北朝时期的四部分类体系——兼论卷轴时代卷与帙的关系》，中华书局《文史》第四九辑，第 52 页。
③　《孔子家语》卷六《本命》："是以男子八月生齿，八岁而龀。"
④　《礼记·曲礼上》："男子二十冠而字。"梁萧氏家族十五岁即冠。

荆州,又两次用《易》卜雨,亦中,"欣然有自得之志"(《金楼子·自序篇》)。萧绎还用《易》卜和龟卜上演了一场对决,结果大胜:

> 姚文烈善龟卜,谓余曰:"此二十一日将雨,其在虞渊之时。"余乃筮之,遇☷☶《谦》之☶☶《小过》,既而言曰:"坤、艮二象俱在土,非直无雨,乃应开霁。"俄而星如玉李,月上金波,雾生犹縠,河垂似带。余乃欣然。

《后周书》亦称萧绎的《易》卜让人神服:"凡所占决,万不失一。"(《太平御览》卷七二八引)

　除《易》卜外,萧绎也擅长蓍筮和龟卜。承圣三年十一月,西魏兵围江陵,"庚子,信州刺史徐世谱、晋安王司马任约军次马头岸。是夜,有流星坠城中。帝援蓍筮之,卦成,取龟式验之,因抵于地曰:'吾若死此下,岂非命乎?'"(《南史》卷八《梁本纪》)

　萧绎还通晓天文,善观星象。《南史》卷八《梁本纪》载:梁元帝萧绎称帝后和群臣讨论迁都之事,"寻而岁星在井,荧惑守心,帝观之,慨然而谓朝臣文武曰:'吾观玄象,将恐有贼。但吉凶在我,运数由天。避之何益。'"《隋书·艺术·庾季才传》亦载:"(季才)好占玄象。……帝亦颇明星历,因共仰观,从容谓季才曰:'朕犹虑祸起萧墙,何方可息?'"

　萧绎还擅长相术。"初从刘景受相术。因讯以年,答曰:'未至五十,当有小厄,禳之可免。'帝自勉曰:'苟有期会,禳之何益?'"(《南史》卷八《梁本纪》)

　萧绎也会解梦,曾使丁觇撰《梦书》一帙十卷。

　萧绎还喜厌胜之术。杜崱本襄阳豪族,颇有势力。后投奔萧绎。而萧绎趁崱改葬父祖时,"敕图墓者恶为之",逾年崱卒。萧绎使用的可能就是厌胜之术。原因是当时有谶言:"独梁之下有瞎天子。"而杜崱与北魏作战时目为流矢所伤,萧绎疑"瞎天子"即崱也,故害之(《南史》卷六四《杜崱传》附)。侯景之乱后,萧绎八弟萧纪率岷蜀之众，顺江而下，直逼江陵，欲与萧绎争夺天下。"湘东王命方士伯人于长州苑板上画纪形象，亲下铁符，钉于支体以厌之。"（《太平御览》卷七三五引《梁书》）而《南史》卷八《梁本纪·元帝》载：承圣三年春三月，"主衣库见黑蛇长丈许，数十小蛇随之，举头高丈余南望，俄失所在。帝又与宫人幸玄洲苑，复见大蛇盘屈于前，群小蛇绕之，并黑色。帝恶之，宫人曰：'此非怪也，恐是钱龙。'帝敕所司即日取数千万钱镇于蛇处以厌之。"西魏入侵，为扭转败局，萧绎也使用了不少厌胜之术。颜之推《观我生赋》云："守金城之汤池，转绛宫之玉帐。"自注："孝元自晓阴阳兵法，初闻贼来，颇为厌胜，被围之后，每叹息，知必败。"如承圣三年十一月丁酉，大风，江陵城内火烧居人数千家。"以为失在妇人，斩首尸之"（《南史》卷八《梁本纪》）。

萧绎喜欢方术，对其行为颇有影响，有术士指出萧绎年近五十，当有小厄，"禳之可免"，故萧绎晚年特多禁忌，"墙壁崩倒，屋宇倾颓，年月不便，终不修改。庭草芜没，令鞭去之，其慎护如此"（《南史》卷八《梁本纪下》）。更主要的，方术对其心理的暗示作用更大。萧绎不愿从江陵迁都建康，其中一个重要原因就是江陵祥瑞频出，尤其是"洲满百，当出天子"的传说给了萧绎很大鼓舞。而承圣三年（554）十月甲戌日（二十一），萧绎夜登凤皇阁观天象，徘徊叹息道："客星入翼、轸，今必败矣！"（《资治通鉴》卷一六五）似乎已经接受失败的命运。实际此时西魏军队尚未渡过汉水，时郢州刺史、司徒陆法和闻魏军来，自郢州入汉口，将入援江陵。萧绎此时仍有机会"席卷渡江，直据丹阳"，但萧绎却很奇怪地拒绝了陆法和的救援，不能不说甲戌日的观星对其心理有影响。十一月庚子（十八），流星坠落江陵城中，萧绎"援蓍筮之"，"取龟式验之"，皆不吉，叹曰："吾若死此下，岂非命乎？"（《南史》卷八《梁本纪》）至斗志全无，彻底接受了失败！

七、兵法

《金楼子·著书篇》著录有"《玉韬》一帙十卷"。南宋章如愚

《群书考索》后集卷五〇《兵门》"兵法"条:"自今观之,兵法以韬名者,如《太公六韬》,梁元帝《玉韬》,刘裕《金韬》,皆韬也。"南宋王应麟《玉海》卷一四一《兵制·兵法》"梁玉韬"条:"《隋志》梁元帝《玉韬》十卷。刘祐隋开皇中奉诏撰兵书十卷,名曰《金韬》。"可知《玉韬》是一部讲兵法韬略的书。萧绎曾称《玉韬》是自己写得最好的书,但其实此书很可能和他所撰的大部分书籍一样,只是摘抄诸家兵法精华汇聚成书而已。又,此书下萧绎自注:"金楼出牧渚宫时撰。"渚宫,春秋时楚国宫名,地在荆州江陵,即今湖北省荆州市江陵区。据此自注和《金楼子·立言篇上》"三十余年"语,则《玉韬》作于萧绎再为荆州刺史时,很可能就是在平定侯景之乱中。

另,《长短经》卷九引《孙子》、《通典》卷一五一《兵四》引《孙子》,均有题为萧世诚的注解。萧绎字世诚,则萧绎曾为《孙子兵法》做过注解。

《长短经》卷九引《孙子·五间第十》:"反间者,因敌间而用之者也。"曹公曰:"敌使间来视我,我知之,因厚赂重许,反使为我间,故曰反间。"萧世诚曰:"言敌使人来候我,我佯不知,而示以虚事,前却期会,使归相语,故曰反间也。"亦见《通典》卷一百五十一《兵四》。曹公即曹操。曹操认为的"反间"是指收买策反敌方间谍为我所用。而萧绎所认为的"反间"是利用敌方人员,制造假象,使敌方内部产生矛盾。此属于清朱逢甲《间书》中所论的"反间其人"、"反间其事",和《孙子》使用的"反间"不完全一样。[1]《长短经》卷九引《孙子·五间第十》:"死间者,为诳事于外,令吾间知之,而待于敌间者也。"萧世诚云:"所获敌人及己军士有重罪系者,故为免,相敕勿泄,佯不秘密,令拘者窃闻之,因缓之,使亡,亡必归敌,以所闻告之,敌必信焉,往必不间,故曰死间者也。"(亦见《通典》卷一五一《兵四》)《孙子》"死间"的本意是有意制造假情报,让我方间谍故意传给间谍,用以欺骗敌方。而萧绎认为的"死间"是利用俘虏或囚

---

① 参李零《唯一的规则:孙子的斗争哲学》,三联书店,第 289 页。

犯向敌方传递虚假情报，其注解和《孙子》本意或有差别。萧绎注解《孙子》，是有一些自己的独到的见解。

有时，萧绎的注解受其方术思想的影响，表现出神秘主义的色彩。如《长短经》卷九引《孙子·水火第九》："五曰火燧。行火必有因。烟火素具，发火有时，起火有日。时者，天之燥也；日者，宿在箕、壁、参、轸也。凡此四宿者，风起之日。"萧世诚云："春丙丁，夏戊己，秋壬癸，冬甲乙，此日有疾风猛雨也。"萧绎善观天文，其以为四季中某日必有"疾风猛雨"，显得颇为神秘。颜之推《观我生赋》："守金城之汤池，转绛宫之玉帐。"自注："孝元自晓阴阳兵法，初闻贼来，颇为厌胜，被围之后，每叹息，知必败。"将方术与兵法融合，是受传统的兵阴阳思想的影响。《汉书·艺文志》兵家分为兵权谋、兵形势、兵阴阳、兵技巧四家，其中兵阴阳一家，"顺时而发，推刑德，随斗击，因五胜，假鬼神而为助者也"。（《汉书·艺文志》）"是和天（天文、气象）、地（地理、地形、地貌）有关的军事技术。它是数术之学和阴阳五行说在军事上的应用。"[1]而萧绎以方术来注解《孙子》，其实属于古兵阴阳一流，而颜之推对其认识是深刻的。

同时，《孙子》此节讲的是火攻中点火的时机，因风纵火，火仗风势，火攻才更有威力，故《孙子》强调时日的"天之燥"和"风起"。萧绎却以春丙丁，夏戊己，秋壬癸，冬甲乙有疾风猛雨，显然不适合点火。故萧绎注释似并未得《孙子》精义。

其实，萧绎并非只会纸上谈兵，还是有一定的指挥经验和才能的。萧绎曾自云："我韬于文士，愧于武夫。"（《梁书·元帝纪》）在为荆州刺史期间，他曾派王僧辩击败蛮王文道期，巩固了荆襄边境。中大通六年（534），二十七岁的平西将军、荆州刺史萧绎节度诸军北伐东魏，至大同二年（536）冬十一月己亥，才诏北伐众军班师。此次北伐，萧绎节度诸军，出谋划策，"作齐军之减灶，敦燕师

① 李零《兰台万卷》，三联书店，2011年版，第162页。

之卧墙"(《玄览赋》)。最后梁军大胜,萧绎进号安西将军。

大同八年(542)春正月,安成郡刘敬躬造反,时任江州刺史的湘东王萧绎遣司马王僧辩、中兵曹子郢讨伐刘敬躬,破之。平乱中,庾信为郢州别驾,曾与萧绎讨论战事。"于时江路有贼,梁先主使信与湘东王论中流水战事"(北周滕王宇文逌《庾信集序》)。

侯景之乱中,萧绎与侯景在正面对峙中更充分展现了自己的军事才能。太清五年(551)四月,侯景将任约突袭江夏,侯景乘胜西上,"号二十万,联旗千里,江左以来,水军之盛未有也"(《南史》卷八〇《侯景传》)。萧绎充分分析了侯景的进军路线的上中下三策,并判定侯景会采用下策,后果如萧绎所料。萧绎军队大败侯景。"自是众军所至皆捷"(《南史》卷八〇《侯景传》),梁军与叛军对峙形势发生了根本性的改变。

八、绘画与书法

萧绎从小就喜好绘画,其《谢上画蒙敕褒赏启》云:

> 臣簿领余暇,窃爱丹青。云台之像,终微仿佛;宣室之图,更难议拟。成蝇罕术,画马疏工。人非世将,恩深晋帝之赏;迹愧景山,宠逾魏皇之诏。(《艺文类聚》卷七四)

虽然谦称自己绘画远不如魏徐邈、晋王廙,却依然受到父皇的赏赐。因善绘画,故东宫太子赏赐萧绎陆探微的绘画作品,[①]萧绎有《谢东宫赉陆探微画启》。《南史》卷八《梁纪·元帝》载:"帝工书善画,自图宣尼像,为之赞而书之,时人谓之'三绝'。"《颜氏家训·杂艺篇》称:"画绘之工,亦为妙矣;自古名士,多或能之。吾家尝有

---

① 陆探微,南齐谢赫《古画品录》:"第一品:陆探微。事五代宋明帝,吴人。穷理尽性,事绝言象。包前孕后,古今独立。非复激扬所以称赞,但价之极乎上上品之外,无他寄言,故屈标第一等。"《历代名画记》卷六:"陆探微(原注:上品上),吴人也。宋明帝时常在侍从,丹青之妙,最推有名。"

梁元帝手画蝉雀白团扇及马图，亦难及也。"姚最撰《续画品》"湘东殿下"①条云：

> 　　右天挺命世，幼禀生知，学穷性表，心师造化，非复景行，所能希涉。画有六法，真仙为难。工于像人，特尽神妙，心敏手运，不加点治。斯乃听讼簿领之隙，文谈众艺之余，时复遇物援毫，造次惊绝。足使荀、卫阁笔，袁、陆韬翰。图制虽寡，声闻于外。非复讨论木讷可得而称焉。

萧绎在当世就有善画的名声，尤其以善画人物著称，"工于像人，特尽神妙"。姚最认为萧绎的画作甚至超越了荀勖、卫协和袁蒨、陆绥。《抱朴子·辨问》："善图画之过人者，则谓之画圣，故卫协、张墨于今有画圣之名焉。"唐张彦远《历代名画记》列萧绎于中品，并云："聪慧俊朗，博涉技艺，天生善书画。……尝画圣僧，武帝亲为赞之。任荆州刺史日，画《蕃客入朝图》，帝极称善，又画《职贡图》并序，善画外国来献之事。"另著录萧绎其他画作有《游春苑》、白麻纸图《鹿图》《师利像》《鹣鹤陂泽图》《芙蓉湖醮鼎图》，并有题印。唐裴孝源《贞观公私画史》云："《文殊像》一卷、《游春苑图》二卷、《芙蓉湖醮鼎图》一卷、《鹿图》一卷、《鹣鹤弄陂泽图》一卷，右六卷梁元帝画并有题跋印记。"故《四库全书总目》卷一一四《山水松石格提要》云："元帝之画，《南史》载有宣尼像，《金楼子》载有《职贡图》，《历代名画记》载有《蕃客入朝图》《游春苑图》《鹿图》《师利图》《鹣鹤陂泽图》《芙蓉湖醮鼎图》，《贞观画史》载有《文殊像》。是其擅长，惟在人物。"可惜的是，萧绎的这些画作，都没有流传下来。

萧绎画作中，名气最大的是《职贡图》。为荆州刺史期间，曾有藩属或外国来朝廷贡纳的使者经过荆州时，萧绎"瞻其容貌，诉其风俗"；对于到京师的使者，萧绎"别加访采，以广闻见"，最终绘成

---

①　"湘东殿下"下有小注："梁元帝初封湘东王，尝画《芙蓉湖醮鼎图》。"

《职贡图》。并在梁武帝大同七年(541)作《职贡图》序。《历代名画记》卷三:"《职贡图》,一,外国酋渠诸蕃土俗本末,仍各图其来贡者之状,《金楼子》言之,梁元帝画。"卷七:"(梁元帝萧绎)任荆州刺史日,画《蕃客入朝图》,帝极称善。又画《职贡图》,并序,善画外国来献之事。"江陵败亡,萧绎焚烧古今图书十余万卷,但《职贡图》不在此列。唐时,萧绎之曾孙萧翼为骗取辩才和尚的信任,赚取王羲之《兰亭集序》法帖,"示师梁元帝自画《职贡图》"(唐张彦远《法书要录》卷三)。

今南京历史博物院藏有一份绢本设色《职贡图》残卷,篇幅为25 cm×198 cm,描绘了滑国、波斯、百济、龟兹、倭国、狼牙修、邓至、周古柯、呵跋檀、胡蜜丹、白题、末国十二位使者朝贡时的形象,每一位使者后有简短的题记。此画中使者皆左向侧身而立,状貌各不相同,肤色或白或黑,衣着或谨严或飘荡,或赤脚或着靴。神态亦异,或文静谦卑,或朴质豪爽,可谓"形性态度,人人殊品","无华人气韵"(李廌《德隅斋画品·番客入朝图》语)。人物线条以高古游丝描为主,间以兰叶描,简练遒劲,并分层晕染,色彩明丽。而其题记字体端正有力,内容为该国土风民俗,与《梁书·西北诸戎传》所载可以相互印证,表明两者有相同的资料依据。这幅绘画从构图线条到书法,都具有很高的艺术水准,是研究当时绘画艺术的珍贵资料,也为研究其时西北诸戎历史、土俗、历史、服饰以及与梁交流史提供了宝贵的文字和图像资料。且此画整体内容又和萧绎《职贡图序》所叙十分吻合,金维诺认为现存的残本是北宋熙宁年间的摹本,"原本"就是萧绎的《职贡图》,"由于临摹的忠实,并不因此减低了它的价值,它仍然是使我们得以了解南朝绘画,特别是萧绎风格的重要依据。"[1]岑仲勉则认为残图非原本。[2] 余太山认为

---

[1] 金维诺《中国美术史论集》上册《〈职贡图〉的时代与作者》,黑龙江美术出版社2004年版,第118页。

[2] 参岑仲勉《现存的职贡图是梁元帝原本吗》,收《金石论丛》,中华书局1981年版。

今存残卷一十三国使臣图像题记出诸萧绎之手的可能性几乎没有，萧绎《职贡图》可能已经不复传世。[1] 此问题还有很大讨论的空间，也为学界研究萧绎的绘画提供了更多的想象。

另一篇引起争议的文章是《山水松石格》，这是一篇画论。该文提出"格高而思逸"，即作者思想高逸，画作的品格才能高妙。对画家的艺术品格提出了很高的要求。此论是较早关于画家人格和画作格调的论述。同时，《山水松石格》对一些具体画法也提出了看法，如"云中树石宜先点，石上枝柯末后成。高岭最嫌林刻石，远山大忌学图经"，反对照搬图经的自然主义，主张"设奇巧之体势，写山水之纵横"，对自然山水进行选择性的刻画。同时，文中还提到"或难合于破墨，体向异于丹青"，"破墨"即水墨渲淡，它的提出，"预示着中国画将进入一个新的境界——水墨山水画的新兴。"[2] 故此文在画论史上有一定的地位，但其是否为萧绎所作却颇有争议。

《宋史》卷二〇七《艺文志》："梁元帝《画山水松石格》一卷。"《四库全书总目》卷一一四《山水松石格提要》云："《山水松石格》一卷，旧本题梁孝元皇帝撰。案：是书《宋艺文志》始著录。其文凡鄙，不类六朝人语。且元帝之画……是其擅长，惟在人物。故姚最《续画品录》惟称湘东王殿下'工于像人，特尽神妙'。未闻以山水松石传，安有此书也？"《六如居士画谱》篇末云："此篇著录梁元帝撰，世多疑之，又传王维、荆浩、李成、华光、唐寅诸书，大率宋、明人伪托，中经割裂窜改不可胜记，然名言精义尚不容废。"[3] 今人陈传席则认为："《山水松石格》起于梁，可信。可能本是梁元帝之作，后来于流传中屡经改篡增添，直到唐初而成，基本上变了面貌。"[4] 此可备一说。北宋韩拙《山水纯全集·论林木》曰："梁元帝云：'木有

---

① 余太山《两汉魏晋南北朝正史西域传研究·〈梁书·西北诸戎传〉与〈梁职贡图〉》，商务印书馆2013年版。

② 陈传席《六朝画论研究》，天津人民美术出版社2006年版，第253页。

③ 载民国十七年《美术丛书》三集。

④ 陈传席《六朝画论研究》，天津人民美术出版社2006年版，第253页。

四时,春英夏荫,秋毛冬骨。'"①此语亦见于《山水松石格》,可见萧绎确有论山水松石画法的文字,且"秋毛冬骨"之论,传神描绘出秋冬树木的特征。问题就在于,这部书到底哪些是萧绎所论,还值得研究。

除绘画外,萧绎还擅长书法,其被人称为"三绝"的就是文章、绘画和书法。唐张彦远撰《法书要录》卷三列梁元帝书法为"下下品",并允其书法为"风流"。唐窦臮《述书赋》记唐天宝间曾见萧绎墨宝:"今见具姓名行书一十五行。"萧绎对书体尤为留心,其《上东宫古迹启》云:"颇好六文,多惭三礼。尚方大篆,既其牢落;柱下方书,何曾仿佛。"他曾令韦仲、谢善勋定书体百种,称为"百体"。梁庾元威《论书》曰:"湘东王遣沮阳令韦仲定(书体)为九十一种,次功曹谢善勋增其九法,合成百体。"

另,萧绎在荆州时,西府中擅长书法之才很多。如韦仲、谢善勋、颜协、丁觇等。《南史·文学·颜协传》:"(协)博涉群书,工于草隶飞白。……荆楚碑碣皆协所书。时又有会稽谢善勋能为八体之文,方寸千言,京兆韦仲善飞白,并在湘东王府。善勋为录事参军,仲为中兵参军。府中以协优于韦仲而减于善勋。"《颜氏家训·慕贤篇》:"梁孝元前在荆州,有丁觇者,洪亭民耳,颇善属文,殊工草隶;孝元书记,一皆使之。"西府书法人才之盛,和萧绎自己喜好擅长书法不无关系。

除经学、史学、玄学、方术等外,萧绎还研究过纵横术,曾让鲍泉等撰《补阙子》一帙十卷。② 还擅长围棋、美食、医药,甚至相马。萧绎曾让刘缓撰《玉子诀》一帙三卷。玉子,疑指玉制的围棋子。南朝梁武帝《围棋赋》:"枰则广羊文犀,子则白瑶玄玉。"则《玉子诀》为一部记载围棋技艺的书。又让虞预撰《食要》一帙十卷,此书

---

① 北宋韩拙《山水纯全集·论林木》曰:"春英者谓叶细而花繁也,夏荫者谓叶密而茂盛也,秋毛者谓叶疏而飘零也,冬骨者谓枝枯而叶槁也。"

② 《汉书》卷三〇《艺文志·诸子》"纵横家"著录:"《阙子》一篇。"

可能是食谱。萧绎还撰有《宝帐仙方》一帙三卷、《药方》一帙十卷，此两书可能都是记载药方的。另《宋书》卷二〇六《艺文志》著录："萧绎《相马经》一卷。"

九、结语

萧绎的著述虽多，但多是收集整理性质的资料汇编。如《忠臣传》《孝德传》《研神记》《丹阳尹》，从序和今存佚文看，都只是某一类人物的故事集。而《注汉书》二十帙一百一十五卷、《内典博要》三帙三十卷、《碑集》十帙百卷，篇幅如此庞大，在当时的手抄本时代，要完成这些著作，是非常不容易的。故萧绎勤于聚书，勤于读书，并以此自豪。不知此实堕入禁锢心力于文字之间而不得解脱的境地。

萧绎在自己的著述中，自认为"最善"的是《玉韬》，其实也不过是诸家兵书的摘抄罢了。而萧绎最看重的著述是《金楼子》，此书也只是分门别类的摘抄前代典籍，偶尔加之自己的评点感想而已。整部《金楼子》从上古写到当下，"今纂开辟已来，至乎耳目所接"，引书多达百余种，充分体现了萧绎学识的广博。而历代书目均以《金楼子》入子部杂家，就是因为其思想庞杂不成体系。在这部书中，我们既可以看到儒家的影响，又可以找到对道家的引用，还可以看到作者对兵家的稔熟、对佛教的兴趣，甚至于诵咒、占卜等方术，作者都曾涉猎学习。然而作者并没有将诸种思想和学说熔为一炉，形成一种新的学术思想。萧绎能想到将诸种学说总合在一起的办法就是摘抄，其结果是只见作者的博学，不见作者的领悟。且萧绎在《金楼子》中对文章仅仅是停留在纸面上的摘抄，并未体悟其中的大义，自己也并没有按照这种言论去行动，故其言和行之间矛盾而不统一。造成这种矛盾的根本原因就在于萧绎的读书是为了"搜索骈丽、攒集影迹、以夸博记"，故而"得纤曲而忘大义，迷影迹而失微言"(王夫之《读通鉴论》卷一七"元帝"条)。萧绎自谓"三十余载，泛玩众书万余矣"，恐怕也仅仅是"泛玩"而已。泛者，博也,玩者,身外之物也。

萧绎泛玩众书的读书态度,和南朝的社会文化氛围有莫大关系。

南朝是"知识至上"社会,[①]学问渊博被认为是文士最重要的品性。隶事是对记忆能力和阅读广度的极大考验,[②]时人以为最能体现学问的渊博与否了。故文士宴游、赋诗,喜欢隶事炫博,以显示学问。据说首倡隶事的是南齐王俭,[③]隶事广博,大可博取声名于朝堂,小可炫耀才学于朋友之间。至梁代,隶事炫博之风依然存在,梁武帝萧衍尤喜策事:

> 武帝每集文士策经史事,时范云、沈约之徒皆引短推长,帝乃悦,加其赏赉。会策锦被事,咸言已罄,帝试呼问峻,峻时贫悴冗散,忽请纸笔,疏十余事,坐客皆惊,帝不觉失色。自是恶之,不复引见。及峻《类苑》成,凡一百二十卷,帝即命诸学士撰《华林遍略》以高之,竟不见用。[④]

刘峻因隶事胜过萧衍以至终身不得志,可见梁武帝对隶事的在意。除隶事外,对书籍的记诵也被认为是博洽的表现。《梁书》卷五〇《文学传·臧严》载:"迁冠军行参军、侍湘东王读,累迁王宣惠轻车府参军,兼记室。严于学多所谙记,尤精《汉书》,讽诵略皆上口。王尝自执四部书目以试之,严自甲至丁卷中,各对一事,并作者姓名,遂无遗失,其博洽如此。王迁荆州,随府转西中郎安西录事参

---

① 胡宝国《知识至上的南朝学风》,《文史》,2009 年第 4 期。
② 隶事,即引用典故。
③ 《南史》卷四九《王谌传》附《从叔摛传》亦载:"尚书令王俭尝集才学之士,总校虚实,类物隶之,谓之隶事,自此始也。俭尝使宾客隶事多者赏之,事皆穷,唯庐江何宪为胜,乃赏以五花簟、白团扇。坐簟执扇,容气甚自得。摛后至,俭以所隶示之,曰:'卿能夺之乎?'摛操笔便成,文章既奥,辞亦华美,举坐击赏。摛乃命左右抽宪簟,手自掣取扇,登车而去。俭笑曰:'所谓大力者负之而趋。'"
④ 《南史》卷四十九《刘峻传》。

军。"萧绎《金楼子·立言篇下》就曾嘲笑学问不广博之人:"杨泉《蚕赋》序曰:古人作赋者多矣,而独不赋蚕,乃为《蚕赋》。'是何言与? 楚兰陵荀况有《蚕赋》,近不见之,有文不如无述也。"《杂记篇下》又称:"桓谭有《新论》,华谭又有《新论》;扬雄有《太玄经》,杨泉又有《太玄经》。谈者多误,动形言色。或云桓谭有《新论》,何处复有华谭? 扬子有《太玄经》,何处复有《太玄经》? 此皆由不学使之然也。"

博学已经成为南朝的时代之风,故颜之推《颜氏家训·勉学》云:

> 学之兴废,随世轻重。汉时贤俊,皆以一经弘圣人之道,上明天时,下该人事,用此致卿相者多矣。末俗已来不复尔,空守章句,但诵师言,施之世务,殆无一可。故士大夫子弟,皆以博涉为贵,不肯专儒。梁朝皇孙以下,总角之年,必先入学,观其志尚,出身已后,便从文史,略无卒业者。冠冕为此者,则有何胤、刘瓛、明山宾、周舍、朱异、周弘正、贺琛、贺革、萧子政、刘绍等,兼通文史,不徒讲说也。洛阳亦闻崔浩、张伟、刘芳,邺下又见邢子才:此四儒者,虽好经术,亦以才博擅名。

记事广博本是好事,它是对汉魏以来儒生困守一经的"反动"。[①] 故南朝士人们纷纷以炫博为能事,此为时代风潮,于诗文中之表现则是用典之风盛行,于著述之表现则是喜编纂,而后剿袭成风。清赵翼《陔余丛考》卷四〇"著述最多"条中列举的著述最多的三位帝王恰是梁代三君——梁武帝、梁简文帝和梁元帝萧绎。梁武帝作《通史》六百卷,《金海》三十卷,制旨《孝经》《周易》《毛诗》《尚书》《春

---

① 汉武帝"罢黜百家,独尊儒术"之后,经生门户森严,班固《汉书·艺文志》说:"古之学者耕且养,三年而通一艺,存其大体,玩经文而已,是故用日少而蓄德多,三十而五经立也。后世经传既已乖离,博学者又不思多闻阙疑之义,而务碎义逃难,便辞巧说,破坏形体,说五字之文,至于二三万言。后进弥以驰逐,故幼童而守一艺,白首而后能言;安其所习,毁所不见,终以自蔽。"

秋》《中庸》《孔子正言》等讲疏二百余卷,《吉凶军宾嘉五礼》一千余卷,佛经义记数百卷,《金策》三十卷。简文帝撰《长春义记》一百卷,《法宝联璧》三百卷。这些著作,动辄上百卷,应该都是抄撮前代文章编纂而成的。至于昭明太子萧统编《文选》,梁简文帝萧纲使徐陵编《玉台新咏》,均是受此博学之风的影响,在态度上和萧绎撰写《金楼子》等书并无太大差异。

刘勰《文心雕龙·神思篇》说:"博见为馈贫之粮,贯一为拯乱之药,博而能一,亦有助乎心力矣。"博学的弊端就是散漫杂乱,不能聚焦集中。正如颜之推所言:"无所堪能,问一言辄酬数百,责其指归,或无要会。邺下谚云:'博士买驴,书券三纸,未有驴字。'使汝以此为师,令人气塞。"(《颜氏家训·勉学》)学术要有宗旨,读书当知致用。"夫圣人之书,所以设教,但明练经文,粗通注义,常使言行有得,亦足为人;何必'仲尼居'即须两纸疏义,燕寝讲堂,亦复何在? 以此得胜,宁有益乎? 光阴可惜,譬诸逝水。当博览机要,以济功业;必能兼美,吾无间焉。"(《颜氏家训·勉学》)"博览机要,以济功业",兼而美之,又几人可以做到? 颜之推之言,是亡国之后痛定思痛的反思,而在博学之风盛行的南朝,如何能要求乐在其中其中的萧绎逆时代潮流而动呢?

而萧绎的学术虽然几乎涉及了南朝学问的各个领域,但均是节录摘抄,浅尝辄止,大多是没有太精深的研究的。

唐魏徵曾指出:

> 古人有言,亡国之主,多有才艺,考之梁、陈及隋,信非虚论。然则不崇教义之本,偏尚淫丽之文,徒长浇伪之风,无救乱亡之祸矣。(《陈书》卷六《后主纪》)

"亡国之主,多有才艺",萧绎即是典型。其勤奋好学,多才多艺,却不能挽狂澜于既倒,扶大厦之将倾,才艺真的和亡国有关吗? 我们该如何评价萧绎呢? 这是个问题!

第九章　短命帝王，千古文士①

多少六朝兴废事，尽入渔樵闲话。

宋·张昇《离燕亭》

往事如烟，斯人已逝，只留下历史的背影供后人评说。在本书的最后，笔者想先谈谈梁元帝的藏书、读书和焚书，再来谈谈对他的评价问题。

让我们重回承圣三年(555)十二月初一的那个夜晚，面对西魏的围攻，江陵城的大部分已经陷落，唯有金城尚存。金城是当时皇宫的所在地，里面堆满从旧都建康运来的宝器，如宋浑天仪、梁日晷铜表、魏相风乌、铜蟠螭趺、径四尺围七尺的大玉以及诸舆辇法物，更收藏有典籍、法书、图画十四万余卷。相对宝器，典籍等更是萧绎的心爱之物，而今面对这些图书，萧绎更觉得像是讽刺，自己读书万卷，却不能挽救大梁的命运，读书何用？愤懑之下，萧绎命人放火烧掉了这些典籍。

———————————

　　①　此题目参考洪卫中《千古学者短命帝王——兼以〈金楼子〉来论萧绎》，《社会科学论坛》(学术研究卷)2009 年第 10 期。

　　萧绎的这一把火,几乎毁掉了整个南朝的藏书,造成了巨大的文化损失。因为自西晋末年南渡后,衣冠轨物,图画记注,皆归江南。宋刘裕平定后秦,收其图籍,才四千卷,足见北方图书不多。而这些书籍,"赤轴青纸,文字古拙",也被带回了江南,皆藏于朝廷。齐、梁时,经史弥盛,国家藏书丰富。而今悉毁于萧绎之手。至隋统一天下之初,汇聚了北周、北齐和陈之书籍,才共一万五千余卷,"部帙之间,仍有残缺。比梁之旧目,止有其半。至于阴阳《河洛》之篇,医方图谱之说,弥复为少"(《北史》卷七二《牛弘传》)。那些被梁元帝焚烧的典籍包括书籍、画册和法帖,其中就有王羲之、王献之"二王"的作品。唐人张怀瓘曾云:"承圣末,魏师袭荆州,城陷,元帝将降,其夜乃聚古今图书十四万卷并大小二王遗迹,遣后阁舍人高善宝焚之,吴越宝剑并将斫柱,乃叹曰:'萧世诚遂至于此! 文武之道,今夜穷乎。'历代秘宝并为煨烬矣! 周将于谨、普六茹忠等捃拾遗逸,凡四千卷,将归长安。"(《法书要录》卷四"张怀瓘二王等书录"条)十四万卷书,焚烧后只收拾到四千卷,绝大部分已经毁掉了,损失不可谓不大,以至隋代藏书不多,朝廷不得不下献书之诏:"每书一卷,赏绢一匹,校写既定,本即归主。"然收书也不过三万余卷(《隋书》卷三二《经籍志》)。

　　颜之推在《观我生赋》中说:

　　　　民百万而囚虏,书千两而烟炀。溥天之下,斯文尽丧。(自注:北于坟籍少于江东三分之一,梁氏剥乱,散逸湮亡。唯孝元鸠合,通重十余万,史籍以来,未之有也。兵败悉焚之,海内无复书府。)

萧绎本喜好书籍,却又焚书,让后世学者无法理解。南宋王应麟以为:"不善读者,萧绎以万卷自累。"(《困学纪闻》卷二〇《杂识》)又云:

　　　　刘盛不好读书，惟读《孝经》《论语》，曰："诵此能行足矣，
　　安用多诵而不行乎?"苏绰戒子威云："读《孝经》一卷，足以立
　　身治国，何用多为?"愚谓梁元帝之万卷，不如盛、绰之一言。
　　学不知要，犹不学也!(《困学纪闻》卷七《孝经》)

　　元陆文圭《跋蒋民瞻咏史诗·梁元帝》云："同室相屠危社稷，拥兵
不下弃君亲。何言万卷有今日，自是《六经》中罪人。"(《墙东类稿》
卷九)清尤侗《看鉴偶评》卷三道："湘东读万卷书，而不知国君死社
稷之道，束手出降，卒为魏人所杀，吾不知所读何书也?"①
　　萧绎读过什么书?
　　萧绎真不善读书吗?
　　为了解决这些问题，我们得从萧绎的聚书说起。

(一) 聚书

　　南朝是"知识至上"的社会，文化极其发达，要想获得知识，便
得勤学，而勤学就要有书籍。萧绎是南朝聚书勤学的典型。
　　萧绎的聚书以侯景之乱的平定为界，可以分为前后两个时期。
前期主要是萧绎作为诸侯王积极聚书，通过四十年的聚集，得书八
万卷;后期作为梁元帝的萧绎聚书数量多达十四五万卷，主要是旧
都建康的国家藏书七八万卷运至江陵，增加了自己的藏书。然萧
绎注重藏书，却并没有藏书目录流传后世，"当由编校未终，旋致覆
没故也"。② 而《金楼子·聚书篇》主要就是记载萧绎自己个人的藏
书经历的，故我们详细分析此篇，管中窥豹，亦可略见他藏书的
情况。
　　天监十三年(514)，萧绎七岁，封湘东郡王，得到了自己人生的
第一套藏书，即父亲梁武帝萧衍赏赐的《五经》。《五经》指《易》《尚
书》《诗》《礼》《春秋》，是儒家文化精华，自汉代以来就是知识分子

---

　　①　清尤侗《看鉴偶评》，中华书局 1992 年版，第 247 页。
　　②　余嘉锡《余嘉锡说文献学·目录学发微》，上海古籍出版社 2001 年版，第
99 页。

最基本的读物。汉班固《白虎通·五经》说:"经所以有五,何? 经,常也。有五常之道,故曰《五经》:《乐》仁、《书》义、《礼》礼、《易》智、《诗》信也。人情有五性,怀五常,不能自成,是以圣人象天五常之道而明之,以教人成其德也。"《五经》也是梁代读书人早期学习的基本书籍,父亲萧衍送《五经》给儿子萧绎,以《五经》教子,传承的是古代社会最根本的教育模式。萧衍就曾撰写过《五经讲疏》,①并于天监四年置《五经》博士各一人。②而其长子即萧绎的长兄昭明太子萧统,"三岁受《孝经》《论语》,五岁遍读《五经》,悉能讽诵"(《梁书》卷八《昭明太子》)。父皇萧衍对于萧绎的启蒙教育还是很重视的。

通过父皇、皇太子的赏赐、自己的抄录(借书来抄,或派人去抄)和购买、他人赠送(包括朋友馈赠和下属进献,自己主动索要)等方式,三十余年间,萧绎收集到各种典籍共八万余卷,自认为藏书已经超过了西汉的河间献王刘德。

这些图书包括经部书籍如《五经》(《毛诗》《尚书》《礼记》《周易》《春秋》)、《周官》、《仪礼》、樊光注《尔雅》等,史部书籍如高诱注《战国策》、《史记》、《汉书》、《续汉书》、《三国志》、《晋书》、《晋阳秋》、《童子传》、《起居注》、徐勉《起居注》(《流别起居注》)等。萧绎还收藏了大量诸子的书籍,有《庄子》《老子》,有医书《肘后方》,有玄学书籍如玄儒众家义疏,还有方技如阴阳、卜祝、冢宅等类的书籍,更有博弈(格五戏)书籍。《离骚》这样伟大的文学作品,萧绎当然也有收藏。当时佛教盛行,萧绎也藏有《高僧传》、经书、经藏,众义疏及众经序等。

同时,萧绎喜好和擅长书法,收藏有不少书法字帖。其中多是简本和帛书,云气、芝英、悬针、倒薤各种书体都有,其中不乏东晋

---

① 《梁书》卷四《简文帝纪》:"高祖所制《五经讲疏》,尝于玄圃奉述,听者倾朝野。"

② 《梁书》卷二《武帝纪》。

书法家王羲之、王献之父子的作品。① 萧绎将这些法帖收藏在黄色书套中，并用珠宝作为装饰，颇为珍视。其《玄览赋》云："幼坟籍以自娱，迄方今而不渝。云气、芝英之简，悬针、倒薤之书，缄乎蒸栗之帙，饰乎酸枣之珠。拟河献之留真，希淳儒之席珍。"

萧绎还注意书籍的"版本"问题，因为其藏书并非完全是为了阅读，而有收藏之意。他藏有元嘉（南朝宋文帝刘义隆的年号，从424年至453）时的《前汉书》写本三种。又收集到小字《周易》《尚书》《周官》《仪礼》《礼记》《毛诗》《春秋》各一部。萧绎其实已经有《周易》等书籍多部，只因此是"细书"，所以才加以收藏。大同二年（535）左右，时为荆州刺史的萧绎协调卫将军兰钦等诸军北伐，兰钦成功攻克南郑，取得该地藏书，带回的书籍中有东晋以前的一批古籍，萧绎感觉很新奇，再次表现出对于"版本"的浓厚兴趣。

萧绎聚集的图书，不仅有古代的典籍，还有当代人的作品，藏书范围是非常广泛的。如萧绎就曾向长兄萧统索要他的文集和所编纂的《诗苑英华》。萧统有《答湘东王求〈文集〉及〈诗苑英华〉书》，信中说："得疏，知须《诗苑英华》及诸文制，发函伸纸，阅览无辍。……又往年因暇，搜采英华，上下数十年间，未易详悉，犹有遗恨。而其书已传，虽未为精核，亦粗足讽览。集乃不工，而并作多丽。汝既须之，皆遣送也，某启。"另，张缵曾送萧绎一部《高僧传》。汤用彤认为："张缵于梁大同间（五三九至五四〇）作豫章长史，其所送的《高僧传》当是慧皎的书。"② 梁时释慧皎编纂的《高僧传》是一部僧侣传记，"以刘义庆《宣验记》、陶潜《搜神录》等数十家并书诸僧，乃博采诸书，咨访古老，起于永平十年，终于天监十八年，凡四百五十二载，二百五十七人，又附见者二百余人"（《郡斋读书志》卷八"高僧传"条）。《金楼子·聚书篇》载："又就会稽宏

---

① 萧绎还曾向皇太子萧纲上二王法书，萧纲有《答湘东王上王羲之书》，见《艺文类聚》卷七四。

② 汤用彤校注《高僧传》附录《关于慧皎》，中华书局1992年版，第566页。

普惠皎道人搜聚之。"惠皎即慧皎（497—554），"此慧皎者，即《高僧传》之作者。"①"萧绎的生母阮修容是会稽上虞人，笃信释教，与僧尼多有往来。萧绎早年作会稽太守时，其母同他在一起。慧皎也是会稽上虞人，可能那时他们已曾相识。萧绎与僧人来往也很多。据《全梁文》所载，他给寺院作的碑记有十余处之多。据《聚书篇》，慧皎所搜聚的是法书墨迹。慧皎对法书似亦通晓，如本书卷四《道潜传》、卷八《法瑶传》均曾提到法书。又'宏普'或系寺名。"②《金楼子·捷对篇》第 18 节载："习凿齿诣释道安，值持钵趋堂，凿齿乃翔往众僧之斋也。众皆舍钵敛衽，唯道安食不辍，不之礼也。习甚恚之，乃厉声曰：'四海习凿齿，故故来看尔。'道安应曰：'弥天释道安，无暇得相看。'习愈忿，曰：'头有钵上色，钵无头上毛。'道安曰：'面有匙上色，匙无面上坳。'习又曰：'大鹏从南来，众鸟皆戢翼。何物冻老鸱，腩腩低头食。'道安曰：'微风入幽谷，安能动大才。猛虎当道食，不觉蚤虻来。'于是习无以对。"这与梁释慧皎《高僧传》卷五《义解·晋长安五级寺释道安传》所载颇近，不知是否受其影响。③ 慧皎是萧绎同时代人，则萧绎的藏书也包括了当代人的作品，此在《金楼子》其他篇的记载中也可也找到证明。《金楼子》并不避讳对当代人著作的摘抄。如《立言篇下》第 14、15 节均是抄自《文心雕龙》。清代吴骞校勘《金楼子》时以为："按此合下'古来文士'一条并《文心雕龙·指瑕篇》语，疑误入。"④参以萧绎收藏有《高僧传》和《金楼子》对其的引用，此应不是误入。孙诒让《札迻》卷一〇《金楼子·立言篇九下》："此章与下章'古来文士异世争驱'云云，当并为一条，皆《文心雕龙·指瑕篇》文。刘彦和时代较元帝

---

① 汤用彤《汉魏两晋南北朝佛教史》第十五章《南北朝释教撰述·目录》，中华书局 1983 年版，第 426 页。

② 汤用彤校注《高僧传》附录《关于慧皎》，中华书局 1992 年版，第 566 页。

③ 梁释慧皎《高僧传》卷五《义解·晋长安五级寺释道安传》："及闻安至止，即往修造。既坐，称言：'四海习凿齿。'安曰：'弥天释道安。'时人以为名答。"

④ 吴骞校《金楼子》，稿本，国家图书馆藏。

略前，故此节之。"①

　　当然，《金楼子·聚书篇》中所罗列之书应该只是萧绎藏书很小的一部分，远远不足七万之数，如他向长兄萧统索求的《文集》和《诗苑英华》，萧统也答应奉送，而《聚书篇》就没有提及。又如裴子野撰有《众僧传》，"裴是萧绎的密友（见《金楼子》及《梁书》本纪），他作的书又是梁武帝时'奉敕撰'，不会不送给萧绎。"②而《聚书篇》也没有提及《众僧传》，可知遗漏尚多。从目前提及的这些书来看，我们依然可以略知萧绎的知识结构和个性偏好。

　　萧绎对于经部、史部的书很重视，其藏书就是为了"希淳儒之席珍"，仰慕儒者美好的才学，其教育子嗣读书要以五经为基础，以正史为先。而从其藏书来看，经部和史部的书籍所占比例较大，与其所言正合。另萧绎喜好方术之学，故阴阳、卜祝、冢宅等书在其藏书中也占有一定的比例。集部的书在萧绎所收图书中占比不多，今仅见《离骚》一部，此可能和萧绎以为集部的书尚不足与经史子并列有关，故在藏书中没有多作罗列，倒不是他不喜欢集部书籍。

　　（二）读书

　　萧绎勤学，早为人所知。在会稽太守任上，萧绎即给人留下了勤学的好印象。颜之推《颜氏家训》载：

> 梁元帝尝为吾说："昔在会稽，年始十二，便已好学。时又患疥，手不得拳，膝不得屈。闲斋张葛帏避蝇独坐，银瓯贮山阴甜酒，时复进之，以自宽痛。率意自读史书，一日二十卷，既未师受，或不识一字，或不解一语，要自重之，不知厌倦。"

萧绎在《金楼子·自序篇》也记载了此事，云："吾小时，夏日夕中下

---

①　孙诒让《札迻》，中华书局1989年版，第345页。
②　汤用彤校注《高僧传》附录《关于慧皎》，中华书局1992年版，第566页。

绛纱蚊绸,中有银瓯一枚,贮山阴甜酒。卧读有时至晓,率以为常。"因读书用功过度,十三岁时,萧绎"感心气疾",病发时则四处奔跑,到长大后病情才渐渐好转。然一旦受到刺激,此病就会发作。后萧绎连丧五子,此病复犯,"居则常若尸存,行则不知所适,有时觉神在形外,不复附身"(《金楼子·自序篇》)。患上此病,萧绎倍感痛苦,曾遍问博通古今之人心气病产生的原因,都没人能够回答。其实,从今天的医学角度看来,心气疾是一种精神性疾病,而萧绎终生未能痊愈。

十四岁时,萧绎的另一只眼可能因为用眼过度也出现了问题,"苦眼疾沉痼,比来转暗,不复能自读书"(《金楼子·自序篇》)。于是萧绎令左右为之朗诵书籍:

> 性爱书籍,既患目,多不自执卷。置读书左右,番次上直,昼夜为常,略无休已,虽睡,卷犹不释。五人各伺一更,恒致达晓。常眠熟大鼾,左右有睡,读失次第,或偷卷度纸,帝必惊觉,更令追读,加以楛楚。(《南史》卷八《梁纪·梁元帝》)

依靠"听书"的办法,在别人的帮助下,萧绎一生读书万卷,实在是很了不起! 那么,萧绎到底读了些什么书呢?

萧绎《金楼子·戒子篇》说:

> 凡读书必以《五经》为本,所谓非圣人之书勿读。读之百遍,其义自见。此外众书,自可泛观耳。正史既见得失成败,此经国之所急。五经之外宜以正史为先。谱牒,所以别贵贱,明是非,尤宜留意。

萧绎教子读书,以为当以《五经》为根本,《五经》之外,要以正史为先,同时史部之中,应该特别注意谱牒之作。萧绎之所以如此教子,是因为萧绎的读书经历也大体如此:

世祖聪悟俊朗，天才英发。年五岁，高祖问：'汝读何书?'对曰：'能诵《曲礼》。'高祖曰：'汝试言之。'即诵上篇，左右莫不惊叹。（《梁书》卷五《元帝纪》）

及在幼学，①亲承慈训。初受《孝经》《正览》《论语》《毛诗》。（《金楼子·后妃篇》）

吾龀年之时，②诵咒受道于法朗道人，诵得《净观世音咒》《药上王咒》《孔雀王咒》。

吾年十三，诵百家谱，虽略上口，遂感心气疾，当时奔走。

余将冠，③方好《易》卜。（以上三则均出《金楼子·自序篇》）

根据以上记载，可见萧绎小时候受到的是很传统的儒家教育，从《礼记》《论语》《毛诗》等儒家经典开始起步，逐渐扩大自己的读书范围。五岁时，已经能诵读《礼记·曲礼》，后又跟随母亲阮修容学习《孝经》《正览》《论语》《毛诗》。《论语》《毛诗》都是五经之一，《孝经》也是儒家经典之一，后世被列为十三经之一。而《正览》也是一部以儒家思想为主的著作。④《隋书》卷三四《经籍志》"诸子·儒家"著录："《志林新书》三十卷、《要览》十卷、《正览》六卷、《诸葛武侯集诫》二卷、《众贤诫》十三卷。"《正览》列在儒家部，其下为《诸葛武侯集诫》《众贤诫》，则性质应该和他们差不多，是一部儒家言论的辑录。其作者为梁人周舍。《梁书》卷二五本传载周舍给二子取名弘义、弘信，明显有尊崇儒家道德之意。舍卒后，朝廷下诏赞美

---

① 幼学，《礼记·曲礼上》："人生十年曰幼，学。"郑玄注："名曰幼，时始可学也。"因称十岁为"幼学之年"。

② 龀，儿童换齿。《孔子家语》卷六《本命》："是以男子八月生齿，八岁而龀。"

③ 冠，古代男子到成年则举行加冠礼，叫作冠。《礼记·曲礼上》："男子二十冠而字。"郑玄注："成人矣，敬其名。"《孟子·滕文公下》："丈夫之冠也，父命之。"

④ 《隋书》卷三四《经籍志》："《正览》六卷，梁太子詹事周舍撰。"姚振宗《隋书经籍志考证》"《正览》"条曰："案梁元帝《金楼子·后妃篇》载其母宣修容事，云：'及在幼学，亲承慈训。初受《孝经》《正览》《论语》《毛诗》。'不知是否即此《正览》也。考周舍于梁初为太子洗马、太子右卫率、左卫率，迁詹事，始终皆兼为宫僚，或其初为是书以进太子。元帝幼时亦讽诵之，未可知也。"

他:"义该玄儒,博穷文史,奉亲能孝,事君尽忠,历掌机密,清贞自居。"周舍俨然一儒者。阮修容以《正览》教子,亦符合儒家正道。

除《五经》《孝经》等儒家经典外,萧绎此时还诵读正史书籍。据《聚书篇》,天监十八年(519)萧绎出为会稽太守期间就收藏有《史记》《汉书》《三国志》《晋书》等正史。在萧绎看来,这些正史记载了成败得失,可为治理国家提供镜鉴,故其作用很大。

同时,萧绎也很重视谱牒。至十三岁时,萧绎已经能背诵百家谱。谱牒是记述氏族或宗族世系的书籍。魏晋南北朝时期重门第,讲士庶之别,谱牒之学为此时重要学问之一,极为兴盛。梁沈约以为"不识胄胤,非谓衣冠"(《通典》卷三《食货三》),曾上书请求重修谱牒。而在萧绎《金楼子·著书篇》中,有"《谱》一帙十卷",应该就是讲谱牒之学的书籍。

除学习儒家经典、正史和谱牒之学,萧绎还从法朗道人学习诵咒,①并因此影响了儒家经义的学习:

> 中尉何登善能解作外典咒、痈疽、禹步之法,余就受之。至十岁时,敕旨赐向道:"上黄侯晔、建安侯正立,并是汝年时,汝不学义?"余尚幼,未能受。年十二三,侍读臧严又有此劝。余答曰:"只诵咒自是佳伎俩,请守此一隅。"其年末,乃颓然改途,不复说咒也。

除诵咒外,萧绎还喜欢上了据《周易》以卜筮的《易》卜之术。《金楼子·自序篇》屡次记载自己成功的占卜所藏匿的物品、所写的人名,甚至何时天晴或下雨。萧绎喜欢《易》卜等方术,可能受到其母亲的影响。直至晚年,萧绎依然喜欢占卜厌胜等方术。萧绎的性格中天生就有好奇的特性,故对怪异之事特别敏感和有兴趣,在《金楼子》中,特别列有《志怪篇》,专门记载各种怪异之事。从自然

---

① 道人,即和尚。

不可解释的怪异现象到人事奇异的变化,种种怪异都被一一记载下来,这些和萧绎少年的学习经历不无关系。

随着年龄的成长和收书范围的进一步扩大,萧绎的读书范围越来越广泛。从经史子集到佛教典籍和法书字帖,萧绎都有所涉猎。

萧绎一生博览群书,而撰写《金楼子》时又多援据旧籍。溯源萧绎所撰的《金楼子》的资料来源,就能大致推测出萧绎所读之书,进而建立起萧绎的读书清单。据此,可列萧绎读书清单如下:

甲部(经部)

1《诗》(《毛诗》)。2《尚书》。3《周易》。4《礼记》。5《左传》。6《论语》。7《周礼》(杜子春注)。8《礼记》。9《归藏》。10《连山》。11《孝经》。12《孟子》。13《大戴礼记》。14《韩诗外传》。15《孔子家语》。16《河图龙文》。①

乙部(史部)

1《山海经》。2《周书》。② 3《战国策》。4《国语》。5《吴越春秋》。6《汉书》。7《东观汉记》。8《三国志》。9《三国志》裴松之注。10《后汉书》。11 沈约《宋书》。12 王隐《晋书》。13《晋中兴征祥记》。14《晋中兴书》。③ 15 徐广《晋记》。④ 16《晋咸宁起居注》。⑤ 17《晋阳秋》。⑥ 18《宋书》。19《齐书》。20《南齐书》。21《列女传》。22《列士传》。23《帝王世纪》。⑦ 24《交州记》。25《列仙传》。26 皇甫谧《高士传》。27《荆州记》。28《括地图》。29《始兴记》。30 俞益期《笺》。⑧ 31《风土记》。32《海内十洲

---

① 《隋书》卷三十二《经籍志》:"《河图龙文》一卷。"
② 《隋书》卷三十三《经籍志》:"《周书》十卷。《汲冢书》,似仲尼删书之余。"
③ 《隋书》卷三三《经籍志》:"《晋中兴书》七十八卷。起东晋。宋湘东太守何法盛撰。"
④ 《隋书》卷三三《经籍志》:"《晋纪》四十五卷。宋中散大夫徐广撰。"
⑤ 《隋书》卷三三《经籍志》:"《晋咸宁起居注》十卷。李轨撰。"
⑥ 《隋书》卷三三《经籍志》:"《晋阳秋》三十二卷。讫哀帝。孙盛撰。"
⑦ 《隋书》卷三三《经籍志》:"《帝王世纪》十卷。皇甫谧撰。起三皇,尽汉、魏。"
⑧ 俞益期《水经注》卷三六:"豫章俞益期,性气刚直,不下曲俗,容身无所,远适在南,与韩康伯书曰……"《江西通志》卷六六:"俞益期,豫章人,性气刚直,不下曲俗,远适交州,与豫章守韩康伯书,论槟榔以寄况,著《交州笺》传于世。"

记》。33《西京杂记》。34《异物志》。35《郡国志》。36《高僧传》。

丙部(子部)

1《老子》。2《管子》。3《庄子》。4《墨子》。5《申子》。6《鹖冠子》。7《荀子》。8《尹文子》。9《文子》。10《邓子》。11《韩非子》。12《田俅子》。① 13《吕氏春秋》。14《盐铁论》。15《淮南子》。16《说苑》。17《新序》。18《法言》。19《论衡》。20《孔丛子》。21《典论》。22《唐子》。② 23《士纬》。③ 24《语林》。④ 25《物理论》。26《桓子新论》。27《列子》。28《抱朴子》内篇。29《抱朴子》外篇。30《博物志》。31《世说新语》。32《世说新语》刘孝标注。33《符子》。⑤ 34《幽冥录》。35《殷芸小说》。36《地镜图》。37《地镜》。⑥ 38《皇览》。⑦ 39《玄中记》。⑧ 40《六韬》。⑨ 41《正览》。42 兵书。43 百家谱。

丁部(集部)

1 扬雄《太玄赋》。2 王子渊《圣主得贤臣颂》。3 蔡邕《广连珠》。4 孔融《同岁论》。5 孔融《周武王汉高祖论》。6 曹子建《与杨德祖书》。7 曹子建《求自试表》。8 曹植乐府诗。9 曹植《表》。10 曹植《汉二祖优劣论》。11 缪袭《神芝赞》。12《魏高贵乡公集》。13《金谷园诗序》。14 杨泉《蚕赋序》。15 潘安仁《闲居赋》。16 庾元规《让中书令表》。17《文心雕龙》。18《金人铭》。19 崔子玉《座右铭》。20 杜恕

① 《隋书》卷三四《经籍志》:"《胡非子》一卷。非,似墨翟弟子。梁有《田俅子》一卷,亡。"

② 《隋书》卷三四《经籍志》:"《唐子》十卷,吴唐滂撰。"

③ 《士纬》,吴太常姚信撰。《隋书》卷三十四《经籍志》:"梁有《士纬新书》十卷,姚信撰,又《姚氏新书》二卷,与《士纬》相似。"

④ 《隋书》卷三四《经籍志》:"《语林》十卷,东晋处士裴启撰。亡。"

⑤ 《隋书》卷三四《经籍志》:"《符子》二十卷。东晋员外郎符朗撰。"

⑥ 《隋书》卷三四《经籍志》:"梁《天镜》《地镜》《日月镜》《四规镜经》各一卷,《地镜图》六卷,亡。"

⑦ 《隋书》卷三四《经籍志》:"《皇览》一百二十卷。缪袭等撰。梁六百八十卷。梁又有《皇览》一百二十三卷,何承天合;《皇览》五十卷,徐爰合,《皇览目》四卷;又有《皇览抄》二十卷,梁特进萧琛抄。亡。"

⑧ 《清史稿》卷一四七《艺文志》:"晋郭澄之《郭子》一卷。郭氏《玄中记》一卷。"

⑨ 《隋书》卷三四《经籍志》:"《太公六韬》五卷。梁六卷。周文王师姜望撰。"

《家戒》。21 卞彬《禽兽决录》。22《虾蟆科斗赋》。23《孝思赋序》。

　　其他之书

　　《净观世音咒》《药上王咒》《孔雀王咒》。

　　《金楼子》中所摘抄之书，甲部 16 部，乙部 36 部，丙部 43 部，丁部 23 部，共得书 118 部。加上"其他之书"，数量也并不大。然我们要考虑先唐书籍的亡佚情况，造成《金楼子》中大量的篇章无法"疏证"。同时，《金楼子》本身也有亡佚，所以无法全面反映出萧绎所读书的情况。但今天所能见到的先唐常见和重要典籍，此书单基本囊括，足以说明萧绎的读书范围是非常广泛的。

　　而萧绎所读之书，与同时代其他人所读之书其实并无二致。虽然他喜好方术，书单中子部书籍所占比例不少，但经书、史书依然是大宗，则萧绎自叹因读书而败亡，其原因当不在所读之书上。

　　（三）读书与丧志

　　萧绎聚书十四万卷，泛读万卷，最后却落得兵败国亡，萧绎无法接受这样的结局，遂命人将所收集的古今图书全部焚毁，以发泄心中的愤懑。萧绎至死不能明白的是，自己勤学如此，读书万卷，何以失败？

　　清尤侗曾责问萧绎"不知所读何书"。实际上，如果我们想从萧绎的藏书和所读之书中去寻找萧绎败亡的原因，结果必然会大失所望。因为从藏书和读书清单中，我们会注意到萧绎的所藏所读之书并未有奇特怪异之处，他受到的是典型的儒家教育，尤氏之问甚无谓也。

　　明代郑真《荥阳外史集》卷三五"读梁帝纪"条指出书籍是记载先王圣贤的大道的，"故书者所以治天下，而非所以失天下也"：

　　　　梁主绎当侯景叛乱之余，父既饿死，兄复殒弑，所宜流涕枕戈，卧薪尝胆，以雪莫大之耻，惟恐其或后可也。不是之顾，而乃同气相残，掩恩义，莫知所以为君臣上下之分，父子兄弟之伦矣。虽读万卷，果何以为治国平天下之本哉？及夫藩邦劝进，又不能正位国都，奉安陵寝，修明国政，申儆边防，顾乃

271

施施然安于一隅，无愤耻自强之心。敌兵压境，且讲《老子》，口占为诗。至聚书十四万卷，焚之，而曰"文武之道，今夜尽矣"。乌乎！能尽文武之道，夫岂至于今日乎？行之不臧，不责之己，而反以读书为无知，亦甚矣哉！使后世不知读书而失天下者，其梁主有以启之乎？

郑真以为梁元帝所以失天下，非读书之过。其失败，乃是忘记"治国平天下之本"在"君臣上下之分，父子兄弟之伦"，至一发不可收拾。此论已经注意到萧绎读书和其自身行为之间存在矛盾，或者说萧绎没有处理好知和行的关系。今读萧绎文集和《金楼子》，可以感觉到作者确实对嘉言善行多有推崇，然比照萧绎之行，两者之间存在巨大差异，作者并没有按照自己所推崇的事迹思想来行动。如对于兄弟，《金楼子·戒子篇》中专门抄录了陶渊明的戒子篇章，告诫子嗣："当思四海皆为兄弟之义。……他人尚尔，况共父之人哉？"[①]萧绎虽言之凿凿，然其自身行为与此却完全相反。萧绎本和三兄萧纲感情最好。在侯景之乱中，萧纲被围困于台城，还曾将幼子大圜托付给萧绎。而萧绎却想趁乱杀掉自己的哥哥萧纲。"初，王僧辩之为都督，将发，咨元帝曰：'平贼之后，嗣君万福，未审有何仪注？'帝曰：'六门之内，自极兵威。'僧辨曰：'平贼之谋，臣为己任；成济之事，请别举人。'由是帝别敕宣猛将军朱买臣，使行忍酷。会简文已被害，栋等与买臣遇，见呼往船共饮，未竟，并沉于水。"[②]萧纲在侯景之乱中已死，于是萧绎指使部下杀掉了自己的侄孙即萧统的子嗣萧栋。而萧绎在杀死八弟萧纪后，还"绝其属籍"，"赐姓饕餮氏"（《梁书》卷五五《武陵王纪传》）。这些争斗，虽有种种缘由，然对兄弟宗亲，大开杀戒，实为狠毒残忍。

萧绎读书万卷，注意对忠臣、孝子事迹的收集，编纂有《忠臣

---

① 《宋书》卷九三《陶渊明传》"与子书以言其志，并为训戒"云云。
② 《南史》卷五十三《梁武帝诸子·萧统传》附其子《萧栋传》。

传》《孝德传》《丹阳尹传》，以表彰忠臣、孝子和能史。然何以其读书和自身行为之间会存在如此巨大的差距呢？

真正对此问题有独到看法的是清代的王夫之，其《读通鉴论》卷一七"元帝"条指出，"帝之自取灭亡，非读书之故，而抑未尝非读书之故也"。因为从萧绎的著述看，都是些"搜索骈丽、攒集影迹、以夸博记者"，只是为了文章写作需要收集文辞事例而编纂的。而要完成这些著作，需要丰富的藏书，还需要认真勤奋地读书，"非破万卷而不能"。王夫之继续指出：

> 于其时也，君父悬命于逆贼，宗社垂丝于割裂，而晨览夕披，疲役于此，义不能振，机不能乘，则与六博投琼、耽酒渔色也，又何以异哉？夫人心一有所倚，则圣贤之训典，足以锢志气于寻行数墨之中；得纤曲而忘大义，迷影迹而失微言，且为大惑之资也。况百家小道、取青妃白之区区者乎！

如果一味沉迷于书籍，而忘情于世事，甚至置国家危亡于不顾，则沉迷读书和沉迷于赌博、酒色也就没有什么区别了。假若人心被文字所迷惑，志气为书本所禁锢，即使读的是圣贤之书，这也是"大惑"，更何况读的只是百家小道，而注重的又仅仅只是文辞的优美与否，忽略了文中大义，其后果可想而知。读圣贤之书，只是"数《五经》《语》《孟》文字之多少而总记之，辨章句合离呼应之形声而比拟之，饱食终日，以役役于无益之较订，而发为文章，侈筋脉排偶以为工"，则其"于身心何与邪？于伦物何与邪？于政教何与邪？"皓首穷经于此词句文字之间，"自以为密而傲人之疏，自以为专而傲人之散，自以为勤而傲人之惰"，自己都以为自己在勤奋好学，在承袭圣人之道，实则是"色取不疑之不仁、[①]好行小慧之不知"。以

---

① 《论语·颜渊》："夫闻也者，色取仁而行违，居之不疑。"意指虚有名声之人，表面上装出有仁德的样子，实际行动却违背了仁德，以仁人自居而从不怀疑自己。参孙钦善《论语注译》，凤凰出版社2011年版，第221页。

此教人则锢人之子弟,以此治国则误人之国家。

所以,王夫之认为,读书也可能是一种玩物丧志,"有所玩者,未有不丧者也"。故不在于读的是什么书,而在于怎么读,或者说要明白为什么要读书。"夫先圣先儒之书,岂浮屠氏之言,书写读诵而有功德者乎? 读其书,察其迹,析其字句,遂自命为君子,无怪乎为良知之说者起而斥之也"。如果以为读圣贤著述就是有益,此和以为念佛号就是有功德没有什么区别了! 读书的目的在于:

> 辨其大义,以立修己治人之体也;察其微言,以善精义入神之用也。乃善读者,有得于心而正之以书者,鲜矣。

读书要"辨大义"、"察其微言",还要善用,否则"读书万卷,止以导迷,顾不如不学无术者之尚全其朴也"。故以此来反观萧绎,则其勤学无倦,拼命著述,虽自苦至极,然无益也,因为他读书的目的就是为了读书:

> 故子曰:"吾十有五而志于学。"志定而学乃益,未闻无志而以学为志者也。以学而游移其志,异端邪说,流俗之传闻,淫曼之小慧,大以蚀其心思,而小以荒其日月,元帝所为至死而不悟者也,恶得不归咎于万卷之涉猎乎?

书本无罪,在于如何读而已! 如果终生以读书勤学为终极目标,而不知读书勤学只是达到目标的手段,则往往禁锢于书本之中,实则只是"蚀其心思"、"荒其日月"而已。当侯景乱起,国家危难之际,萧绎置父亲萧衍、兄弟萧纲于不顾,却仍然在孜孜不倦的撰写《金楼子》,讲论《老子》,妄图立言传诸后世。其沉迷于书而不知致用,此其实亦是玩物丧志。同时,日日于口头、笔墨间议论探讨典籍字数之多寡,文辞之精当,却不能立志高远,辨其大义,则只会越读越糊涂,反而不如不读书。

（四）皇帝与文士

王夫之之论，确如老吏断狱，直指萧绎读书弊病之要害，然却不无可商榷处。实际上，本传中的萧绎是有两种身份的，一种是作为湘东王和梁元帝的政治人物，我们姑且称之为政治家，一种是作为自号金楼子的学者和诗人，我们姑且称之为文士。当王夫之条分缕析，指责萧绎读书玩物丧志，实际上将萧绎的两种身份混为一谈，以政治家来要求文士了。殊不知，萧绎从其做湘东王起，即立志要成为一位优秀诗人和学者，做一个留名千古的文士，其政治家的身份早已从属于文士身份了。

从萧绎早期的处境来看，相较于前朝的众多诸侯王的不得善终，其能以湘东王的身份寿终正寝已是大福德。萧绎立下遗嘱，下葬时要以王服周身，是很真诚的愿望。而作为诸侯王，肆意酣歌，纵情享乐是一种生活态度，著书立说，博取声誉亦是一种生活态度，均要表现出对帝位不可以有一丝的非分之想。萧绎未尝不想立德立功，而在为湘东王时候，根本就没有这样的机会。其立志于学，既可以保身，又可以以立言而不朽于后世，更自觉强于"肆意酣歌"的萧恭之流百倍。阅读萧绎回顾一生的作品《玄览赋》，会发现在回忆每一段仕宦经历时，萧绎更感兴趣的是公事之余登山临水的游玩和悠闲惬意的著述生活（参本书第六章第三节）。而去世前所写的《金楼子·序》更云：

> 粤以凡庸，早赐茅社，祚土潇湘，搴帷陕服，早摄神州，晚居外相，文案盈前，书幌未辍，俾夜作昼，勤亦至矣。其间屡事玄言，亟登讲肆。外陈玉铉之文，内宏金牒之典。从乎华阴之市，废乎昌言之说。其事一也。六戎多务，千乘纠纷。夕望汤池，观仰月之势；朝瞻美气，眺非烟之色。替于笔削。其事二也。复有西园秋月，岸帻举杯；左海春朝，连章摛翰。虽有欣乎寸锦，而久弃于尺璧。其事三也。而体多羸病，心气频动。卧治终日，淮阳得善政之声；足不跨鞍，聊城有却兵之术。吾

不解一也。常贵无为,每嗤有待。闲斋寂寞,对林泉而握谈柄;虚宇辽旷,玩鱼鸟而拂丛著。爱静之心,彰乎此矣。而候骑交驰,仍麾白羽之扇;兵车未息,还控苍兕之军。此吾不解二也。有"三废学"、"二不解",而著书不息,何哉? 若非隐沦之愚谷,是谓高阳之狂生者也。窃重管夷吾之雅谈,诸葛孔明之宏论,足以言人世,足以陈政术,窃有慕焉。

钱锺书曾指出萧绎此文机杼仿诸葛亮《闻孙权破曹休魏兵东下关中虚弱上言》之"此臣之未解一也……此臣之未解二也","意谓己初不能自解,人更出乎意表,事无不举,而心有余闲,词若憾而实乃深喜自负也。"①萧绎深喜自负的是自己日常行政事务繁忙、战事频仍、宴乐游玩会耽搁学习著述和身体不好、生性萧散的情况下,还能著书不息,可知萧绎终生是以文士自许,立志于文学创作和学术的。

作为诗人,萧绎是成功的。三兄萧纲许其为"子建"(曹植),和他一起倡导了影响文坛百余年之久的宫体诗创作潮流,被誉为领导宫体诗的"副领袖"。而萧绎的"文笔说"更是六朝时重要的文论思想,是当时文学求新求变的重要表现。

作为学者,萧绎也是成功的。他创作了50余部共计700余卷著作,《金楼子》流传至今,被誉为"志在立言,文采灿然"之作(谭献《复堂日记》卷五),是了解南北朝后期社会的宝贵资料。书中记载的"甜酒",是最早关于绍兴酒的记载。清梁章钜《浪迹三谈》卷五"绍兴酒"条云:"昨魏默深州牧询余,绍兴酒始于何时,余无以应,惟记得梁元帝《金楼子》云:'银瓶贮山阴甜酒,时复进之。'则知六代以前,此酒已盛行矣。彼时即名为甜酒,其醇美可知。"

同时,许多题材,都是萧绎最先开始构思和创作撰写的。如《古今同姓名录》是第一部收集同姓名人物的书籍,《忠臣传》是第

---

① 《管锥编》第四册《全梁文》卷一六《金楼子序》之'不解'"条,中华书局1986年第2版,第1398页。

一部收集忠臣事迹的传记，《黄妳自序》可能是第一部收集关于书籍的故事的书籍。

但不可否认，萧绎作为政治家是不算成功的。江陵覆灭和他过于自信，对西魏关系处理不当有很大关系。但他是平定侯景之乱的主要功臣，其后登基也是人心所向。没有萧绎，江南也许真的会被异族侯景统治，要"被发左衽矣"。① 只是梁元帝在位的时间太短，只有两年半，给人以短命的印象。

但并不是萧绎不善读书就导致江陵灭亡，他更没有导致大梁王朝灭亡。前人指责萧绎不善读书，实际上是将两种身份混在一起，以一个政治家来要求一个文士，而没有注意文士和政治家的读书要求是不一样的。

萧绎从本质来说是个文士，八弟萧纪就曾说："七官文士，岂能匡济？"（《南史》卷五三《梁武帝诸子·萧纪》）此可代表时人看法。对于政治家，可能是"余事作诗人"（韩愈《和席八十二韵》），吟诗作赋、著书立说只是政务之后的"余事"。② 而作为文士，著书立说是他的最高理想，是生命的全部。上文已经讲过，萧绎从做湘东王起，就要做一个留名千古的文士。甚至于其承制、登基后，依然还是想做一名文士。

如此，作为皇帝的萧绎和作为文士的萧绎之间实际上产生了矛盾。重读前文所引《金楼子·序》，虽然萧绎自喜自负，他却在抱怨政务妨碍了自己的著述。他一方面念念不忘荣耀一时的帝位，另一方面更想以著述流传千古。

皇帝还是文士？当只能选择一种时，萧绎最终选择了文士。至于对错，只能留给后人评说了。

---

① 《论语·宪问》："管仲相桓公，霸诸侯，一匡天下，民到于今受其赐。微管仲，吾其被发左衽矣。"

② 《金楼子·兴王篇》记载曹操："御军三十余年，手不舍书，昼则讲军策，夜则思经传。登高必赋，被之管弦，皆成乐章。"故唐张说《邺都引》云："君不见魏武草创争天禄，群雄睚眦相驰逐。昼携壮士破坚阵，夜接词人赋华屋。"曹操是萧绎推崇羡慕的人物，但曹氏的此种生活可能是一种理想状态。

萧 绎 简 谱[①]

天监七年(戊子、508),萧绎生。

八月,丁巳(初六),萧绎生。为梁武帝萧衍第七子,母阮修容。萧衍四十五岁,已经在位七年。阮修容三十二岁。

初生患眼疾,梁武帝自下意治之,遂盲一目,弥加怜爱。

是年,萧统八岁,萧纲六岁。沈约六十八岁,陶弘景五十三岁,裴子野四十岁,王籍二十九岁,庾肩吾二十二岁,萧子显二十二岁。徐陵二岁。任昉卒,丘迟卒。

天监八年(己丑、509),萧绎二岁。

八月六日,湘东王萧绎周岁生日。萧绎年少时,于每年载诞之辰,常设斋讲;自母阮修容薨殁之后,此事亦绝。

天监九年(庚寅、510),萧绎三岁。

天监十年(辛卯、511),萧绎四岁。

天监十一年(壬辰、512),萧绎五岁。

萧绎能诵《曲礼》。《梁书·元帝纪》:"年五岁,高祖问:'汝读何书?'对曰:'能诵《曲礼》。'高祖曰:'汝试言之。'即诵上篇,

---

① 本谱于吴光兴《萧纲萧绎年谱》多有参考,特此致谢。

左右莫不惊叹。"

天监十二年(癸巳、513),萧绎六岁。

萧绎好为诗赋及著书。《金楼子·自序篇》载:尝奉敕作诗曰:"池萍生已合,林花发稍稠。风入花枝动,日映水光浮。"

萧绎患眼疾,盲一目,或在是年。

是年,庾信生。沈约卒。

天监十三年(甲午、514),萧绎七岁。

七月,乙亥(二十九),萧绎封湘东郡王。

初出内宫,在永福省时,梁武帝萧衍赐《五经》正本和副本。此为萧绎聚书之始。

天监十四年(乙未、515),萧绎八岁。

是时,萧绎诵咒受道于法朗道人,并向中尉何登善习外典咒痈疽、禹步之法。

太子萧统十五岁,冠于太极殿。

梁武帝萧衍为父母大造爱敬寺、大智度寺。寺成,作《孝思赋》《净业赋》。

天监十五年(丙申、516),萧绎九岁。

十二月,萧绎纳徐氏昭佩为妃。结婚期间,怪事频发。

天监十六年(丁酉、517),萧绎十岁。

萧绎出为宁远将军、南琅邪彭城二郡太守。

是年,梁武帝命萧绎舍习说咒,归向正道,萧绎未接受。

天监十七年(戊戌、518),萧绎十一岁。

天监十八年(己亥、519),萧绎十二岁。

萧绎出为轻车将军、会稽太守。在会稽,读史书,有好学之名。

此年间,侍读臧严劝萧绎学阐释经典的著作。

普通元年(庚子、520),萧绎十三岁。

萧绎诵《百家谱》,几能背诵,遂感心气疾。

此年末,萧绎改途,不再讲咒语。

普通二年(辛丑、521),萧绎十四岁。

萧绎苦眼疾沉痼,不复能自读书。

普通三年(壬寅、522),萧绎十五岁。

萧绎入为侍中、宣惠将军、丹阳尹。

萧绎有志作子书。《金楼子》之创作,始自此年。

萧绎致信太子萧统,求其《文集》及所编《诗苑英华》,或在此年。

建康名僧智藏卒,萧绎为制铭。

是年,郭祖深作《舆榇诣阙上封事》,指斥梁武帝崇佛带来的严重后果。梁武帝嘉其正直。

普通四年(癸卯、523),萧绎十六岁。

吴平侯萧昺卒。萧绎有《郢州都督萧子昭碑铭》。

普通五年(甲辰、524),萧绎十七岁。

《梁书·元帝纪》:"高祖萧衍尝问曰:'孙策昔在江东,于时年几?'答曰:'十七。'高祖曰:'正是汝年。'"

释僧副卒,太子萧统令萧绎为碑文,树碑寺所。

普通六年(乙巳、525),萧绎十八岁。

萧绎掇采英贤,作《丹阳尹传》。《丹阳尹传》成,请阮孝绪审阅,然后行于世。

是年六月,萧绎二兄萧综降北魏。

普通七年(丙午、526),萧绎十九岁。

三月至十月间,萧绎代理扬州刺史。期间,尝作《理讼诗》。刘孝绰有《和湘东王理讼诗》,今存。

十月,辛未(初五),丹阳尹湘东王萧绎出为使持节、都督荆湘郢益宁南梁六州诸军事、西中郎将、荆州刺史。

萧绎之去丹阳尹任赴荆州,作《去丹阳尹尹荆州诗》。萧琛、徐勉有唱和之作。

萧绎在丹阳尹任,有善政,裴子野撰《丹阳尹湘东王善政碑》文。

萧绎至荆州江陵,作《琵琶赋》以和鄱阳嗣王萧范。时刘孝绰免官,萧绎作《与刘孝绰书》安慰。

萧绎弱冠之年,颇好卜筮之术。

建康大僧正释慧超卒,萧绎为制碑文。

太常卿陆倕卒,萧绎为作《太常卿陆倕墓志铭》。

大通元年(丁未、527。是年三月方改元大通),萧绎二十岁。

萧绎始著《连山》。

建康名僧释僧旻卒,萧绎为制碑文。

是年三月,梁武帝驾幸同泰寺,舍身。

大通二年(戊申、528),萧绎二十一岁。

袭安成郡王湘州刺史萧机薨。萧机所著诗赋数千言,萧绎集而序之。《金楼子·著书篇》:"《安成炀王集》一帙四卷。"

中大通元年(己酉、529。是年十月方改元),萧绎二十二岁。

闰六月,己未(初九),萧绎四兄南康王萧绩卒,年二十五。谥曰简。萧绎写信晋安王萧纲,今存《答晋安王叙南康简王薨书》。

建康名僧释法云卒,萧绎为制碑文,树于墓侧。

是年九月,梁武帝驾幸同泰寺,舍身。

中大通二年(庚戌、530),萧绎二十三岁。

裴子野卒,年六十二。萧绎为作《散骑常侍裴子野墓志铭》。

中大通三年(辛亥、531),萧绎二十四岁。

三月,萧琛卒,萧绎为作《特进萧琛墓志铭》。

四月,乙巳(初六),太子萧统卒,年三十一,谥曰昭明。丙申(二十七),诏立萧绎三兄晋安王萧纲为皇太子。

九月,戊辰(初一),萧绎致书太子纲。丁亥(二十),太子纲作《答湘东王书》,并示所作《蒙华林戒诗》。

十月、十一月间,萧绎致书太子纲,附《和受戒诗》,太子纲又有《答湘东王书》,纵论古今文章,于京师文体颇有不满。

此年,萧绎致金镈一枚于东宫,太子萧纲作《金镈赋》。

萧纲为其母丁贵嫔生前所造善觉寺作《善觉寺碑》,萧绎亦有碑文之作。

萧绎三兄萧综或卒于是年。颜之推生。

中大通四年(壬子、532),萧绎二十五岁。

九月,乙巳(十四),以西中郎将、荆州刺史湘东王萧绎为平西将军。

中大通五年(癸丑、533),萧绎二十六岁。

梁武帝幸同泰寺讲《金字摩诃波若经》,萧纲献《大法颂》。

中大通六年(甲寅、534),萧绎二十七岁。

梁出师南郑(为梁梁州治所,在今陕西省汉中市),诏湘东王萧绎节度诸军。

太子萧纲撰《法宝联璧》二百二十卷成,萧绎为作序。

北魏分裂为东魏、西魏。

大同元年(乙卯、535),萧绎二十八岁。

十一月,北梁州刺史兰钦攻克汉中,收复梁州。

十二月,辛丑(二十九),平西将军、荆州刺史、湘东王萧绎进号安西将军。

萧绎令萧淑编《西府新文》十一卷,或于此年间成书。

大同二年(丙辰、536),萧绎二十九岁。

处士陶弘景卒,年八十一。谥贞白先生。萧绎有《隐居先生陶弘景碑》。

处士阮孝绪卒,年五十八。萧绎所著《忠臣传》《集释氏碑铭》《丹阳尹录》《研神记》,并曾先请孝绪审阅。

大同三年(丁巳、537),萧绎三十岁。

闰九月,甲子(初二),安西将军、荆州刺史湘东王萧绎进号镇西将军。

是岁,萧绎著《连山》书成。

大同四年(戊午、538),萧绎三十一岁。

大同五年(己未、539),萧绎三十二岁。

七月,己卯(二十八),荆州刺史湘东王萧绎入为护军将军、安右将军,领石头戍军事。萧绎离开荆州时,作《别荆州吏目》诗二首。

九月九日萧绎从梁武帝萧衍幸乐游苑,赋诗道义。萧衍称赞萧绎:"义如荀粲,武如孙策。"

秘书监刘孝绰卒,年五十九。萧绎作《黄门侍郎刘孝绰墓志铭》。

颜协卒,年四十二。萧绎甚为叹惜,作《怀旧诗》以伤之,另《怀旧志》载协传。

大同六年(庚申、540),萧绎三十三岁。

十二月,壬子(初九),江州刺史豫章王萧欢卒。护军将军、湘东王萧绎出为使持节、都督江州诸军事、镇南将军、江州刺史。

大同七年(辛酉、541),萧绎三十四岁。

春末夏初,萧绎登江州百花亭,作《登江州百花亭怀荆楚》诗。朱超道、阴铿有和诗。

萧绎《职贡图》完稿,作《职贡图》序。

此年间,梁京师有语:"议论当如湘东王,仕宦当如王克。"

大同八年(壬戌、542),萧绎三十五岁。

正月,安成郡人刘敬躬挟左道反,党徒至数万。安成内史萧说弃郡走。

二月,戊戌(初二),江州刺史湘东王萧绎使王僧辩、曹子郢讨刘敬躬。庾信时为郢州别驾,与萧绎论中流水战事。

三月,戊辰(初二),擒刘敬躬,送建康,斩之。

大同九年(癸亥、543),萧绎三十六岁。

六月,庚申(初二),萧绎生母阮修容薨于江州,年六十七。

刘显卒于郢州,时年六十三。显为《汉书》名家,亦萧绎四知己之一。

大同十年(甲子、544),萧绎三十七岁。

是年冬,广州刺史新渝侯萧暎卒。萧绎作《侍中新渝侯墓志铭》。

十二月,大雪,平地三尺。是时邵陵王纶、湘东王萧绎、武陵王纪并权侔人主,颇为骄恣,太子萧纲甚恶之,帝不能抑损。

大同十一年(乙丑、545),萧绎三十八岁。

六月,阮修容归葬于江宁县通望山。

萧绎作《玄览赋》。

是年,贺琛上《条奏时务封事》,指斥弊政四事。书奏,梁武帝大怒,召主书于前,口授敕责琛。

大同末,人士竞谈玄理,不习武事。

中大同元年(丙寅、546。是年四月改元为中大同),萧绎三十九岁。

萧绎在江州病笃,写有遗嘱。世子萧方等亲拜懂医术的中兵参军李猷。

萧绎在江州,重视龚孟舒之学。又,有《江州记》《庐山碑》《九真观记》之作。

萧绎梦人曰:"天下将乱,王必维之。"

是年三月,梁武帝幸同泰寺,舍身。

太清元年(丁卯、547。是年四月始改元太清),萧绎四十岁。

正月,壬寅(初四),萧绎五兄荆州刺史庐陵王萧续卒。初,萧绎与萧续因"西归内人"事件,书问不通。是月,迁镇南将军、江州刺史湘东王萧绎为都督荆雍等九州诸军事、镇西将军、荆州刺史。萧绎作《迁荆州输江州节表》《示民吏》诗。

二月,庚辰(十三),东魏司徒侯景复叛西魏,求以河南十三州内附。壬午(十五),梁纳侯景,以为大将军,封河南王,大行台,承制如邓禹故事。

三月,庚子(初三),梁武帝幸同泰寺,舍身。

八月,乙丑(初一),梁武帝下诏大举伐东魏,以南豫州刺史萧渊明为大都督,进攻东魏徐州,以应接侯景。

十一月,丙午(十三),梁、魏大战,梁军败绩,都督贞阳侯萧渊明等为东魏俘虏。

十二月,东魏慕容绍宗率师讨侯景。

太清二年(戊辰、548),萧绎四十一岁。

正月,东魏大败侯景。侯景据有梁寿阳。

二月,东魏求与梁通好。梁武帝将许之。侯景屡谏不成。

八月,戊戌(初十),侯景举兵反于寿阳。梁武帝诏邵陵王纶督众军以讨侯景。

十月,己酉(二十二),侯景率八千人自横江济采石。壬子(二十五),围台城,百道攻之。

十一月,丙寅(初九),荆州刺史湘东王萧绎闻侯景围台城,下令戒严,移檄所督湘、雍、江、郢等州刺史,发兵入援。

十二月,湘东王萧绎遣世子方等等五路兵马入援,自亦率人马三万援救京师。

太清三年(己巳、549),萧绎四十二岁。

正月,荆州五路援军抵达建康。

二月,侯景遣使求和,许之。命入援诸军班师。张缵挑拨河东王誉、岳阳王詧与萧绎关系,遗书萧绎曰:"河东戴橹上水,欲袭江陵,岳阳在雍,共谋不逞。"萧绎自武城步道奔归荆州,杀桂阳王萧慥。

三月,丁卯(十二),侯景背盟,攻陷宫城,梁武帝萧衍、太子萧纲俱被幽禁。

四月,世子方等回江陵,萧绎始知台城不守,命于江陵四旁七里树木为栅,掘堑三重而守之。

五月,丙辰(初二),梁武帝萧衍崩于净居殿,年八十六。辛巳(二十七),太子纲即皇帝位,实为侯景傀儡。

六月,上甲侯萧韶自建康出奔江陵,宣密诏,授湘东王萧绎侍中、假黄钺、大都督中外诸军事、司徒、承制。萧绎逼迫妃徐昭佩投井自杀。

七月,丁卯(十四),萧绎使鲍泉将兵伐湘州。是月,岳阳王詧使谘议参军蔡大宝为河东王事使于江陵。大宝有文学之才,萧绎使之注所己制《玄览赋》。

九月,岳阳王萧詧杀张缵。张缵,萧绎四知己之一。

是年,太常卿刘之遴,年七十二。或说,萧绎嫉其才,使人鸩杀之。又,萧绎《金楼子》中《兴王》《立言》《说蕃》诸篇并称梁武帝庙号,当作于本年之后。

太宗简文皇帝大宝元年(太清四年。庚午、550),萧绎四十三岁。

二月,萧绎遣子方略为质,与西魏结盟。邵陵王纶欲救河东王誉而兵粮不足,乃致书萧绎,使释长沙之围。萧绎复书,陈誉过恶不赦。

四月,王僧辩攻克长沙,执河东王誉,斩之,传首江陵。萧绎自去岁闻高祖之丧,以长沙未下,故匿之。壬寅(二十三),始发丧,刻檀为高祖像,置于百福殿,事之甚谨,动静必咨焉。丙午(二十七),萧绎下令讨伐侯景,移檄远近。

五月,太尉、益州刺史武陵王纪移告征镇,使世子圆照帅兵三万受湘东王节度。圆照军至巴水,萧绎授以信州刺史,令屯白帝,未许东下。

八月,甲午(十七),萧绎遣左卫将军王僧辩、信州刺史鲍泉等帅舟师一万东趣江、郢。声言拒任约,且云迎邵陵王还江陵,授以湘州。

是年,东魏禅位于齐。

大宝二年(太清五年。辛未、551)大宝二年,萧绎四十四岁。

二月,乙亥(初一),魏杨忠攻克汝南,执邵陵王纶,杀之。

三月至六月间,萧绎与侯景在武昌、巴陵一带展开争战,侯景军节节败退,退守建康。

十月,壬寅(初二)夜,侯景使王伟等弑萧纲于永福省,年四十九。

十一月,己丑(十九),侯景即皇帝位,改元太始。

庾肩吾。湘东王萧绎作《中书令庾肩吾墓志》。

世祖孝元皇帝承圣元年(壬申、552。是年十一月方即位改元),萧绎四十五岁。

二月,萧绎驰檄告四方,大发兵讨侯景。

三月,丁亥(十九),王僧辩、陈霸先攻入建康石头城。己丑(二十一),王僧辩等上表劝进,且迎都建康。萧绎作答,以萧詧为心腹患,拒登基。下令议论移都事宜。

四月,乙巳(初八),武陵王纪称帝于蜀,年号天正。己酉(十二),侯景为部下羊鹍所杀,送尸建康。丁巳(二十),萧绎下令解严。

八月,武陵王纪率巴蜀之众举兵东下。萧绎使护军将军陆法和屯巴峡以拒之。

十一月,丙子(十二),萧绎即皇帝位于江陵,改太清六年为承圣元年,大赦。

是岁,平侯景后,萧绎将梁建康藏书移至江陵,使颜之推、王褒、庾信等校之,又有修乐事。

承圣二年(癸酉、553),萧绎四十六岁。

三月,萧绎请西魏出兵伐蜀,西魏遣大将尉迟迥伐之。

五月,甲戌(十三),潼州刺史杨乾运以城降西魏,尉迟迥遂进兵围成都。己丑(二十八),武陵王纪至西陵,军势甚盛。萧绎遣使与武陵王书,许其还蜀,专制一方。纪不从命,报书如家人礼。

六月,萧绎复与武陵王书,又作《遗武陵王》诗。武陵王纪数败,遣使求和,萧绎不许。

七月,武陵王纪众大溃,被杀于乱军之中,年四十六。萧绎绝纪属籍,赐姓饕餮氏。

八月,戊戌(初八),魏尉迟迥陷益州,平蜀。庚子(初十),萧绎下诏将还建康。领军将军胡僧祐等谏留江陵。朝臣意见不一。萧绎以建康凋残,江陵全盛,意亦安之,卒从胡僧祐等议。

十一月,丙寅(初八),使侍中王琛使西魏。西魏太师宇文泰阴有图江陵之志。

承圣三年(甲戌、554),萧绎四十七岁。

三月,己酉(二十三),西魏侍中宇文仁恕来聘。会北齐亦有使者至江陵,萧绎接待仁恕不及齐使,仁恕归以告宇文泰。萧绎又请根据旧图划定梁与西魏疆境,且辞颇不逊。宇文泰遂定灭梁之谋,命西魏荆州刺史长孙俭密为之备。西魏马伯符密使告萧绎,绎弗之信。

五月,庾季才观天象,劝萧绎迁都建康以避祸。

七月,西魏宇文泰定计伐梁。

九月,辛卯(初八),萧绎于龙光殿述《老子》义,尚书左仆射王褒为执经。

十月,壬戌(初九),西魏遣柱国常山公于谨、中山公宇文护、大将军杨忠将兵五万伐梁。癸亥(初十),武宁太守宗均告魏兵且至,萧绎召公卿议。领军胡僧祐、太府卿黄罗汉、侍中王琛等以为不可信。乃复使王琛使魏。丙寅(十三),于谨至樊、邓,梁王萧詧帅众会之。丁卯(十四),萧绎停讲《老子》,内外戒严,舆驾出行城栅。是日,大风拔木。王琛至石梵,未见魏军,驰书报黄罗汉曰:“吾至石梵,境上帖然,前言皆儿戏耳。”萧绎闻而疑之。庚午(十七),萧绎复讲《老子》,百官戎服以听。辛未(十八),萧绎使主书李膺至建康,征王僧辩为大都督、荆州刺史,命陈霸先徙镇扬州。甲戌(二十一),萧绎夜登凤皇阁观天象,徘徊叹息曰:“客星入翼、轸,今必败矣!”

十一月,癸未(初一),西魏军济汉,于谨令宇文护、杨忠帅精骑先据江津,断东路。甲申(初二),萧绎大阅于津阳门外,遇风雨而回。乙酉(初三),萧绎部署城中守备。丙戌(初四),萧绎遍行都栅,令居人助运木石。诸要害处,并增兵备。是夜,魏军至黄华,离江陵四十里。丁亥(初五),魏军至栅下。戊子(初六),萧绎征广州刺史王琳为湘州刺史,使引兵入援。丙申(十四),于谨率魏大军至江陵,列营围守。丁酉(十五),栅内火,焚数千家及城楼二十五,萧绎临所焚楼,望魏军济江,四顾叹息。是夜,遂止宫外,宿民家。是日,萧绎犹赋诗无废。己亥(十七),萧绎移居祇洹寺。于谨令筑长围,中外信命始绝。庚子(十八),夜,萧绎巡城,犹口占为诗,群臣有和者。是夜,有流星坠城中,萧绎援著筮之,卦成,取龟式验之,以为:"吾若死此下,岂非命乎?"因裂帛为书催王僧辩救援。壬寅(二十),萧绎还宫。癸卯(二十一),萧绎出居长沙寺。戊申(二十六),王褒、胡僧祐、朱买臣、谢答仁等开门出战,皆败还。辛亥(二十九),魏军百道攻城,萧绎出枇杷门督战,胡僧祐战死,六军败绩。反者斩西门关以纳魏师,江陵城遂陷。萧绎与太子、王褒、谢答仁、朱买臣退保金城,令汝南王大封、晋熙王大圜质于于谨以请和。

十二月初,于谨征梁太子为质,萧绎使王褒送之。甲寅(初二),帝使御史中丞王孝祀作降文,降于魏军。出降之前夜,萧绎入东阁竹殿,命舍人高善宝焚古今图书十四万卷,将自赴火,宫人左右共止之。又以宝剑斫柱令折,叹曰:"文武之道,今夜尽矣。"乙卯(初三),于谨令长孙俭入据金城。俭囚萧绎于主衣库。后,于谨逼萧绎使为书召王僧辩,萧绎曰:"僧辩亦不由我。"又从长孙俭求宫人王氏、荀氏及幼子犀首,俭并还之。萧绎在幽逼中,作诗四首。辛未(十九),萧绎为魏人所杀,年四十七。梁王詧使以布帊缠尸,敛以蒲席,束以白茅,葬于津阳门外。此月间,西魏立梁王詧为梁主,资以江陵一州之地,为魏附庸国。

梁敬帝绍泰元年(乙亥、555。是年十月方改元),萧绎死后一年。

正月,湘州刺史王琳将兵自小桂北下,至蒸城,闻江陵已陷,为萧绎发哀。

二月,癸丑(初二),在王僧辩、陈霸先辅佐下,萧绎第九子晋安王萧方智于建康即梁王位。

四月,梁王承制,追尊萧绎为孝元皇帝,庙号世祖。

太平元年(丙子、556。是年九月方改元太平),萧绎死后二年。

七月,西魏太师宇文泰遣使于王琳,琳亦遣使请归世祖萧绎及愍怀太子棺柩,泰许之。

是岁,西魏禅位于周。

陈高祖武皇帝永定元年（丁丑、557。自十月以前,犹是梁太平二
年）,萧绎死后三年。

八月,丁卯（初一）,北朝周归梁世祖萧绎之枢及诸将家属千
余人于王琳。

十月,辛未（初六）,梁帝禅位于陈。

陈天嘉元年陈世祖文皇帝天嘉元年（庚辰、560）,萧绎死后六年。

六月,壬辰,诏葬梁元帝于江宁,车旗礼章,悉用梁典,依魏
葬汉献帝故事。是月,葬梁元帝萧绎于江宁颍宁陵。

参 考 文 献

《宋书》,梁·沈约著,中华书局 1974 年排印本

《南齐书》,梁·萧子显著,中华书局 1972 年排印本

《水经注校证》,北魏·郦道元著,陈桥驿校证,中华书局 2007 年版

《魏书》,北齐·魏收著,中华书局 1974 年排印本

《梁书校注》,熊清元校注,巴蜀书社 2012 年版

《陈书》,唐·姚思廉著,中华书局 1972 年排印本

《北齐书》,唐·李百药著,中华书局 1987 年排印本

《隋书》,唐·魏徵著,中华书局 1982 年排印本

《南史》,唐·李延寿著,中华书局 1987 年排印本

《北史》,唐·李延寿著,中华书局 1987 年排印本

《建康实录》,唐·许嵩撰,中华书局 1986 年版

《六朝事迹类编》,宋·张敦颐撰,中华书局 2012 年版

《资治通鉴》,宋·司马光撰,中华书局 1997 年版

《读通鉴论》,清·王夫之著,中华书局 1975 年版

《十七史商榷》,清·王鸣盛著,上海书店出版社 2005 年版

《金楼子疏证校注》,梁·萧绎著,陈志平、熊清元校注,上海古籍出版社 2014
  年版

《颜氏家训集解》,北齐·颜之推著,王利器集解,中华书局 1993 年版

《文选》,梁·萧统编,李善注,上海古籍出版社 1986 年版

《文心雕龙注》,梁·刘勰著,范文澜注,人民文学出版社 1958 年版

《文镜秘府论汇校汇考》,[日] 遍照金刚撰,卢盛江校考,中华书局 2006 年版

《汉魏六朝百三名家集》,明·张溥辑,江苏广陵古籍刻印社 1990 年版

《汉魏六朝百三家集题辞·梁元帝集》,明·张溥撰,人民文学出版社 1960 年版

《全上古三代秦汉三国六朝文》,清·严可均辑,中华书局 1985 年版

《先秦汉魏晋南北朝诗》,逯钦立辑,中华书局 1983 年版

《汉魏六朝文学论集》,逯钦立遗著,陕西人民出版社 1984 年版

《六朝文学论稿》,[日] 兴膳宏著,彭恩华译,岳麓书社 1986 年版

《六朝文学论文集》,[日] 清水凯夫著,韩基国译,重庆出版社 1989 年版

《简明中国历史地图集》,谭其骧主编,中国地图出版社 1991 年版

《中国文学批评通史·魏晋南北朝卷》,王运熙、顾易生主编,上海古籍出版社
　　1996 年版

《中古文学集团》,胡大雷著,广西师范大学出版社 1996 年版

《魏晋南北朝史论集》,周一良著,北京大学出版社 1997 年版

《中古文学文献学》,刘跃进著,江苏古籍出版社 1997 年版

《南北朝文学编年史》,曹道衡、刘跃进著,人民文学出版社 2000 年版

《魏晋玄学论稿》,汤用彤撰,上海古籍出版社 2001 年版

《隋唐制度渊源略论稿》,陈寅恪著,河北教育出版社 2002 年版

《地域集团与南朝政治》,章义和著,华东师范大学出版社 2002 年版

《中古文学史料丛考》,曹道衡、沈玉成著,中华书局 2003 年版

《兰陵萧氏与南朝文学》,曹道衡著,中华书局 2004 年版

《金楼子研究》,钟仕伦著,中华书局 2004 年版

《中国历史地名大辞典》,史为乐主编,中国社会科学出版社 2005 年版

《汉魏六朝文学与宗教》,葛晓音主编,上海古籍出版社 2005 年版

《萧纲萧绎年谱》,吴光兴撰,社会科学文献出版社 2006 年版

《异域之眼:兴膳宏中国古典论集》,[日] 兴膳宏著,戴燕译,复旦大学出版社
　　2006 年版

《六朝画论研究》,陈传席著,天津人民美术出版社 2006 年版

《陈寅恪魏晋南北朝史讲演录》,万绳楠整理,贵州人民出版社 2007 年版

《魏晋南北朝史》,王仲荦著,中华书局 2007 年版

《魏晋南北朝史札记》,周一良著,中华书局 2007 年版

《四萧研究:以文学为中心》,林大志著,中华书局 2007 年版

《六朝子书之质变:以〈金楼子〉为探讨主轴》,陈宏怡著,台湾大学文学院中国文
　　学系硕士班 2007 年版硕士论文

《梁元帝萧绎研究》,黄鼎叡撰,台湾淡江大学历史学系硕士班 2008 年硕士论文

《中国官制大辞典》,徐连达编著,上海大学出版社 2010 年版

《烽火与流星》,田晓菲著,中华书局 2010 年版

《"竟陵八友"考辨》,柏俊才著,中国社会科学出版社 2011 年版

《哈佛中国史·南北朝》,[美]陆威仪著,中信出版社 2016 年版